Ausschnitt: Kniephof und Jarchlin werden mit ihrer Umgebung auf dem hinteren Vorsatz gezeigt.

Klaus von Bismarck · Aufbruch aus Pommern

Klaus von Bismarck

Aufbruch aus Pommern

Erinnerungen und Perspektiven

Mit 27 Abbildungen
und 10 Vignetten

Piper
München Zürich

Redaktionelle Bearbeitung: Peter Weismann

ISBN 3-492-03558-2
2. Auflage, 11.–13. Tausend 1992
© R. Piper GmbH & Co. KG., München 1992
Gesetzt aus der Bembo-Antiqua
Gesamtherstellung: Clausen & Bosse, Leck
Printed in Germany

Inhalt

Pommern – Land am Meer	9
Die väterliche Herkunft	23
Mein mütterliches Herkommen	45
Die Straße im Dorf in Pommern	65
Prägung durch die Landwirtschaft	71
Als Soldat im Frieden und im Krieg	93
Militärische Dienstzeit in Kolberg	101
Wanderer zwischen zwei Welten	119
Der Polen-Feldzug	122
Der Frankreich-Feldzug	127
Der dritte Angriffskrieg	135
Jugendhof Vlotho: Stunde »Null« und Neubeginn	177
Mein Engagement in der evangelischen Kirche	201
Haus Villigst	203
Der Deutsche Evangelische Kirchentag	233
Mitarbeit in der Synode der EKD	240
Meine Erfahrungen als Intendant des WDR	247
Mein Engagement als Präsident des Goethe-Instituts	301
Nachschrift	327
Danksagung	335
Bild- und Textnachweise	336

Challenge and Response
A. Toynbee

Pommern – Land am Meer

In diesem Augenblick, in dem ich diese Zeilen über meine pommersche Herkunft handschriftlich zu Papier bringe, befinde ich mich auf der vorpommerschen Insel Usedom, in einem Refugium, das Freunde mir zur Verfügung gestellt haben. Während ich mit Blick in den Garten am Schreibtisch sitze, treiben hin und wieder vor dem grau-weißen Himmel Möwen über die Bäume, und mir ist, als wollten sie mich auffordern, »mein« Pommernlied zu schreiben. Es riecht hier schon sehr heimatlich nach Wasser und Wald – nach Pommern. Der Name ist slawischer Herkunft. Pommern, ließ ich mir sagen, heißt »Land am Meer«. Gestern bei der Fahrt durch das Städtchen Wolgast fiel mir ein, daß wir das große Ehebett unserer Eltern »Wolgaster Fähre« nannten. Als Kinder tobten wir gelegentlich auf dieser »Fähre« herum.

Als verwundeter Soldat sah ich im April 1945 vom Schiff aus die pommersche Ostseeküste von Hela bis zum Darß, und wie zum Abschiednehmen prägte sich mir noch einmal ein: Pommern ist ein Land am Meer.

Im April 1945 waren vor der Halbinsel Hela bei Danzig dreitausend verwundete Soldaten und ebensoviele Flüchtlinge aus

Ostpreußen auf der »Goya« eingeschifft worden. Auch ich war unter den Verwundeten. Eine alte Verletzung aus den ersten Tagen des Frankreichfeldzuges hatte sich wieder entzündet und mußte operiert werden. Durch Zufall fand mich in der Abenddämmerung, kurz vor dem Auslaufen der »Goya«, ein Marineoffizier, der mich kannte. Er bot mir einen Platz auf seinem Minensuchboot an, das die »Goya« begleiten sollte. Durch diesen Zufall entging ich der Katastrophe der kommenden Nacht. Dreißig Seemeilen nördlich von Leba wurde die »Goya« von den Russen torpediert. Sie ging sehr schnell unter. Nur etwa zweihundert Menschen gelang es in der unruhigen See, schwimmend und mit Schlauchbooten an das Minensuchboot heranzukommen. Ihre Aufnahme wurde noch dadurch erschwert, daß das Minenboot sich ständig drehen mußte, um weiteren Torpedos, deren Annäherung ich auf dem Radargerät mitverfolgen konnte, zu entgehen.

Mit fast zweihundert Geretteten an Bord setzte unser Schiff völlig überfüllt die Fahrt fort.

Südlich Bornholm sahen wir draußen auf dem Meer einige fröhlich-bunte Fischersegel. Es waren dänische Fischer, und mir kam es so vor, als wollten sie mit dem gehißten »Danebrog«, dem weißen Kreuz im leuchtend roten Feld, dem deutschen Minensuchboot zeigen, daß sie mit diesem dreckigen Krieg nichts zu schaffen haben wollten.

Die Ostsee glänzte in der Sonne, als wir später Stubbenkammer, die Kreidefelsen an der Nordspitze der Insel Rügen, passierten. Ich war verwundet und in Sorge um meine Familie, aber ich hatte sechs Jahre Krieg überlebt, und ein glücklicher Zufall hatte mich vor dem Untergang der »Goya« bewahrt. Ich genoß die Sonne auf meinem Gesicht wie das Licht auf dem Wasser. Ich war noch einmal davongekommen. Zu mehr, als mich darüber zu freuen, hatte ich kaum

Kraft, als ich in Warnemünde an Land gebracht wurde, um zur Behandlung ins Lazarett nach Rostock transportiert zu werden.

Ich hatte keine Ahnung, wo ich – wenigstens in Gedanken – meine Familie in den Kriegswirren dieser Tage suchen sollte. In meinem Heimatdorf, Kniephof im Zampeltal, würden bald die Maikäfer um die dunkle Kastanie am Haus schwirren, und Gottfried, mein ältester Junge, würde den alten Kinderreim vom Maikäfer singen können. Aber er war ja nicht mehr dort, sondern im flüchtenden Strom der Menschen mit der Mutter und dem Bruder Hans irgendwo gen Westen unterwegs. Und der Kinderreim müßte heißen:

> Maikäfer flieg, der Vater ist im Krieg;
> die Mutter treckt aus Pommerland,
> Pommerland ist abgebrannt;
> Maikäfer flieg!

Ich wußte damals im Frühjahr 1945, daß die Naziwelt untergegangen war. Ich wußte auch genug, um zu ahnen, daß Pommern, diese preußische Provinz, als deutsches Land verloren war. Vorrückendes sowjetisches Militär, zurückweichende deutsche Truppen, das Elend der Flüchtlingsströme und verbrannte Dörfer bestimmten die pommersche Landschaft.

Ich erinnere mich, daß meine Mutter, die 1910 nach Pommern heiratete, die Landschaft östlich der Oder als sehr karg empfand. Meiner Frau erging es anders. Ihr war diese Kargheit von ihrer Herkunft aus der Neumark vertraut, wie auch der pietistisch-preußische Lebensstil. In Hinterpommern gibt es zwar guten Boden und ertragreiches Land, aber wie im übrigen Pommern auch große Strecken öder Kiefernheide auf Sandbo-

13

den. Doch auch hinter einer sandigen Kiefernheide führt der Weg oft in ein liebliches, fruchtbares Flußtal. Nach Osten zu wird Hinterpommern immer hügeliger und flacht erst zur alten polnischen Grenze hin wieder ab. Die Landschaft dort ist reich an Laubwald und Gewässern.

Ich erinnere die vielen alten Eichen, die Erlen und Fichten in Kniephof. Eine fast liebliche Landschaft von Wiesen und Gehölzen, ähnlich einem englischen Park. Wenn man vom Bahnhof in Groß-Sabow kam, führte der Weg über die Zampelbrücke durch ein Waldstück, dann eine breite Eichenallee entlang durch Koppeln und Wiesen an der Dorfschmiede vorbei zum Gutshof.

Auch die Ackerbürger- und Kreisstädtchen in Pommern erschließen sich mit ihrem holprigen Kopfsteinpflaster und ihren Scheunenvierteln nicht sogleich dem Fremden. Ein altes gotisches Tor, einige Giebel aus der Hansezeit und die wuchtige Kirche heben den nüchternen, herben Grundton dieser Orte nicht auf. Das von zwei Kanonen flankierte Bismarck-Denkmal in unserer Kreisstadt Naugard hat wenig Einladendes. Erst recht mag Pommern karg erscheinen, wenn es Winter wird, und nur die schneeverwehten Feldwege, von Kopfweiden gesäumt, sich im Abenddämmern melancholisch von der blankgefrorenen Schneedecke abheben.

Die meisten Behördengebäude in den preußischen Provinzen waren im gleichen Stil gebaut. Postämter, Wehrbezirkskommandos, Finanzämter, höhere Schulen und Bahnhöfe präsentierten sich in Preußen neugotisch. Diese Gebäude der preußischen Administration gaben bis in die frühere Provinz Posen den größeren Ortschaften ihr Gesicht. Oft schlossen sich am Rande dieser kleinen Städtchen Villenstraßen an, deren Häuser den Berliner Grunewald-Villen-Stil des 19. Jahrhunderts mit mehr oder weniger Erfolg imitierten, natürlich in viel kleinerem Format.

In der Kreisstadt Naugard erfuhr ich schon als junger Mensch, daß hinter der Fassade eines preußischen Landratsamtes mehr steckte, als sie von außen vermuten ließ. Von unserer Mutter lernte ich den notwendigen Respekt vor den preußischen Beamten in ihren Amtsstuben; Respekt vor dem Bahnhofsvorsteher der kleinen Station wie vor dem Ortsgendarm. Diese preußische Provinz und ihre Geschichte hat mein Fundament gelegt. Auch die Herkunft meiner Mutter aus Berlin sorgte dafür, daß für mich von Kind an bis heute die Tugenden Vorrang haben, die die preußischen Könige von ihren Untertanen gefordert hatten. Das sind die soldatischen Tugenden und die Tugend des Bürgergehorsams gegenüber dem Staat, seinem Recht und seiner Ordnung, die Tugend der Genügsamkeit, des Fleißes, der Zuverlässigkeit und der Wertschätzung der Arbeit. Das war es, was hinter den neugotischen Fassaden der Amtsgebäude in der preußischen Provinz steckte. Erst später wurde mir klar, daß diese Welt der Zucht und Ordnung eben auch den preußischen Untertanengeist produziert hat und den Ortsgendarmen dazu brachte, seiner Nazibehörde über die Aktivitäten meiner Mutter und des damaligen Dorfpfarrers Wurms in der Bekennenden Kirche zu berichten.

Mein Pommern war gewiß kein Land blitzenden Geistes und kühner Unbekümmertheit – es sei denn in soldatischer Gestalt, wie sie Nettelbeck und Schill in den Freiheitskriegen verkörperten. Die protestantische pommersche Landschaft hat auch keine bekannten Heiligen hervorgebracht. Vielmehr könnte die Gestalt eines pommerschen Schäfers mit Strickzeug und weißem großen Hund als Schutzpatron dieses Landes gelten. Es ist bestes pommersches Erbe, die Aufgabe eines Bürgermeisters oder eines Postbeamten, eines Gutsherren oder Treckerführers wie ein von Gott gegebenes Hirtenamt wahrzunehmen. Man liebt es in Pommern auch in seinen pietistischen Regionen nicht, ein solches Bewußtsein christlicher Verantwortung durch viel frommes Reden religiös zu begründen.

Der würdige Schäfer Fandre in Kniephof wurde von einem Berliner Arbeiter, der auf Einladung meiner Eltern in Pommern Erholung suchte, gefragt: »Herr Fandre, wie heißt Ihr schöner weißer Hund?« Fandre antwortete gelassen: »Wo schall ick weite, wo de Köter hitt. Ick sech em immer Rollo.« (Wie soll ich wissen, wie der Hund heißt. Ich sage immer Rollo zu ihm.)
   »Rollo« ist nur die Anrede, auf die sich Schäfer und Hund geeinigt haben, sagt diese Lebensphilosophie.

Derselbe Berliner fragte weiter: »Herr Fandre, ist dieser Hund denn ein Hund oder eine Hündin?« »Wo schall ick dat weite«, sagte Fandre drauf, »Jung hätt e al eins hat.« (Wie soll ich das wissen. Aber Junge hat dieser Hund schon einmal gehabt.) Der Schäfer Fandre dachte philosophisch: ›Ob es sich um einen Hund oder eine Hündin handelt, kann doch jedermann sehen. Aber offenbar sind diese Fremden aus der Großstadt noch dämlicher, als man dachte. Aber muß man das sagen?‹

In der Kreisstadt Naugard gab es einen Arzt, Dr. Rosenbusch. Meine Eltern schätzten ihn und luden ihn regelmäßig zur Hasenjagd ein. Die Hasenjagden im Winter auf den Gutshöfen waren ein Höhepunkt gesellschaftlichen Lebens. Dr. Rosenbusch folgte solchen Einladungen gerne und war für seine

Jagdausübung auch auf das Beste ausgestattet. Unter anderem mit einer fünfschüssigen Flinte, einer sogenannten Browning. Aber es war bei den Jagdgästen und den Treibern schon bekannt, daß seine »Kanonaden« mit seinem mehrschüssigen »Maschinengewehr« für die Hasen meist unblutig ausgingen. Bei einer Jagd in Kniephof-Jarchlin, an der ich als jugendlicher Treiber teilnahm, suchte sich ein Hase im schnellen Lauf die etwas größere Lücke neben Dr. Rosenbusch aus, um dem Kessel zu entkommen. Dr. Rosenbusch entleerte seine gesamte Browning auf das verängstigte Tier, das immer schneller lief. Der Doktor konnte es wieder einmal nicht glauben, daß er nur daneben geschossen haben sollte, und fragte den nächsten Treiber: »Herr Treiber, schweißte (= Jägersprache: blutete) dieser Hase nicht doch?« Und der Treiber antwortete: »Wenn he so biblifft, do wad em wol schweite.« (Wenn er so ein hohes Tempo hält, dann wird er wohl ins Schwitzen kommen.)

In den drei Jahren des Krieges in der Sowjetunion hatte ich einen Burschen an meiner Seite. Er hieß Moltzahn und kam aus Pommern. Wir haben beide mehrfach im Gefecht Situationen erlebt, in der wir keinen Fetzen Hoffnung mehr hatten, sie lebend zu überstehen. In einer dieser Situationen hörten wir bereits die Kettengeräusche der durchgestoßenen sowjetischen Panzer, und rings um den Gefechtsstand näherte sich sowjetische Infanterie. Ich hatte militärisch nichts mehr in der Hand, um irgendeinen Gegenstoß führen zu können. Aber statt den Befehl zu geben, »Helm ab zum Gebet!«, befahl ich barsch: »Moltzahn, machen Sie mir bitte eine Käsebrot!«

Etwa ein Jahr später waren wir in einer vergleichbaren Situation, aber bevor ich irgend etwas anordnen konnte, fragte Moltzahn plötzlich in seinem breiten Pommersch: »Herr Oberstleutnant, soll ich Ihnen jetzt wieder eine Käsebrot machen?« Mit seinem Galgenhumor hatte er nicht nur die Lage, in der wir uns befanden, richtig beurteilt, sondern auch die Gelassenheit gerettet, die in solchen Situationen notwendig ist.

Soviel zur pommerschen Lebensphilosophie.

Zu »meinem« Pommernlied gehört der Treck aus Kniephof und Jarchlin, der im Frühjahr des Jahres 1945 im letzten Augenblick über Wollin und Usedom auf der Flucht vor den sich nähernden Russen nach Westen noch herauskam. Bald darauf machten es die sowjetischen Panzer unmöglich, mit den Fähren über die Diewenow und die Swine zu setzen. Der Treck mit den vielen zum Gut gehörenden Familien konnte nur gelingen, weil ein Freund mit militärischer Erfahrung ihn in Kniephof und Jarchlin seit Herbst 1944 sorgsam vorbereitet hatte und führte. Dieser Freund war in meiner Einheit an der russischen Front verwundet worden, und ich hatte ihn gebeten, meiner Frau und meiner Mutter bei der Verwaltung der Güter zu helfen. Der Treck aus der pommerschen Heimat ist vermutlich auch durch Koserow auf der Insel Usedom gezogen – wo ich heute diese Zeilen schreibe –, bis er durch Vorpommern und Mecklenburg schließlich von den Behörden in den Landkreis Heide nach Schleswig-Holstein geleitet wurde.

Im Jahre 1990 begleitete ich mit meinem Bruder Philipp, dem Sprecher der Pommerschen Landsmannschaft, den Bundespräsidenten Richard von Weizsäcker bei seinem offiziellen Polen-Besuch. Der Rückflug von Danzig erfolgte bei ungewöhnlich klarem Wetter. Das Flugzeug steuerte nach einer Schleife über Danzig nicht sofort über die Halbinsel Hela auf das offene Meer hinaus. Aus irgendwelchen Gründen nahm es zunächst Kurs landeinwärts über Zoppot und das Land der Kaschuben. Günter Grass, der dort geboren war, war mit von

der Partie und erzählte sehr lebendig von diesem Kaschuben-
land; vielleicht war die Wahl des Flugzeugkurses über das Ka-
schubenland eine besondere Konzession an ihn. Erst bei Leba
nahmen wir in großer Höhe Kurs auf die Ostsee hinaus. Gen
Süden war die pommersche Küste deutlich zu sehen und bald
Kolberg zu ahnen. Swinemünde und Greifswald lagen weitab
im Dunst. Dann lag Rügen mit seinen vielen Binnengewäs-
sern wie eine reizvolle Graphik glänzend und sehr klar unter
uns. Auch die Insel Hiddensee und Darßer Ort mit dem
Leuchtturm waren wie der große Forst des Darß deutlich aus-
zumachen.

Am Westrand von Ahrenshoop auf dem Fischland, wo
meine Großmutter seit 1910 ein Haus besaß, war Pommern zu
Ende.

Dieser Flug in der Maschine des Bundespräsidenten, die gesamte pommersche Küste entlang, dauerte nicht viel mehr als
fünfundvierzig Minuten. Mein Bruder Philipp, Günter Grass
und ich saßen nebeneinander. Pommern am Meer lag in seiner
ganzen Spannweite unter uns. Der Anblick war so faszinierend, daß wir alle drei während des Fluges schwiegen. Jeder
war bei seinen, vermutlich sehr unterschiedlichen Gedanken.

Ich spürte noch einmal mit allen Fasern, wie ich diesem
Land am Meer, mit seinen Seen und Flüssen, verwurzelt war
und bleibe.

Nicht nur ein gerettetes Photoalbum, sondern ungezählte
Einzelerinnerungen lassen bis heute in mir bisweilen ein pral-
les Gesamtgemälde meiner Kindheit und Jugend entstehen,
das natürlich auch nostalgische Gefühle auslöst. Aber ich habe
mich dagegen gewehrt, meine tiefe Trauer um den Verlust
meiner Heimat als Legitimation für politische Forderungen
nach Wiederherstellung alter Grenzen zu begreifen. Ich habe

bald nach 1945 diese Flucht oder Vertreibung von vierzehn Millionen Menschen aus den früheren deutschen Ostprovinzen für nicht revidierbar gehalten. Aus dieser Einsicht und aus Rücksicht auf mich und die heute in meiner alten Heimat lebenden Polen hütete ich mich vor allzu vielem »Blättern« im Album der Vergangenheit. Viele Pommern, Flüchtlinge und Vertriebene, hat der Verlust und der Schmerz des Verlustes in die Vertriebenenverbände geführt, deren politische Interessenvertreter Forderungen formuliert haben, die zum Teil in einem erheblichen Gegensatz zu meinen Auffassungen stehen.

Während des Fluges in der Maschine des Bundespräsidenten über der Ostsee an Pommerns Küste entlang, fiel mein Blick auf meinen Bruder Philipp.

Philipp, einenhalb Jahre jünger als ich, war und ist einer der herausragenden Vertriebenenpolitiker seiner Partei, der CDU. Über viele Jahre haben unsere gegensätzlichen Anschauungen zur früheren Ostpolitik Willy Brandts und zur polnischen Westgrenze unsere brüderliche Beziehung in Spannung gehalten. Eine Spannung, die unter uns nicht destruktiv war, oder wenn sie es drohte zu werden, mit Hilfe aus den beiden Familien aufgelöst werden konnte.

Als ich auf diesem Flug meinen Bruder ansah, kam mir in den Sinn, daß die politisch-öffentliche Arena vielleicht auch die natürliche Fortsetzung unserer pommerschen Brüderwelt war, mit ihren immer vorhandenen Spannungsbögen, den Wünschen nach Abgrenzung und Nähe. Pommern, unsere Herkunft, unser Elternhaus ist der Stoff, in dem die Möglichkeiten zum Bewahren, Festhalten und Aufbrechen eingewebt sind, die von jedem von uns in unterschiedlichen Farben und Mustern gelebt wurden und werden.

1964 besuchte ich mit meiner Frau, auf Einladung von Ra-

Das »Hohe Ufer« in Ahrenshoop, gezeichnet von Oskar Niemeyer

dio Warschau, Polen zum ersten Mal nach dem Kriege. Bewußt waren wir zuerst in Warschau und Krakau gewesen und besuchten Auschwitz. Erst danach fuhren wir in die alte Heimat nach Kniephof und Jarchlin. Wir hatten einen Drainageplan für einige von stauender Nässe bedrohte Felder für den jetzigen Verwalter mitgenommen. Als wir das Grab meines Vaters sehen wollten, ließ uns der Verwalter nur ungern gehen. Er war beschämt über die Zerstörung der Gräber der Großeltern. Das Grab des Vaters war unbeschädigt geblieben, weil meine Mutter es damals nicht mit einem Stein, sondern mit einem Rosenstrauch bezeichnet hatte. Dem Schmerz des Wiedersehens war ein tieferer Schmerz vorausgegangen; waren wir doch über Warschau, Krakau und Auschwitz hierher gekommen. Bis dahin nur halb bewußt und verdrängt, war uns hier das Leiden des polnischen Volkes schockierend offenbar geworden. Und doch waren uns über all das, was in deutschem Namen geschehen war, in Polen die Hände der Versöhnung gereicht worden. Der eigene Verlust hatte uns erst fähig gemacht zu begreifen, was das bedeutete. Nach zwanzig Jahren im Westen fühlten wir plötzlich etwas von einer östlichen Urverwandtschaft. Die alte Heimat schenkte uns eine Ahnung von dem Beginn eines neuen Zeitalters.

Während ich mich schon 1954 auf einem evangelischen Kirchentag öffentlich für das »Loslassen« der Heimat einsetzte, gewann Philipp schon früh eine führende Stellung im pommerschen Flüchtlingsverband und fühlte sich verantwortlich für ein bedingtes »Festhalten«. Das galt sowohl den Menschen, die er in Westdeutschland versammelte, als dem politischen Anspruch auf das verlorene Gebiet. Nie war jedoch das Ziel einer Versöhnung mit Polen zwischen uns umstritten. Über den Weg aber waren und sind wir uns nicht einig.

Natürlich gingen die vielen Jahre der politischen Spannung zwischen uns Brüdern nicht ohne Schmerzen ab, zumal wir beide auch in der Öffentlichkeit unterschiedlichen Gruppierungen zugeordnet wurden. Man braucht wenig Phantasie, um sich vorzustellen, daß und wie die jeweiligen Gesinnungsgenossen die Brüderlichkeit zwischen uns gelegentlich auf eine harte Probe stellten.

Ich spürte während dieses gemeinsamen Fluges deutlich, wie sich unsere Geister daran scheiden, welche Folgerungen wir beide, nicht nur rational politisch, sondern auch emotional, aus den Erfahrungen der gemeinsamen pommerschen Herkunft ziehen.

Es freute mich aber, daß der Bundespräsident mit der Entscheidung der Zusammensetzung seiner Delegation gerade bei der Polen-Reise offenbar die Pluralität der Bismarck-Brüder aus Pommern bewußt gewollt hatte.

Die väterliche Herkunft

Im Jahre 1951 nach dem Evangelischen Kirchentag in Berlin fuhr ich in einem Auto des Fuldaer Kirchentag-Stabes auf der Autobahn gen Westen, Richtung Helmstedt–Hannover zurück. Der damalige theologische Generalsekretär des Kirchentages, Heinrich Giesen, war mit von der Partie. Wir beide waren auf unterschiedlicher Ebene für die Leitung des Kirchentages verantwortlich gewesen und sehr guter Laune, weil wir mit Gottes Hilfe diesen gesamtdeutschen Kirchentag glücklich zu Ende gebracht hatten. Es war ziemlich genau zehn Jahre vor Errichtung der Mauer am 13. August 1961, aber das wußten wir damals nicht.

In Helmstedt wurden wir an der Grenze von einem Soldaten der Volksarmee kontrolliert. In breit sächsischem Tonfall erbat er meinen Paß. Er studierte ihn lange und sehr ausführlich. Man sah es ihm an: Da war doch irgend etwas mit Bismarck? Fahndungsbuch? Bismarck ein guter Mann, weil Rückversicherungsvertrag mit den Russen, oder ein böser Mann, weil reaktionärer Junker und Sozialistenfresser? – Also, der arme Volksarmist konnte sich nicht entscheiden und blickte, verlegen Rat suchend, gen Himmel. Schließlich fragte er mich, schräg mit der Hand in den Himmel zeigend: »Sind Sie verwandt mit dem da?«

25

Eingedenk aller meiner preußischen Vorfahren, faßte ich den Mann scharf ins Auge und antwortete hoheitsvoll: »Ich bin es selbst.«

Den marxistisch getrimmten Sachsen riß es auf der Stelle zusammen, und er salutierte stramm.

August Friedrich von Bismarck, der Urgroßvater von Otto von Bismarck und seinem älteren Bruder Bernhard, der mein Urgroßvater ist, kaufte die von seinem Schwiegervater Bernd von Dewitz auf Hoffelde verpfändeten Güter Jarchlin, Kniephof und Külz für 16000 Taler und übernahm sie im Jahr 1726. Um diese Güter kaufen zu können, veräußerte er Sattelhof von Donnersberg in der Altmark für 8800 Taler.

Da es sich bei den Gütern Kniephof, Jarchlin und Külz um ein königliches Lehen handelte, war für den Verkauf an die von Bismarcks eine königliche Zustimmung notwendig. Diese königliche Zustimmung wurde nur gegeben, weil August Friedrich mit einer von Dewitz verheiratet war. Der König stimmte dem Verkauf der Güter an die von Bismarcks also nur auf der Basis eines »Kunkellehens« zu.

Otto von Bismarck ging nach der Schulzeit in Berlin und den folgenden Lehr- und Wanderjahren 1839 nach Kniephof zurück und bewirtschaftete die Güter bis 1841 zusammen mit seinem Bruder Bernhard. Nach dem Tode seines Vaters im Jahr 1845 siedelte Otto, der Kniephof und Schönhausen geerbt hatte, 1846 nach Schönhausen um. Er hatte sich dazu entschlossen, »weil sich ihm von dort aus am ehesten Wege in die höheren Ebenen gesamtpreußischer Politik eröffnen konnten« (Engelberg).

1868 wurde Kniephof an meinen Großvater Philipp veräußert.

Als letzter Erbe von Kniephof und Jarchlin freue ich mich

heute schmunzelnd daran, daß die pommerschen Bismarcks nur mit Hilfe einer Frau über ein »Kunkellehen« in den Besitz ihrer Güter kamen.

Auch in meiner Generation mehrte sich der Reichtum der Bismarcks in Pommern durch Frauen, wenn auch ohne königliche Zustimmung und nicht in Form materiellen Besitzes. Ich denke hier besonders an meine Mutter und meine Frau, die den Bismarcks Werte des Herzens, des Geistes und der Kultur nach Pommern brachten.

Ich bin der Überzeugung, daß es uns die Eltern schnell ausgetrieben hätten, wenn sie bei uns Kindern Arroganz entdeckt hätten, zu der stolzen »Onkel-Otto-Familie« zu gehören. Ohnehin waren wir ja nicht direkte Nachfahren des Kanzlers, sondern als Nachkommen seines Bruders Bernhard nur Neffen soundsovielten Grades. Ich weiß nicht, ob es einigen direkten Nachkommen heute noch Vergnügen macht, im »Geiste« stolz unter der gewaltigen Eiche des Otto von Bismarck zu lagern. Wir hatten dazu jedenfalls keinen angemessenen Grund.

Wenn man in der Schule, beim Militär und in der Lehre immer wieder in dem Stil angeredet wurde: »Sie als Bismarck müßten aber doch eigentlich… usw.«, konnten einem solche Erwartungen »Onkel Otto« fast verleiden. Diese Erfahrung, immer wieder am »Eisernen Kanzler« gemessen zu werden, machten später auch wieder meine Kinder.

Natürlich hat es hie und da auch Vorteile gehabt, daß ich diesen berühmten Namen trug, aber ich habe schon von klein auf wenig Neigung gehabt, auf einer von-Bismarck-Sonderfahrkarte durch das Leben zu reisen.

Die »gewisse Distanz« zum großen Namen hatte für mich

auch etwas mit meinem Stolz auf die bürgerliche Herkunft meiner Mutter zu tun. Wenn ich als junger Landwirt oder Offizier oder einfach als tanz- und jagdfreudiger junger Mann von der ländlichen »Gesellschaft« zu Festen oder Jagden eingeladen wurde, wurde ich häufig von Müttern und Töchtern mit und ohne »Klapp-Altar« (so drückte man die listigen Bemühungen aus, den Erben eines ansehnlichen Besitzes durch Heirat einzufangen) gefragt: »Was ist denn Ihre Frau Mutter für eine Geborene?« Und wenn ich antwortete, meine Mutter sei eine geborene Koehn aus Berlin, so löste das zwar niemals eine abschätzige Bemerkung zur nicht standesgemäßen Herkunft meiner Mutter aus, aber es war auch ohne Worte unverkennbar, daß in vielen adligen Familien so gedacht wurde. Solche Wahrnehmungen führten bei mir zu einer kämpferischen Solidarität mit meiner bürgerlichen Mutter. Es stand für mich auch fest, dereinst ein Mädchen zu heiraten, das blond und bürgerlich war wie meine Mutter. Es kam anders.

Mein Bismarck-Bewußtsein gründet sich auf dem Vorbild, das mein nonkonformistischer Vater für mich war. Das allgemeine Leitbild eines Mannes in den Gutsfamilien in Pommern war das des preußischen Offiziers. Es traf auf meinen Vater nicht zu und auch nicht auf seine Brüder. Die »Abartigkeiten« meines Vaters, im Vergleich zu den sehr preußisch geprägten und konservativen Gutsnachbarn, bestanden darin, daß er z. B. in England Musik studiert hatte und komponierte; daß er sich sehr frühzeitig für eine Bodenreform interessierte; daß er mit dem dänischen Atom-Forscher Nils Bohr und dem Professor der Technologie Erwin Fuß befreundet war; daß er im lässigen englischen Reitstil ritt, nicht wie ein preußischer Kavallerist, und seine Reitjagden in Jarchlin über massive Steinmauern anlegte; daß er für einen Laien viel von pommerscher

Archäologie verstand und Tonscherben aus der Zeit der Völkerwanderung sammelte. In der Kniephöfer Halle hing ein in Jarchlin gefundenes Bronze-Schwert und das gewaltige Geweih eines Ur-Hirsches, das beim Torfstechen in Kniephof gefunden worden war. Daß mein Vater Homespun-Jacken trug und den »Punch« las, hat ihn für seine Umgebung sicher nicht weniger »abartig« gemacht.

Mein Vater hatte sich während seiner Studienzeit in England nach seinen Vorstellungen vom Schneider einen Anzug machen lassen. Er nannte ihn »Puzzle«. Ich habe diesen Anzug geerbt und so lange getragen, bis ich nicht mehr hineinpaßte. Heute trägt und schätzt ihn einer meiner Söhne. Ich habe nie wieder einen so ungewöhnlichen Anzug zu Gesicht bekommen. Der robuste Wollstoff ist beigefarben. Es gehören zwei Beinkleider, eine elegante lange Hose und eine Reithose dazu. Auch das Oberteil des »Puzzle« ist zweiteilig: ein langschößiger Reitrock ohne Ärmel, den man bei allen möglichen Gelegenheiten mit der langen Hose oder der Reithose tragen kann. Das zweite Oberteil ist eine kurze Jacke mit Ärmeln, die bis zur Taille geht, wo vom gleichen Stoff ein Gürtel angesetzt ist. Man kann diese Jacke mit beiden Hosen tragen, die einen entsprechend hohen Taillenbund haben. Oder man zieht die Jacke über den ärmellosen Reitrock, der dann im Ausschnitt wie eine Weste wirkt und mit den langen Schößen wie ein geschlossenes Oberteil. Dieser Anzug war typisch für meinen Vater: elegant, pfiffig und ausgefallen.

Obwohl der Vater, nach meiner Erinnerung, von den Verwandten und von den Nachbarn der näheren Umgebung als eine Art »Fehlfarbe« gesehen wurde, galt er mit seinen geistigen und musischen Gaben als anregend und wurde aufgrund seines Charmes voll akzeptiert. Mit seinen Brüdern verbanden ihn gemeinsame geistige Interessen und insbesondere mit seinem Bruder Karl die Vorliebe zur angelsächsischen Ironie in der Kommunikation. Die beiden Schwägerinnen in Plathe und Lasbeck liebten ihn.

Den Landarbeitern der beiden Gutsbetriebe in Kniephof und Jarchlin erschien er vermutlich als aristokratischer »Intellektueller« etwas fremd. So fanden sie die von ihm über massive, hohe Feldsteinmauern angelegten Reitjagden verrückt und leichtsinnig. Ebenso verrückt fanden sie es, wenn mein Vater bei Jagden im Winter als einziger auf Skiern lief und dabei mit seinen langen Brettern elegant über Drahtzäune, Gräben und andere Hindernisse stieg. Aber auch die Landarbeiter wußten oder ahnten zumindest, daß er Humor und ein gütiges Herz hatte.

Nur den kommunistisch gesinnten Gewerkschaftsfunktionären, die nach der Revolution 1918/19 die Landarbeiter auch in Pommern aufwiegelten, muß er in seiner Fremdartigkeit als ein besonders gefährlicher Feudalherr erschienen sein. Denn ausgerechnet gegen ihn wurde ein Attentat geplant, obwohl er und meine Mutter sich sehr viel mehr um gerechte und soziale Verhältnisse bemüht haben als die meisten Nachbarn, die ihre Gutsarbeiter mit der Autorität und im Stil preußischer Offiziere regierten.

Bei dem Attentat ging glücklicherweise die Pistole nicht los. Der Attentäter, ein Gutsarbeiter aus Jarchlin, schlug daraufhin meinem Vater den Pistolenkolben ins Gesicht. Die Brille zerbrach, und Blut rann ihm über das Gesicht. Ich stand neben ihm und erschrak tief, als ich das entstellte Gesicht meines Vaters sah. Der Attentäter floh. Mein Vater, mehr oder weniger blind durch den Verlust der Brille und Blut in den Augen, verhielt sich stoisch. Der Täter wurde noch am selben Tag von der Polizei gefaßt. An einem der nächsten Tage erschien seine Frau bei meiner Mutter: »Gnädige Frau, ich wollt doch mal bitten, ob Sie nicht im Gefängnis in Naugard anrufen könnten. Ich wüßte so gerne, wie es meinem Mann geht.« Meine Mutter entsprach der Bitte.

Das war die Revolution von 1918/19 auf dem Dorf in Pommern.

Das Haus meiner Kindheit war erfüllt von der improvisierten Klaviermusik meines Vaters. Mein Vater war sehr musikalisch und komponierte. Die Griegsche und auch die Wagnersche Musik hatten es ihm besonders angetan.

Meine Eltern waren befreundet mit dem Ehepaar Heini und Tutti von Diest, die etwa fünfzehn Kilometer entfernt in Daber lebten. Heini von Diest spielte Cello und machte Kammermusik.

Als ich etwa fünfzehn Jahre alt war, nahm mich mein Vater zu einem Konzert ins Haus von Diest mit. Aus irgendeinem Grund war meine Mutter verhindert. Meine Erinnerung an diesen Konzertbesuch in Daber hat einen besonderen Grund. Dieser besondere Grund war eine sehr schöne Frau in einem dunkelblauen Seidenkleid und ungeheuer ausdrucksvollen Augen. Ich war gerade in das Alter erster männlicher Regungen gekommen. Ich konnte nicht anders, als sie während des gesamten Konzertes anbetend anzustarren. Mein Vater muß das bemerkt haben und sprach mich darauf an. Er gestand mir, daß er meinen Geschmack teile und sich darüber freue. Wir waren uns als Männer einig.

Ob mein Vater viel von Landwirtschaft verstanden hat, daran zweifele ich. Er war wohl eher ein musischer Philosoph. Aber er liebte die Natur und seine Heimat wie ein sensibler Liebhaber. Er legte Nistgehölze für die Singvögel im Feld an und hängte Nistkästen für die Vögel im Wald aus, die ein mit ihm befreundeter Freiherr von Berlepsch entwickelt hatte. Er legte Fischteiche an, in denen es außer Karpfen und Schleien auch Regenbogenforellen gab, und erklärte uns, daß man Forellen in diesen Teichen nur halten kann, wenn das einlaufende Wasser aus einer bestimmten Höhe so einfällt, daß genügend Sauerstoff in die Teiche gelangt.

Da die Zeiten für die Landwirtschaft in den Jahren ab 1925 auch in Pommern schwer waren, entschloß sich mein Vater, die reizvolle Niederwildjagd in Kniephof und Jarchlin zu verpachten, um finanziell irgendwie über die Runden zu kommen. Einige Räume im Gutshaus wurden freigemacht, und es erschien ein Herr von Zuckschwerdt, Kapitän zur See a. D. Dieser Kapitän und seine originelle Frau Penelope, eine Griechin, waren sehr herzlich im Umgang und verfügten wahrscheinlich über ziemlich viel Geld. Sie fuhren ein großes Auto. Er hatte erlesene Jagdwaffen und Ferngläser, und überhaupt, ihr ganzer Lebensstil ließ viel Geld vermuten. Oft nahm der Kapitän Philipp und mich mit auf die Jagd.

Eines Tages versuchte von Zuckschwerdt meinen Vater zu überreden, mit ihm eine Silberfuchsfarm in Kniephof zu betreiben. Er suchte nach Möglichkeiten, sein Geld gewinnbringend anzulegen. Mein Vater wollte aus verschiedenen Gründen, die ich nicht mehr erinnere, nicht auf diesen Vorschlag eingehen. Aber ich erinnere mich, wie er am Schluß der Unterhaltung lachend sagte: »Mein lieber Kapitän, ich befürchte, bei einer Unternehmung dieser Art haben am Ende Sie das Silber und ich die Füchse.«

Da mein Vater bei seinen Unternehmungen für sich selbst keine Furcht kannte, hatte er offenbar wenig Phantasie dafür, was andere empfinden könnten. Sein Reitunterricht war für mich jedesmal eine harte Lektion.

Ich mag etwa zehn Jahre alt gewesen sein, als ich eines Tages mit ihm von Kniephof nach Jarchlin ritt. Mein Pony war nur mit einer Decke gesattelt, also ohne Bügel. An der Kniephof-Jarchliner Grenze lag die sogenannte »Pastorwiese«. Sie bedeutete reiterlich: ein Koppelrick, etwas über einen Meter hoch, als Einsprung in die Wiese, dann drei Gräben, nicht breit, aber alle voll mit blankem Wasser, und schließlich ein Sprung aus der Koppel heraus wieder über ein Koppelrick. Mein Pony folgte bedingungslos, »klebend«, wie das die Reiter nennen, dem Pferd meines Vaters. Ich fiel bei allen fünf Hindernissen herunter, und mir schien, mein Vater sah sich nicht einmal nach mir um, während ich mit verzweifelter Wut versuchte, wieder auf mein Pony zu kommen. In dieser Situation hielt ich meinen Vater für einen ausgemachten Rabenvater; aber vermutlich habe ich auf diese harte Weise leidlich reiten gelernt.

Die Tuberkulose brach bei meinem Vater schon während seiner Hochzeitsreise aus. Einige Jahre danach ging es ihm wieder so gut, daß er auch während des Ersten Weltkrieges von der Militärverwaltung eingesetzt wurde; allerdings aufgrund seines reduzierten Gesundheitszustandes nur für den gehobenen Depeschendienst mit Auto, zeitweise auch als Landwirt im französischen Hinterland.

Ab Mitte der zwanziger Jahre mußte er jedoch bis zu seinem Tode im Jahr 1928 in immer kürzeren Abständen Sanatorien im Schwarzwald und in der Schweiz aufsuchen. Mein Bruder Philipp und ich haben ihn dort einige Male besucht. An einen

Besuch im Sanatorium bei Todtmoos im Schwarzwald erinnere ich mich besonders gut.

Mein Vater hatte den amtierenden staatlichen Forstmeister in Todtmoos kennengelernt. Er hieß »Huy«, was meinen Bruder und mich furchtbar zum Lachen reizte. Aber dann haben uns seine Söhne in einem Schwarzwaldbach gelehrt, Forellen mit der Hand zu fangen. Als ich viele Jahre später mit meinen Söhnen, die etwa im gleichen Alter wie wir damals waren, bei einem Wochenendzelten im Sauerland war, zeigte sich zu meiner Verwunderung und zur großen Bewunderung durch meine Söhne, daß ich diese Kunst noch beherrschte.

Und dann erinnere ich, daß mein Vater mit uns irgendwo im Schwarzwald den greisen Admiral von Tirpitz besuchte. Wir Jungen wußten seinerzeit kaum, wer das war, waren aber sehr von seinem ungeheuren Bart beeindruckt.

Zu meinem Vater paßte, daß in den Sanatorien auf seinem Balkon ein Fernrohr stand, mit dem er nachts den Sternenhimmel, den Kosmos beobachtete. Da kannte er sich gut aus. Und es paßte auch zu ihm, daß er vor allem in Davos viele ausländische Freunde hatte. Das Bild eines Inders erinnere ich bis heute. Er war für mich besonders geheimnisvoll und fremd.

Mein Vater war – wie ich heute weiß – im Kreise Naugard ein engagierter Anhänger der Deutschnationalen Volkspartei. Das geht eindeutig aus dem erhalten gebliebenen Nachruf hervor, den der Bauer Christians aus Kartzig am Grabe meines Vaters hielt. Von ihm wurde er als Vorsitzender der Deutschnationalen Volkspartei des Kreises Naugard und als Vorsitzender der »Bismarck-Jugend« hoch gepriesen. Ich selbst erinnere nichts von diesem politischen Engagement unseres Vaters. Mein Bruder Philipp erinnerte sich dagegen gut daran. Nun, es geschieht ja häufiger, daß die eigene Wesensart und

Lebensgeschichte auch die Erinnerung an gemeinsam erlebte Vorfahren unterschiedlich prägt. Für mich waren offensichtlich die nonkonformistischen Eigenschaften meines Vaters dominierend und ließen das Leitbild von ihm entstehen, das er für mich war.

Ich habe den Vater einmal mit einem Kranich verglichen, diesem scheuen aristokratischen Vogel, der in den unzugänglichen Sümpfen der pommerschen Heimat lebt. Wenn ich diese großen Vögel gelegentlich am Himmel ihrer Wege ziehen sehe, so denke ich an meinen Vater, diesen Outsider in Hinterpommern und innerhalb der Bismarckschen Familie. Ich denke beim Ruf eines am Himmel ziehenden Kranichpaares an die Ehe meiner Eltern.

Meine Mutter hat viele schwere Jahrzehnte als Witwe mit sechs Kindern und auch noch als alte Frau so sichtlich getragen von dem Glück der Gemeinsamkeit mit diesem Mann, ihrem Mann, unserem Vater, gelebt.

Ich war sechzehn Jahre alt, als mein Vater 1928 an TBC starb. Als Ältester wuchs ich mehr als die anderen Geschwister unter dem Einfluß meiner Mutter auf. Laut Testament war ich der Erbe der Bismarckschen Güter Kniephof und Jarchlin. Ich liebte meine Mutter sehr, und sie prägte wesentlich mein Denken und meine Vorstellung von Frauen.

Meine Mutter war im Bismarckschen Familienverbund und von den Gutsnachbarn wohlgelitten und anerkannt, wenn man absieht von dem Verhältnis zu ihrer Schwiegermutter. Die beiden taten sich lebenslang etwas schwer miteinander. Mir ist es jedenfalls nicht entgangen, daß die aristokratische Schwiegermutter und die bürgerliche Schwiegertochter immer sehr bemüht freundlich miteinander umgingen.

Meine Bismarcksche Großmutter, Hedwig von Bismarck, war eine geborene von Harnier aus Hessen. Sie war zierlich und scheu und auf die Weise der Hugenotten fromm. Ich sehe sie noch heute vor mir ungeheuer gerade in dem Patronatsgestühl der Jarchliner Dorfkirche sitzen. Jeden Sonntag hielt sie dort im Gottesdienst »die Stellung«. Natürlich war der sonntägliche Kirchgang auch für den Patron, meinen Vater, und meine Mutter Pflicht.

Als kleiner Junge hatte ich Angst vor der Großmutter und ihren traurig-ernsten Augen. Diesen Blick empfand ich oft als moralischen Vorwurf. In solchen Augenblicken fielen mir meine Streiche ein.

Die Großmutter veranstaltete in Jarchlin regelmäßig Missionsfeste. Ich erinnere davon den vielen Streuselkuchen und die aufgestellten Mohren-Figuren, die devot nickten, wenn man eine Missionsspende in die Sammelbüchse steckte. Und ich erinnere so manchen bösen Streich, weil wir mit unseren Freunden aus dem Dorf bei diesen frommen Gelegenheiten so gut wie ohne Aufsicht waren. Von meinem Pfeil getroffen starb einmal ein Huhn qualvoll in einer Hecke, während nahebei der Missionar gewaltig unter der Eiche des Jarchliner Gartens predigte.

Natürlich hatte es diese aristokratische Großmutter nicht ganz einfach mit einer so vitalen und leuchtenden Schwiegertochter wie meiner Mutter. Diese Bürgerliche brachte viele liberale und idealistische Ideen aus Berlin nach Pommern, die der Schwiegermutter fremd und bedrohlich erscheinen mußten.

Ich selbst habe erst spät – nicht zuletzt durch meine Frau – die sensible Herzenswärme dieser scheuen Dame entdeckt. Heute hängt ihr Bild – das einzige Ahnenbild, das aus Pommern gerettet wurde – in München in unserem Wohnzimmer.

So blickt sie bis heute zurückhaltend, aber auch prüfend auf uns herab.

Mein Vater hatte es wohl zeitlebens etwas schwer in der Nähe seiner, jedenfalls äußerlich, so kühlen Mutter. Vielleicht hat sie es nie ganz verwunden, daß sie bei der Geburt meines Vaters so schwer am Kindbettfieber erkrankte, daß sie zu sterben fürchtete. Der Lieblingssohn dieser Großmutter war der zweite Sohn, der liebenswürdige Herbert.

Onkel Herbert war der jüngere Bruder meines Vaters. Er war preußischer Landrat in einem pommerschen Kreis und Spitzenkandidat der Deutschnationalen Volkspartei und bestätigte damit die Tradition des Namens Bismarck, der in der Öffentlichkeit für eine konservative Haltung stand und bis heute steht. Diese Tradition hatte damals mit dem republikanischen Versuch der Weimarer Demokratie nicht viel im Sinn. Aber ich bin sicher, daß mein Onkel Herbert als führender Anhänger der Deutschnationalen das Harzburger Bündnis der Deutschnationalen Volkspartei und des »Stahlhelms« mit der SA und den Nazis abgelehnt hat. Er hatte eine leise, nüchterne Intelligenz.

Ich habe diesen Bismarck-Onkel sehr verehrt. Er war mein Vormund und zudem ein väterlicher Freund. Meine Zuneigung wurde verstärkt durch Tante Maria, seine Frau, eine geborene von Kleist-Retzow. Sie war die Schwester meiner späteren Schwiegermutter. Ihr Charme nahm mich früh gefangen. Sie brachte mir große Herzenswärme entgegen. Kein Familienfest war ohne ihren Gesang zu denken. Meine Sympathie für diese temperamentvolle, musische Frau hatte auch etwas damit zu tun, daß sie ganz frei war von jenem »missionarisch« religiösen Eifer, der anderen Mitgliedern der Kleist-Retzow-Familie bis heute eigen ist.

Als deutschnationaler Staatssekretär wurde Onkel Herbert 1933 von Göring entlassen. Nach 1945 wurde er im Kreis Lichtenfels in Franken aufgrund seines sauberen Fragebogens für ein paar Jahre von den Amerikanern als Landrat eingesetzt. Als Landrat gehörte es zu seinen Pflichten, eine Hundertjährige in einem Dorf bei Lichtenfels offiziell zu beglückwünschen. Sie hörte schon schlecht und benutzte ein Hörrohr. Sie hatte seinen Namen zunächst nicht verstanden. Als sie dann »von Bismarck« hörte, tröstete sie meinen Onkel mit den Worten: »Das macht fei nichts. Wenn Sie auch so heißen, brauchen Sie ja noch nicht so zu sein.« Später wurde Herbert von Bismarck zum Sprecher der Pommerschen Landsmannschaften der Vertriebenen gewählt. In dieser Funktion wurde später mein Bruder Philipp sein Nachfolger. Solche politische Sukzession ist für die Familie relativ charakteristisch.

Der ältere Bruder meines Vaters, Karl Graf Bismarck-Osten, stammte aus der ersten Ehe meines Großvaters Philipp. Die erste Frau dieses Großvaters, eine geborene von der Osten, starb – wie seinerzeit viele junge Frauen – am Kindbettfieber nach der Geburt des kleinen Karl. Der große Osten-Besitz – es waren, glaube ich, sieben Güter – fiel dem Sohn Karl zu. Dazu gehörten ein neu ausgebautes, großes Schloß in Plathe und die alte Osten-Burg-Ruine, fünfzehn Kilometer von meinem Heimatdorf Kniephof entfernt. Mit diesem Besitz änderte sich der Name für den Bruder meines Vaters in von Bismarck-Osten: Ein paar Jahre später verlieh ihm Wilhelm II. den Grafentitel.

Onkel Karl war wie der Großvater Philipp und der Urgroßvater Bernhard ein Recke von Gestalt. Onkel Herbert und mein Vater Gottfried, die Söhne der zartgliedrigen Harnier-

Großmutter, die aus einer Hugenotten-Familie kam, waren dagegen an Gestalt keineswegs reckenhaft.

Das preußische Gardemaß hatte in bestimmten gesellschaftlichen Kreisen in Pommern einen solchen Bonus, daß eine schon ältere Dame der von Dewitz meinem sportlich zähen, aber zartgliedrigen Vater gegenüber äußerte, es sei doch sehr bedauerlich, »wie Ihre Frau Mutter die Bismarck-Rasse verdorben hat«.

Onkel Karl lebte in Plathe und fiel, ähnlich wie mein Vater, in Hinterpommern in mehrfacher Hinsicht aus dem Rahmen.

Er heiratete eine deutsche Bankiers-Tochter aus London, eine Baronin Deichmann. Sie brachte viel damenhaft Englisches nach Hinterpommern, und von daher »fror« sie gelegentlich in der rustikalen, pommersch-rauhen gesellschaftlichen Umgebung.

Wie mein Vater war Onkel Karl – im Gegensatz zu dem jüngeren Herbert – ausgesprochen anglophil. Beide pflegten mit Vorliebe die Ironie angelsächsischen Humors. Der ätzenden Wirkung solcher Be- und Anmerkungen gegenüber ihren Nachbarn und Standesgenossen waren sich die schmunzelnd-vergnügten Bismarck-Brüder oft gar nicht bewußt. Mir, der einiges davon geerbt hat, geht es gelegentlich ähnlich.

Auch im Bereich ihrer wissenschaftlichen Hobbys hatten es beide Brüder zu einem, jedenfalls in Pommern erstaunlichen Wissen gebracht, was sie aber in ihrer Umgebung wiederum eher zu Sonderlingen machte. Ich sehe den schwergewichtigen, großen Onkel noch hoch oben auf einer Leiter zwischen seinen Bänden in den oberen Regalen stöbern. Karl war ein Bibliothekar von hoher Qualifikation. Er kannte sich vor allem in der vor-preußischen Geschichte Pommerns gut aus. Die riesige, vornehmlich historische Bibliothek in Plathe enthielt zahlreiche Dokumente über die pommersche Geschichte, meist in lateinischer Sprache. So ergaben sich viele Beziehungspunkte zwischen ihm und meinem Vater, dessen Sammlungen von Tonscherben und Bronzewaffen aus Pommerns grauer Vorzeit mit viel Wissen darüber verknüpft war. Aber auch der »Spleen« meines Vaters für Physik und Technik, seine Freundschaft mit Nils Bohr und Erwin Fuß, verband ihn mit den Interessen seines Bruders Karl. Nach dem Tode meines Vaters entdeckte ich in seiner Bibliothek Bücher über Astrophysik und andere Themen dieser Art. Natürlich verstand ich nichts davon, aber der Vater hat damit für mich Horizonte der Neugier gesetzt.

Ein anderer Onkel, der mich in bestimmter Weise prägte, war Onkel Bernd, ein Bruder des Großvaters. Er war Nachbar von Kniephof und Jarchlin in Külz. Die Bismarck-Atmosphäre in Külz entsprach mehr dem Stil vieler Güter der hinterpommerschen Nachbarschaft. Die landwirtschaftliche Verantwortung für Mensch und Vieh, für Feld und Wald stand in Külz wie bei uns im Mittelpunkt. Die Verantwortung für die Gutsarbeiter stand auch in Külz gewiß nicht an letzter Stelle der Werteskala, aber sie war als patriarchalische Aufgabe so selbstverständlich wie die Verantwortung eines preußischen Offiziers für seine Untergebenen. Das war in Kniephof und Jarchlin anders. Mit Worten wurde in den meisten benachbarten Gutsbetrieben wenig Aufhebens von dieser Sozialaufgabe gemacht. Da Onkel Bernd in einem preußischen Kadettenkorps in Berlin zum Offizier erzogen worden war, war es logisch, daß er nicht nur von seinen Landarbeitern, sondern ganz allgemein als der »Herr Major« angeredet wurde.

Als Mensch war er voller Herzlichkeit und Schalk. Bis in sein hohes Alter war er ein passionierter Jäger und ein überdurchschnittlich guter Schütze. Für eine Jagdunternehmung mit seinen beiden »Kadetten«, Philipp und mir, war er immer aufgelegt. Die Strecke bei diesen improvisierten Jagden war meist spärlich. Es war wahrscheinlich so, daß dieselben drei Fasane, vier Kaninchen und drei Hasen im Waldstück an der Grenze von Külz und Jarchlin von uns immer wieder gejagt wurden, und die ihrerseits ihren Spaß mit uns hatten.

In Külz wurde viel Bridge gespielt, »Pasewalker« und Rotwein getrunken. Bei den Kammermusikabenden dagegen, die meine Eltern in Jarchlin und später in Kniephof regelmäßig veranstalteten, schlief Onkel Bernd häufig ein, oder er langweilte sich redlich.

»Oben« sah er mit Glatze, Schnurrbart und leuchtend-lebendigen Augen dem »Eisernen Kanzler« sehr ähnlich. Unterhalb des Kopfes gab er jedoch mit seinem kurzen, drahtigen Körper nur einen Miniatur-Bismarck ab. Aber er war eine kraftvolle Persönlichkeit und bei jedermann geachtet.

Tante Käthe, seine Frau, eine geborene von Arnim, hatte eine Titus-Frisur, ein Cäsaren-Profil und eine männlich tiefe Stimme, aber ein goldenes Herz. Sie waren kinderlos und adoptierten 1938 meinen Bruder Philipp.

Vor den einmarschierenden Russen gelang es Onkel Bernd 1945 im letzten Augenblick pfiffig und couragiert durch die Hintertür und den Garten zu entwischen, wo zufällig ein Nachbar im Einspänner vorbeikam. Beide waren dann vierzehn Tage zusammen in Richtung Westen unterwegs.

Nach dem Krieg lebte der Onkel bei der Schwiegermutter meines Bruders Philipp im Schwarzwald, wo er bald begann, die Bauern zu belehren, wie sie nach seiner pommerschen Erfahrung ihren Kartoffelanbau intensivieren könnten.

Und da ist noch ein bemerkenswerter Onkel in der Bismarckschen Familienszene zu erwähnen, der mich als jungen Menschen beeindruckte. Klaus Graf von Bismarck aus Varzin, ein direkter Nachkomme von »Onkel Otto«, ein Sohn des Kanzler-Sohnes »Bill«. Er wurde im Jahr 1896 geboren und starb während des Krieges 1940 an einem Gehirntumor.

Die Atmosphäre von Varzin unterschied sich stark von dem preußisch-kargen Bismarck-Stil in Külz und Lasbeck, und auch von dem in Kniephof und Jarchlin. Die »Briester« Bismarcks aus der Mark Brandenburg ähneln fast alle den preußisch geprägten »Märkern«, die Theodor Fontane mit ihren Stärken und Schwächen so lebendig beschrieben hat.

Das schöne Waldgut Varzin war von »Onkel Otto« im östlichen Pommern erworben worden, als er die Schönheiten dieser Landschaft durch die Heirat mit Johanna von Puttkamer aus Reinfeld, das in der Nähe von Varzin liegt, kennenlernte.

Dieser Onkel Klaus fuhr als junger Mann Motorradrennen. Das fand ich aufregend. Als Landwirt hatte er die zweifellos theoretisch zukunftsträchtige Konzeption, seine sechs Güter durch neue Technologien zu modernisieren, die aus Amerika kamen. Er wollte die Güter durch Mechanisierung und Rationalisierung auf Sechs-Mann-Betriebe umstellen. Er war damit ein wenig seiner Zeit voraus, denn es gab damals keine Landflucht in Pommern, sondern in jedem Dorf ländliche Arbeitskräfte in Fülle. Aber was mich beeindruckte, war das Neue, das er auf allen möglichen Ebenen ausprobierte.

Er ritt nicht, wie viele seiner hinterpommerschen Standesgenossen, mehr oder weniger behäbig-souverän mit dem Pferd über seine Ländereien, sondern raste im Querfeldein-Stil auf dem Ur-Ford Modell Double T., der »Tin-Lizzy« mit den Drahtspeichen-Rädern, durch seinen Wald und über seine Felder.

Er lag in einem amerikanischen Monteur-Overall häufig unter einem seiner Mähdrescher, um ihn eigenhändig zu reparieren. Dabei unterhielt er sich kollegial und natürlich auf Englisch mit einem amerikanischen Monteur, der mit den Händen in den Hosentaschen dabeistand und vermutlich der Repräsentant der Firma Massey-Harris war, die den Mähdrescher herstellte.

Und in der großen Eingangshalle in Varzin standen ein Schlagzeug und ein Saxophon. Erst später entdeckte ich, daß dieser Klaus von Bismarck nicht nur sehr musikalisch, sondern auch ein begabter Jazz-Saxophonist war.

Onkel Klaus trank mit uns außerdem ein in Varzin sehr beliebtes Getränk namens »Knickebein«. Diese ungewöhnliche, geballte alkoholische Ladung wurde aus einem hohen Sektkelch getrunken und hatte verschiedene »Stockwerke« von Flüssigkeiten in unterschiedlich grellbunten Farben, die übereinander lagen und sich nicht vermischten. Vermutlich waren es diverse Bols-Produkte. An die Wirkung im einzelnen erinnere ich mich vermutlich deshalb nicht mehr, weil sie so erheblich war.

Die Mutter von Klaus war die alte Tante Sybille. Ich hatte sie schon bei früheren Besuchen in Varzin als eine ungewöhnliche Persönlichkeit kennengelernt. Im Sommer 1944 besuchte ich sie während eines kurzen Heimaturlaubes. Sie war damals an die achtzig Jahre alt. Wir gingen, uns unterhaltend, durch den Varziner Obstgarten, als sie Dorfjungen entdeckte, die ihre Himbeeren plünderten. Laut fluchend warf sie treffsicher ihren Krückstock nach den Räubern und vertrieb sie. Marion Gräfin Dönhoff beschreibt in ihrem Buch »Namen, die keiner mehr nennt«, wie sie bei ihrer Flucht zu Pferde aus Ostpreußen in Ost-Pommern die alte Dame noch einmal besucht hat. Tante Sybille hatte beschlossen, sich beim demnächst zu erwartenden Einmarsch der Russen das Leben zu nehmen. Vorsorglich hatte sie im Park ein Grab für sich ausheben lassen.

Wenn ich es von heute her bedenke, dann haben mich in der Bismarck-Familie schon früh die Nonkonformisten angezogen. Nach 1945 wurde es für mich noch deutlicher, daß die große Mehrheit der Angehörigen meiner Familie, die nach Verlust des Landbesitzes in Pommern und in der Mark Brandenburg im Westen gelandet waren, politisch auf traditionell-konservativem Bismarck-Kurs blieb.

Nach 1949 habe ich einmal an einer Veranstaltung der IG Bergbau teilgenommen, auf der ich mich zur Frage der Jung-Bergleute im Steinkohlebergbau geäußert habe. Nach meinem Vortrag fragte ein Funktionär der Gewerkschaft einen anderen: » Woher hat der denn seinen Spitznamen Bismarck?«

Mein mütterliches Herkommen

»Labor omnia vincit«
oder
der Zauber der Musik

Ich mag etwa zwölf Jahre alt gewesen sein, als ich mit »Gromie«, der Großmutter mütterlicherseits, die Heimat des Großvaters Theodor Koehn besuchte. Mit von der Partie war meine gleichaltrige Cousine Marline Griesebach. Wir begleiteten die Großmutter nach Neubrandenburg.

Von diesem Besuch erinnere ich, daß ich bei einem Familien-Bade-Ausflug an den Tollense-See die Koehn-Verwandtschaft schockiert habe. Ich war in hinterpommersch dörflicher Manier nackt, ohne Badehose und Hemmungen ins Wasser gesprungen und hatte damit die moralischen Grenzen der Bäckermeisterfamilie Koehn aus Neubrandenburg in ungehörigem Maße überschritten.

Ich erinnere auch, daß ich bei diesem Besuch mit Erstaunen den Unterschied zwischen meiner zartgliedrigen Großmutter und den stämmigen Neubrandenburger Koehn-Verwandten festgestellt habe.

Die Wurzeln meiner eigenen körperlichen Robustheit liegen nicht nur bei den kräftigen Bismarck-Vorfahren, sondern eben auch bei diesen gestandenen Neubrandenburgern. Dieser Schlag hat offenbar einen »tiefen« Schwerpunkt, d. h., er lebt voll Selbstbewußtsein erdhaft dicht an der Wirklichkeit, wie sie ist. Diese Menschen erscheinen mir bis heute wie »aus Lehm gemacht«. In der Gestalt des »Onkel Bräsig« habe ich sie bei Fritz Reuter beschrieben gefunden.

Die Geschichte eines Koehn-Onkels machte mir als kleinem Jungen großen Eindruck. Als Kriegsgefangener in England im Ersten Weltkrieg hatte er versucht, von der Insel zu fliehen, indem er sich als blinder Passagier für den Schiffstransport in eine Kiste einnageln ließ. Nach der Überquerung des Kanals war beim Ausladen gerade diese Kiste so unsanft auf den Kai gefallen, daß sie aufsprang und der Flüchtling entdeckt wurde. Damit ging er als »Kisten-Koehn« in die Familienannalen ein.

Theodor, mein Großvater, war als Sproß dieser Handwerker-familie ein »Aufsteiger« aus dem kleinbürgerlich mecklenbur-gischen Milieu. Er erwies sich als technische Begabung, und das verband sich bei ihm mit den handwerklichen Tugenden seiner Familie. Er galt als fleißig, zuverlässig und stellte hohe Anforderungen an sich. Obwohl er vermutlich sehr ehrgeizig war, wirkte er nach außen eher gelassen.

In der Phase der industriellen Revolution machte der Groß-vater als Ingenieur Karriere. Er war als Brückenbauer eine Pio-niergestalt seiner Zeit. Überall in Europa baute er Brücken und verdiente dabei eine Menge Geld. Dieses Vermögen ging nach dem Ersten Weltkrieg vollständig verloren, weil er es im Ausland angelegt hatte.

Die Erfahrung dieses sozialen Aufstiegs prägte wahrschein-lich auch die Lebensphilosophie meiner Großeltern: »Labor omnia vincit« – Arbeit besiegt alles. Diese Maxime wurde allerdings gelegentlich von der Großmutter konterkariert, indem sie die Inschrift eines Berliner Grabsteins zitierte: »Ihr Leb' lang hatt'se Staub gewischt. Nu is se selber weiter nischt.«

Nicht nur mit seiner imposanten körperlichen Gestalt beeindruckte der Großvater seinen kleinen Enkel sehr, sondern
auch weil er viel Würde und Güte ausstrahlte. Wenn er mich in
Ahrenshoop an der Ostsee bei der Hand nahm, war das für
mich, als ob mich Rübezahl und Gott-Vater in einem bei der
Hand nähmen. Er wirkte nicht nur auf mich so. Meine zarte
Großmutter, Musikerin mit Leib und Seele, erzählte an ihrem
Lebensabend, daß sie sein dominierendes Wesen oft auch als
übermächtig und schwer empfunden habe. Ich denke, daß er
sehr klar der Herr im Hause war, dessen Geist aber meine
Großmutter bestimmte.

Die Jugendbilder von meiner Großmutter Annie Otzen
erinnern mich an Marie Curie und an Virginia Wolf. Sie war
die Tochter eines Berliner Architekten, der viele neugotische
Kirchen in Berlin gebaut hat, deren wilhelminischer Stil mir
wenig gefiel, die aber heute, sofern sie den Krieg überstanden
haben, unter Denkmalschutz stehen.

Die Familie der Otzens lebte in Berlin in der Nachbarschaft
vieler großbürgerlich jüdischer Familien in der Nähe des
Wannsees. Als Theodor Koehn, bereits ein erfolgreicher Ingenieur, um die Hand der Annie Otzen anhielt, wurde etwas von
der arroganten Haltung der großbürgerlichen Familien in Ber-
lin-Wannsee gegenüber dem Bäckermeistersohn aus Neubrandenburg deutlich. Für die damalige Zeit korrekt, erschien
der Großvater bei seinem Antrag in Gehrock und Zylinder.
Um ihn zu testen, hatte Annies Bruder zusammen mit seinen
Freunden den boshaften Einfall, den Freier zu einer Segelpartie
auf dem Wannsee einzuladen. Und da saß er nun in seinem
feierlichen schwarzen Aufzug mit Zylinder im weißen Segel-
boot. Aber – so wird berichtet – der Großvater habe das sehr
gelassen hingenommen.

Die Welt der Großmutter war die Musik. Dort setzte sie sich, mit dem ihr eigenen Ehrgeiz, hohe ästhetische Ansprüche. »Labor omnia vincit« – das hat meine Mutter nicht nur von ihrem Vater Theodor geerbt. Diese Haltung verkörperte auch meine Großmutter gegenüber ihrer musikalischen Passion. Technisch war sie gewiß keine perfekte Konzertpianistin. Wenn ich ihr die Noten umblätterte, konnte ich feststellen, wie gut sie bei schnellen Läufen technisch mogeln konnte. In ihrem musikalischen Feingefühl aber galt sie als eine ungewöhnliche Kammermusikerin und war wegen ihres einfühlsamen Zusammenspiels von erstklassigen Musikern hoch geschätzt. So wie es sich arrangieren ließ, gab sie mit beachtlichen Geigern und Cellisten Kammerkonzerte.

Ihr Onkel Robert Hausmann war ein namhafter Cellist. Er spielte in dem berühmten Joachim-Quartett. Trotz meiner mäßigen Leistungen am Cello erbte ich eines seiner Celli. Es ging in den Wirren des Krieges und der Flucht aus Pommern unter. An der Vorstellung, daß ein musikalischer Russe dieses Instrument bis heute spielt, könnte ich mich erfreuen. Aber ich fürchte, es wurde als Zubehör der hassenswerten pommerschen Feudalwelt zerschlagen oder als Holz fürs Teekochen verheizt. Aber auch als Asche in Pommern bleibt dieses Instrument in meinem Bewußtsein ein wichtiger Teil meines Herkommens.

Mit meiner Großmutter verbindet sich in meiner Erinnerung vornehmlich die romantische Musik, also Brahms, Schubert, Schumann, Beethoven und auch Chopin. Erst später kam ich auf Mozart und Bach.

Meine Großmutter hatte ein Ferienhaus in Ahrenshoop, das ihr Schwiegersohn, der Architekt Helmuth Grisebach, gebaut hat.

Meine Eltern haben sich in Ahrenshoop verlobt. Dieser zauberhafte Ort, der bis heute eine Art Künstlerkolonie ist, liegt auf der sogenannten Fischland-Halbinsel zwischen Rostock und Stralsund.

Im Zuge der Enteignung bürgerlichen Besitzes nach dem Zweiten Weltkrieg übernahm das Haus meiner Großmutter Herr Götting, der ehemalige Präsident der Volkskammer der DDR.

Von meiner Geburt 1912 bis zum Kriege war ich wohl fast jeden Sommer in Ahrenshoop. Das Haus ist zum Inbegriff der musischen Welt meiner Großmutter geworden. Ich erinnere mich an die weißen Gardinen im großen Musikzimmer, die vom Sommerwind aus den Fenstern getrieben wurden, während die Großmutter Klavier spielte, Melodien, die ich nie mehr vergessen habe. Sie roch nach Lavendel und trug gerne zweifarbige Chiffonschals. Ich sehe noch ihre zarten Füße in sehr spitzen Schuhen auf den Pedalen des Klaviers, wenn ich mit meiner Cousine Marline irgendwo zu Großmutters Füßen auf dem Boden lag und wir ihrer Musik lauschten.

Nicht weit von Ahrenshoop stand der Darß, ein riesiger, wilder Wald, für uns ein dunkles Paradies mit Seeadlern, Kormoranen, Hirschen und Sauen. Es gab den weitgeschwungenen Ostseestrand zum Darßer Ort, zum Leuchtturm hin. Am Strand war viel Bernstein zu finden, und die vom Seewind zerfetzten Kiefern hinter den Dünen erzählten ihre eigenen Geschichten. In der Nachbarschaft lebte eine Fischerfamilie. Sie hieß Brathering und hatte die hübschen Töchter Truding und Ilse. Und es gab den Saaler Bodden, das große Binnengewässer, wo wir segelten, angelten und den Vögeln zusahen. Und dann war da das »Hohe Ufer«, die Steilküste westlich von Ahrenshoop, wo ein sehr junger Mann begann, ein Mädchen lieben zu lernen.

Ahrenshoop ist in meiner Erinnerung auch der Zauber des Lichts zwischen Ostsee und Bodden, den der Maler Alfred Partikel in vielen seiner Bilder eingefangen hat. Er war mit meinen Eltern befreundet. Beim Einmarsch der Russen verschwand er spurlos im Darß. Man sagt, er sei von sowjetischen Soldaten erschlagen und verscharrt worden.

Und zu Ahrenshoop gehört auch der Zauber der Malven und des Rittersporn, die den Klinkerweg säumten, der zum Haus der Großmutter mit seinen weißen Säulen führte.

Das »Ex libris«, das Bücherzeichen der Großeltern, zeigt die sieben Kinder von Theodor und Annie Koehn wie Vögel auf den Telefondrähten eines Notenblattes sitzend.

Zwei Brüder meiner Mutter, Hans und Günther, fielen im Ersten Weltkrieg. Die männliche Sensibilität, die Hans auf Bildern von ihm und in den Erzählungen meiner Großmutter und meiner Mutter für mich ausstrahlte, nahm mich sehr für ihn ein. Er war befreundet gewesen mit Hans Simons, der nach dem Ersten Weltkrieg die Hochschule für Politik in Berlin leitete. Meine Großmutter setzte diese Freundschaft ihres Sohnes fort. Für mich war die Begegnung mit Hans Simons wichtig. In Pommern hatte ich über sozialdemokratische Gewerkschaftsfunktionäre nur gehört, daß sie danach trachteten, die Existenz und Souveränität der adligen Grundbesitzer zu bedrohen. Hans Simons war der erste Sozialdemokrat, den ich kennenlernte. Er war hochgebildet und hatte Format. Bei uns zu Hause in Hinterpommern hätte ich einer solchen Persönlichkeit nicht begegnen können. Als die Nazis an die Macht kamen, mußte Hans Simons wegen seiner sozialistischen Überzeugung in die USA emigrieren. Als ich ihn nach dem

Zweiten Weltkrieg in New York besuchte, war er Professor am Union-College, später suchte ich ihn als Beauftragten der Ford-Foundation in New Delhi auf.

Die Brüder Ernst und Lenz überlebten den Ersten Weltkrieg. Lenz, den jüngeren, sehe ich noch vor mir, wie er kurz nach dem Ersten Weltkrieg in seiner Leutnantsuniform der Husaren auf dem Schimmel »Arabka« zusammen mit meinem Vater aus dem Jarchliner Gartentor reitet. Der von der Mutter besonders bewunderte Jüngste verschwand dann für Jahre aus unserem Blickfeld. Das rauschende Leben der Nachkriegsjahre hatte diesen hochbegabten, gesellschaftlich und soldatisch erfolgreichen jungen Mann zu einem rücksichtslosen Freiheitsdrang verführt. – Später versuchte er, mit Fleiß und großem persönlichen Einsatz, die verlorenen Jahre aufzuholen. –

Er wurde ein erfolgreicher Industriekaufmann und konnte seinem Sohn einen ausbaufähigen Betrieb hinterlassen.

Obwohl dieser Onkel zu Zeiten, als ich noch ein kleiner Junge war, einige Male in Jarchlin und Kniephof zu Besuch war, lernte ich ihn erst sehr viel später persönlich kennen. Nämlich, als mich 1961 die Intendanten-Aufgabe nach Köln verschlug. Dort wohnte auch Onkel Lenz. Und nun entdeckte ich einen Gesprächspartner, der mir nicht nur durch seine schnelle Intelligenz, die Fähigkeit zu präzisen Analysen, sondern auch durch seine musische Sensibilität Eindruck machte.

Der andere Bruder, Ernst, war Kinderarzt. Bis zum Jahre 1948 praktizierte er in Berlin und dann bis 1978 in Freiburg. Onkel Ernst war für mich die wichtigste männliche Leitfigur aus der Familie meiner Mutter. Auch in seinem Haus klang oft Musik. Ich erinnere Vivaldi, Bach und andere Barockmusik. Oft mu-

53

sizierten junge Leute, aber es wurden auch Schallplatten gehört.

Sein Wesen und die Hingabe an seinen Beruf weckten in mir schon als Schüler den Wunsch, ebenfalls Kinderarzt zu werden. Onkel Ernst verkörpert für mich das liberale, humane Erbe meiner Koehn-Großeltern. Zudem hatte er viel geistigen Humor. Ich glaube, viele seiner Kinder-Patienten wurden deshalb wieder gesund, weil er ihnen Vertrauen gab, mit ihnen lachte und dabei die oft verängstigten Mütter ermutigte und beruhigte, ohne sie zu täuschen.

In Berlin behandelte er von 1931 bis 1938 unter anderen die Kinder des französischen Botschafters François Poncet. Der Botschafter und er erzählten sich leidenschaftlich und laut die letzten Witze über Adolf Hitler. Nachträglich ist es ein Wunder, daß er trotz seiner völlig ungebremsten Anti-Nazi-Äußerungen so ungeschoren durch die Zeit gekommen ist.

Als die Russen Ende des Zweiten Weltkrieges nach Berlin kamen, waren einige attraktive junge Mädchen in seiner Kinderklinik in Berlin-Nikolassee beschäftigt. Auch meine Mutter war in diesen Wochen und Monaten als Aushilfskrankenschwester dort tätig.

Um die jungen Schwestern der Kinderklinik vor der russischen Soldateska zu schützen, gipsten Onkel Ernst und meine Mutter sie um die Mitte ihres Leibes herum ein. Wie genau, frage ich mich bis heute. Aber diese »Panzer« reichten. Die mehrfach erscheinenden Russen zogen unverrichteter Dinge wieder ab.

Onkel Ernst war im Ersten Weltkrieg als Artillerie-Beobachter in einem Fesselballon abgeschossen worden und später noch einmal als Pilot. Auch diesen Absturz überlebte er ohne Fallschirm, war aber von da ab an seinem »Fahrgestell« – wie er sich ausdrückte – sehr behindert. Trotz dieser Behinderung kümmerte er sich als Arzt nach dem Einmarsch der Russen mit Hilfe eines Fahrrades und humpelnd um deutsche Soldaten, die sich mehr oder weniger schwer verwundet in den Häusern und Ruinen verkrochen hatten.

Während des Krieges und in den apokalyptischen Szenen der letzten Kriegsmonate war dieser Onkel ein Fels an geistig-humorvoller Humanität geblieben, aber als nach dem Kriege der geliebte Sohn, der das Leben des Vaters als Kinderarzt fortsetzen wollte, bei einem Autounfall in Hamburg ums Leben kam, da erlosch auch bei diesem Vater ein Licht. An seine Stelle trat Melancholie, die ihn bis zu seinem Tode oft umgab.

Die Epoche dieser Repräsentanten eines liberalen Bürgertums war abgelaufen. Die ethischen und humanistischen Werte meines Onkels und vieler seiner jüdischen Freunde waren in ihren Grundfesten, durch die Geschichte, durch Auschwitz erschüttert worden. Einzelne Gestalten, wie die des Onkels, ragten noch eine Weile wie Silhouetten alter Bäume gegen den Abendhimmel der Zeit. Um sie herum war schon zu ihren Lebzeiten viel Einsamkeit, die der fruchtbare Boden für Melancholie ist.

Hitler und Auschwitz haben den humanen Idealismus des gebildeten Bürgertums ausgelöscht.

Anne-Marie, eine Schwester meiner Mutter, starb schon als Kind. Das Wesen von Line, ihrer anderen Schwester, war für mich von ihrer Geige bestimmt. Sie heiratete den Architekten Griesebach und ist die Mutter meiner heute in Luckau lebenden Cousine Marline. Als kleinem Jungen erschien mir Tante Line als ungewöhnlich schöne Frau. Besonders ihre Augen erinnere ich, und daß sie schmaler war als meine Mutter. Auch sie starb früh, am Ende des Ersten Weltkrieges, durch eine Grippe-Epidemie.

Kurz nach dem Tode seiner Tochter starb auch der Großvater Theodor. Ich denke, er ist an Kummer gestorben. Er hat den Tod von drei seiner Kinder nicht verwunden.

Die Großmutter mußte als Witwe ein neues Leben beginnen, nachdem der Erste Weltkieg ihr zwei Söhne genommen hatte, ihr Mann und ihre Tochter kurz nach dem Krieg gestorben waren, und durch den Krieg das beachtliche Vermögen verlorengegangen war. Sie gründete ihr Leben neu auf der Musik. Sie gab Klavierstunden, um sich zu ernähren, und sie musizierte mit Freunden, um ihrer Seele die Schwingen zu erhalten. Sie gab Konzerte.

Als ich in den Jahren von 1925 bis 1931 mit meinem Bruder in Bad Doberan das humanistische Gymnasium besuchte und bei der Großmutter wohnte, da spiegelte der Bücherschrank der Großmutter auch ihre geistige und politische Entwicklung nach und durch den Ersten Weltkrieg wider. Da fand ich viele, auch ausländische Kriegsbücher, die mir wichtig waren und blieben. Da stand »Journey's End«, ein englisches Drama von R. C. Sherriff, »Die hölzernen Kreuze« von Dorgelès, »Der brave Soldat Schweijk« von Jaroslaw Hašek, von Ludwig Renn »Der Krieg« und von Erich Maria Remarque »Im Westen nichts Neues«.

Die Großmutter war durch den Krieg zu einer leidenschaftlichen Pazifistin geworden. Sie hatte dem pompösen Wilhelm II. nie etwas abgewinnen können, aber jetzt haßte sie ihn. Sein Größenwahn hatte ihr die Söhne genommen.

Bücher von Romain Rolland, Hermann Bang, den Roman von Renée Thomas »Die Katrin wird Soldat« verschlang ich im Alter zwischen fünfzehn und achtzehn Jahren. Im Bücherschrank meiner Großmutter fand ich eine Mischung von Literatur, die nur schwerlich in einem hinterpommerschen

Gutshaus zu finden gewesen wäre. In den traditionell deutschnationalen Bibliotheken in Pommern standen Bücher über Friedrich den Großen und »Die Barrings« von Simpson, »Und ewig singen die Wälder« von Trygve Gulbranssen und vielleicht auch von Ernst Jünger »In Stahlgewittern«. Fontane stand vermutlich nur in literarisch anspruchsvolleren Häusern. Oft verdienten die ein oder zwei Buchregale nicht die Bezeichnung Bibliothek.

Über einen baltischen Gutsbesitzer mit gutem adligen Namen wurde erzählt, daß er unter seinen Standesgenossen den Spitznamen »Der Bücherwurm« hatte, weil er regelmäßig »Die Jägerzeitung« las. So schlimm würde ich es für Pommern nicht behaupten, zumal es unter den adeligen Gutsbesitzern einige durchaus klassisch-literarisch gebildete Familien gab. Aber natürlich gab es auch bei uns die »Jägerzeitung«, – und sie gehörte zweifellos zu meiner Lieblingslektüre als Jugendlicher.

Ich weiß nicht mehr, wann ich im Bücherschrank meiner Großmutter auf Bertolt Brecht stieß, ich weiß auch nicht mehr, ob es die »Dreigroschenoper« war oder »Der gute Mensch von Sezuan«. Aber diese Literatur zog mich an. »Berlin Alexanderplatz« von Alfred Döblin gehörte dazu, auch Rosa Luxemburg las ich und Franz Kafka und viel Gogol, Tschechow, Gorki und natürlich Dostojewski.

Die Großmutter war im Gespräch oft heftig und ungerecht, wie ich fand. Oft ging es dabei um ihre Art, lebende Menschen oder historische Gestalten zu vereinfachen, um sie dann zu verurteilen. Ich geriet in Doberan oft mit ihr aneinander. Vielleicht auch, weil ich es nicht ertragen konnte, wenn gerade sie sich, meine geliebte Großmutter, so maßlos aggressiv äußerte. Aber ich fühlte mich dennoch wohl in ihrem geistigen Wind und sog ihn mit Begierde ein.

57

Die Großmutter ist im Herbst 1946 qualvoll und tragisch gestorben. Auf ihren Wunsch wollte sie im Jahr vor dem Ende des Krieges aus Pommern weg nach Ahrenshoop. Sie war zu dem Zeitpunkt schon sehr krank und teilweise auch schon altersverwirrt. In Ahrenshoop traf sie ihr gepflegtes, geliebtes Haus völlig überfüllt mit Flüchtlingen aller Art an, kaum daß Platz für sie geschaffen werden konnte. Die Enkelin Agnes, die in Ahrenshoop mit ihren vier kleinen Kindern die Stellung gehalten hatte, tat ihr möglichstes, um gemeinsam mit Lotte Otzen, der Schwester der Großmutter, die herrisch gewordene und immer schwieriger zu behandelnde alte Frau zu pflegen. Die Russen kamen, und damit wurde die Situation auf diesem abgelegenen »Fischland« nicht leichter. Plünderungen und Vergewaltigungen durch ständig wechselnde Truppen waren hier schlimmer als anderswo, zumal auch die Russen oft nichts zu essen hatten. Die ärztliche Versorgung der Großmutter an diesem entlegenen Ort war bemüht, aber natürlich mangelhaft. Irgendwann schlug der ansässige Arzt eine Operation vor, um die ständig sich steigernden Schmerzen zu lindern. So wurde die Großmutter in einem russischen Jeep auf schlechten Straßen ins Krankenhaus nach Rostock transportiert. Sie starb während der Operation.

In meiner Wohnung hängt eine Skizze von dem siebzehnjährigen Mädchen Gertrude Koehn, die dann meine Mutter wurde. Gerhard Marcks, der später bekannt gewordene Bildhauer, hat sie seinerzeit in Berlin skizziert. Zu dem Jugendkreis meiner Mutter gehörte außer Gerhard Marcks vor allem Otto Kiep, der am 20. Juli 1944 umgebracht wurde. In seiner Lebensbeschreibung gibt es ein hinreißendes Kapitel über Trude Koehn und ein herrliches Fest bei den Koehns. Der Ar-

58

chitekt Walter Gropius gehörte ebenso zu dem Kreis wie auch der Sänger Kluthmann.

Meine Großmutter muß es in der Zeit vor dem Ersten Weltkrieg auf zauberhafte Weise verstanden haben, Jugend um sich zu versammeln. Es wurde viel musiziert, gesungen und gesegelt. »Auf Bällen und bei Festen in Kladow, der Insel im Wannsee, trugen die Mädchen Kränze wie Botticelli-Schönheiten; aber natürlich nicht die bei diesem Italiener obligaten – künstlerisch durchaus begründeten – durchsichtigen Kleider«, so beschrieb es ihr Bruder Ernst in einem Brief an mich.

Diesen mit viel schwungvoller Romantik bekränzten Zauber brachte meine Mutter mit nach Hinterpommern, gewiß zunächst sehr zum Erstaunen einiger Nachbarn, die vornehmlich an Roggen, Kartoffeln, Hafer, Hasenjagden, Reiten und Wehrertüchtigung interessiert waren.

Meine Jugend erscheint mir im Rückblick oft als eine Serie von Festen, wie sie Onkel Ernst beschrieben hat. Die ersten Mädchen meiner Sympathie hatten Kränze im Haar, und die Botticelli-Bilder weiblichen Wesens haben mich bis heute nicht verlassen.

Als ältestes Kind fühlte ich mich meiner Mutter besonders nah. Ich kann mich gut daran erinnern, wie sehr ich es als kleines Kind liebte, wenn sie ihr Gesicht über mich neigte, wie schön ich es fand, und wie geborgen ich mich darin fühlte. Während des Ersten Weltkrieges – ich war nicht viel mehr als vier Jahre alt – erschrak ich einmal sehr über das aufgerissene, jäh veränderte Gesicht meiner Mutter.

Mein Vater war zu der Zeit im Krieg irgendwo in Frankreich eingesetzt. Eines Tages hatte er zufällig die Möglichkeit zu einem kurzen Besuch bei seiner Familie. Als er in Jarchlin unangemeldet eintraf, bat er irgend jemanden auf dem Hof, ihm sein geliebtes Waldhorn zu bringen, aber seiner Frau nichts von seiner Ankunft zu verraten. Mein Vater begab sich mit dem Horn in ein nahegelegenes Gehölz. Von dort blies er ein von ihm komponiertes Lied, ein Liebeslied.

Meine Mutter und ich befanden uns im ersten Stock des Jarchliner Gutshauses als entfernt, aber klar das Horn erschallte. Die Fenster in Richtung des Gehölzes standen offen. Schon nach den ersten Tönen veränderten sich die Züge meiner Mutter so elementar, daß ich erschrak. Erst als meine Mutter jubelnd die Treppe hinunterlief, verstand ich, daß es das Glück gewesen war.

Ich habe sehr ähnliche Veränderungen im Gesicht meiner Mutter erlebt, als sie nacheinander die Nachricht erhielt, daß zwei ihrer Brüder gefallen waren.

Ich war schon ein erwachsener Mann, als ich zu begreifen begann, daß die Empfindung von Glück das Gesicht einer Frau ähnlich verändern kann wie Schmerz.

1928 machte sich meine Mutter an ihre Aufgabe als Gutsherrin in Pommern. Sie mußte nach dem Tode meines Vaters als Witwe mit sechs Kindern die Verantwortung für die beiden pommerschen Betriebe Kniephof und Jarchlin übernehmen. »Labor omnia vincit!«

Die Betriebe waren seinerzeit hoch verschuldet, und die Mutter verstand nichts von Landwirtschaft. Sie war das musische Mädchen aus Berlin, aber, wie sich bald zeigen sollte, mit einem sehr nüchternen Kopf. In Anbetracht der Schulden wurde ihr sehr bald klar, daß 10 × 10 Pfennige 1 Mark sind, und das bestimmte ihre kaufmännische Führung der Betriebe.

Die harte, aber hingebungsvolle Arbeit meiner Mutter, die von Hause aus verwöhnt war, machte sie zu einer selbstbewußten, emanzipierten Frau. Dieser Lernprozeß in einer Umgebung, die nicht gleich mit offenen Armen bereit war, sie zu unterstützen, muß schwierig für sie als Frau gewesen sein und ihr Leid und Phasen der Überforderung gebracht haben. Aber davon spürten wir Kinder wenig. Sie war für uns da und arbeitete Nächte hindurch im Gutsbüro und sah auf dem Feld und den Ställen nach dem Rechten. Meine Mutter lernte schnell im Umgang mit den Mitarbeitern unserer Betriebe die Kunst der Menschenführung. Ihre Art motivierte nicht nur ihren Verwalter als nächsten Mitarbeiter, sondern auch noch den letzten Landarbeiter. Im Grunde war sie als Tochter ihres Vaters erstaunlich gut vorbereitet für die Aufgabe, die ihr zugefallen war. Sie war als matriarchalische »Patronin« bald anerkannt.

In Kniephof und Jarchlin wurde kein Kind geboren, niemand starb oder war ernstlich krank, ohne daß sie von meiner Mutter besucht worden sind, die wie eine Gemeindeschwester ihnen Zuspruch und Rat gab oder Erste Hilfe leistete.

Ein alter Mann aus einer Landarbeiterfamilie war mit seiner Gesundheit schon recht jämmerlich dran. Meine Mutter legte ihm die Hand auf die Stirn, fühlte seinen Puls und führte ihm wegen Fieberverdachts das Thermometer rektal ein. Der alte Mann sagte daraufhin erleichtert: »Ach, gnä' Frau, seit Sie mich den Kühler da reingestochen haben, is mich schon viel besser!«

Im Zweiten Weltkrieg wurden nach einiger Zeit sowohl der Jarchliner Lehrer Burow als auch der Gemeindepastor Wurms zu den Soldaten eingezogen. Den Unterricht in der Jarchliner Dorfschule übernahm meine junge Frau als Aushilfslehrerin. Den Konfirmandenunterricht teilte sie sich mit meiner Mutter.

Meine Mutter behandelte in der Konfirmandenstunde die Geschichte von Christi Geburt. Man gelangte zu dem Bibel-Vers: »Und es waren Hirten in derselbigen Gegend auf dem Felde, die hüteten des Nachts ihre Herden.« Meine Mutter fragte die Konfirmanden, weshalb wohl in Bethlehem die Hirten mit ihren Herden »des Nachts« auf den Feldern waren. Das war in Pommern nicht üblich. Nach kurzer Ratlosigkeit meldete sich ein Konfirmand und antwortete: »Die Hirten waren auf dem Herrschaftlichen!« Für Kinder vom Dorfe war in Pommern klar, daß die Hirten ihr Vieh im Schutz der Dunkelheit illegal auf einem Schlag eines herrschaftlichen Gutes zum Weiden getrieben hatten. Die Kinder im Dorf hatten keine Angst vor meiner Mutter, der »Herrschaftlichen«, sonst hätte der Konfirmand nicht so frei herausgesagt, was er von der Wirklichkeit der pommerschen Nächte auf dem Dorf wußte.

Aus Berichten weiß ich auch, wie human meine Mutter sich der russischen Kriegsgefangenen annahm, die in sehr elendem Zustand dem Gut als Arbeitskräfte zugewiesen worden waren.

Als mein Bruder und ich in den letzten Schuljahren waren, schrieb uns meine Mutter regelmäßig die finanziellen Voranschläge für die Betriebe ab. Sie wollte, daß wir so früh wie möglich über die ökonomische Lage der landwirtschaftlichen Betriebe Bescheid wissen, und uns zugleich hineinnehmen in das harte Gefecht um die wirtschaftliche Erhaltung der Güter, denn die Zeiten von 1928 bis 1933 waren für die Landwirtschaft äußerst schwierig. Ab 1933 standen die Bauern zwar durch die neu erlassenen NS-Gesetze unter einem speziellen Schutz von Staat und Partei, aber wer mit Adolf Hitler wenig im Sinne hatte, und das war bei meiner Mutter der Fall, der kam nicht in den Genuß einiger Vorzüge dieser Gesetze. Meine Mutter schützte den Betrieb und die ihr anvertrauten Menschen auf ihre Weise. Sie erhielt die innere Substanz des Zusammenlebens. Und sie stand persönlich für ihre Gutsleute

Gertrude Koehn, gezeichnet von Gerhard Marcks, 1910

ein, wenn sie in Konflikt mit den Behörden kamen; auch für unseren Pfarrer Wurms, der der Bekennenden Kirche angehörte und dessen Predigten in der Kirche der dicke Gendarm mitschrieb. Auch wenn sie damit der Partei ein Dorn im Auge war, pflegte sie unbekümmert die Traditionen des dörflichen Zusammenlebens besonders bei den christlichen Festen.

Das Ende des Krieges beendete auch ihre Verantwortung für Kniephof und Jarchlin. Am 3. März 1945 kam mein Bruder Günther von seinem Truppenteil nach Kniephof, um die Flucht noch am gleichen Tag zu veranlassen. Der Vormarsch der Russen, der vier Wochen lang etwa fünfzig Kilometer südlich von uns liegengeblieben war, kam wieder ins Rollen. Mein Bruder holte unsere Mutter aus dem Krankenhaus in Naugard, wo sie mit einer schweren Diphterie lag. Sie nahm durch ihre Autorität den Menschen in Kniephof und Jarchlin die letzten Hemmungen vor der Flucht und brachte damit den Treck in Gang. Der Treck erreichte den Oderübergang im letzten Moment vor den russischen Truppen.

In Schleswig-Holstein traf sie später die Kniephofer und Jarchliner wieder. Sie ließ die Verbindung zu ihnen nie abreißen.

Meine Mutter starb 1971 mit 82 Jahren.

Die Straße im Dorf in Pommern

Ich wurde 1912 in Jarchlin geboren. Die Straße meiner Kindheit war die Dorfstraße in Jarchlin. Ich weiß nicht mehr, wie ich diese Dorfstraße entdeckte. Vielleicht an der Hand meiner Mutter, die auf dem Weg zu einem der Landarbeiterhäuser war, oder auf dem Arm des Kindermädchens, das etwas im Dorfkrug kaufen wollte. Später jedenfalls war sie der Ausgangspunkt vieler unbeaufsichtigter Entdeckungstouren mit meinem Bruder Philipp und Hans, dem Sohn des Kutschers Kohlhoff.

Autos waren damals auf der Dorfstraße noch ein Wunder. Aber wir hatten alle große Angst vor dem bösen Hund des Viehhändlers. Manchmal konnten wir vor lauter Schafen und Kühen die Straße nicht mehr sehen, wenn sie in Herden darüber getrieben wurden. Aber wir wußten schon, daß diese unüberschaubar vielen Tiere, die aus der kindlichen Perspektive gewaltig erschienen, wie Ströme ruhig und friedlich um uns herumflossen. Die Kühe blickten freundlich, und den wilden Bullen wußten wir sicher im Stall angekettet. Vor den die Herde umkreisenden weißen Hunden der Schäfer hatten wir keine Angst. Die taten uns nichts. Aber im Frühjahr drohte von der Gänseweide, mitten im Dorf, Gefahr. Bei schönem

Wetter lag dort das selbstgewebte Leinen der Landarbeiter in Bahnen zum Bleichen in der Sonne aus. Dazwischen war die Weide mit größeren weißen und kleineren gelben Flocken belebt: die Gänse mit ihren »Gösseln« (Kücken). Wenn wir uns näherten, schoß der Ganter zischend auf uns zu. Wir erschraken und liefen ein paar Schritte weg, auch wenn der Angreifer sich selten auf die Straße wagte.

Im Sommer liefen alle Kinder barfuß. Wenn es stark geregnet hatte, standen die Löcher der Straße, die nur teilweise befestigt war, voll Wasser und Schlamm. Es war ein wollüstiges Gefühl, dem wir immer wieder nachgaben, wenn der Matsch zwischen den Zehen hervorquoll.

Auf der Dorfstraße roch es zuzeiten sehr unterschiedlich und sehr intensiv. Es roch nach dampfenden braunen Kuhfladen, wenn eine Herde drüber getrieben wurde. Es roch fast betäubend nach Flieder, wenn der Frühling ihn üppig über die Mauer des Obstgartens hinter der Schäferei trieb. Und es roch der Jauchewagen, wenn er auf der Straße eine satt-braune Tröpfelspur im Sand oder Schnee hinter sich ließ.

Tagsüber waren nicht viele, aber immer einige Menschen auf der Dorfstraße. Die Menschen im Dorf, große und kleine, waren einander vertraut, und die Großen waren für uns Kinder einfach da. Der alte Ferdinand mit Stock und seinem lahmen Bein und sein Terrier, der ähnlich wie sein Herr nur auf drei Beinen lief. Und dann war da der Postbote mit seinem Fahrrad, der Milchwagenfahrer und der Scherenschleifer. Am Feierabend sah man die Dorfbewohner in ihren Vorgärten, die voller Blumen standen, oder sie saßen auf der Bank vor dem Haus.

Hin und wieder zog eine schwarzgekleidete Trauergemeinde über die Straße. Vor dem Sarg ging der Schulchor und sang »Laß mich gehen...« oder »Wo findet die Seele die Hei-

mat, die Ruh?« Für uns Kinder war das nicht düster-bedroh-
lich. Geburt und Tod waren dem Dorf vertraute Ereignisse.

Als ich elf war, wechselten meine Eltern mit der Bismarck-
Großmutter den Wohnsitz und zogen nach Kniephof um. Im
Jahr meiner Geburt sind die Eichen gepflanzt worden, die die
gerade Straße von Jarchlin nach Kniephof zweieinhalb Kilometer lang säumen. Heute haben die Bäume einen Durchmes-
ser von einem halben Meter.

Auf der Dorfstraße in Kniephof habe ich Radfahren gelernt.
Zwischen Schmiede und Kornboden verlief die Straße nah am
Hausteich und zwischen Gut und Landarbeiterhäusern dicht
an einem Kanal, der »Bruse« genannt wurde. In Hausteich und
»Bruse« fiel ich mindestens zweimal mit dem Rad.
    Auf dieser Straße kamen im Abenddämmern die jungen
Mädchen, um vom Gut Milch zu holen. An schönen Abenden
gingen sie oft untergehakt im Halbdunkel der Bäume und sangen dabei. Als ich so etwa dreizehn Jahre alt war, machte das
mich und meine Freunde unruhig. Die Mädchen erschienen
mir plötzlich sehr schön. Einmal wagte ich es bebend, der mir
Schönsten eine Apfelsine zu schenken. Auch wenn meine mu-
tige Tat auf der Dorfstraße nicht mit besonderer Huld belohnt
wurde, ist sie ein wichtiges Kindheitserlebnis.

Diese Skizze einer längst versunkenen Vergangenheit muß
heute idyllisch wirken. Sicher stand auch damals in Pommern
hinter vielen freundlich-ländlichen Szenen keine heile Welt
mehr. Aber die Möglichkeiten und Versuchungen waren seinerzeit andere.

Prägung durch die Landwirtschaft

I

Mein Vater hat in seinem Testament ausdrücklich gebilligt, daß ich mich als sein ältester Sohn für einen Beruf meiner Wahl entscheiden könne. Da wir vier Brüder waren, konnte mein Vater wohl annehmen, einer seiner Söhne würde auf jeden Fall den landwirtschaftlichen Beruf wählen, um die Kontinuität des Familienbesitzes zu wahren.

Ich hatte in den letzten Schuljahren den Wunsch, Medizin zu studieren, um wie mein Onkel Ernst Kinderarzt zu werden. Aber nach dem Tode meines Vaters 1928 fühlte ich mich als Ältester verpflichtet, die Landwirtschaft zu lernen, um meiner Mutter sobald wie möglich zur Seite stehen zu können, die als Witwe mit großer Hingabe und eisernem Fleiß versuchte, die beiden Betriebe durch die Krisen zu steuern. Ich sehe sie noch vor mir, wie sie bis tief in die Nacht im Gutsbüro Zahlen schrieb, kalkulierte und rechnete, um die wirtschaftliche Existenz der beiden Güter in den Griff zu bekommen.

Die ökonomische Situation der landwirtschaftlichen Betriebe Kniephof und Jarchlin war nach 1928 und in den folgenden Jahren äußerst schwierig. Bedingt durch die weltweite

Wirtschaftskrise kämpfte auch in Ostelbien die Landwirt-schaft um ihre Existenz. Zudem waren durch die Krankheit meines Vaters in den letzten Jahren seines Lebens hohe Kosten durch seine notwendigen Aufenthalte in der TB-Klinik Schatzalp in Davos, in Lungen-Sanatorien im Schwarzwald usw. angefallen. Der Betrieb war verschuldet.

Es ist für die Menschen heute schwer vorstellbar, welche Anstrengungen viele Gutsbesitzer in dieser Zeit unternahmen, um ihre Güter zu erhalten. Ich kann mich nicht erinnern, daß trotz zwei großer Schafherden jemals ein gesundes Lamm oder ein gesunder Hammel für die Gutsküche geschlachtet worden wäre. Von der Gutsfamilie verzehrt wurden nur die »Freiwilli-gen«, also kranke oder verletzte Tiere. Ich kann mich auch nicht erinnern, daß es jemals in der Gutsküche Kartoffeln ge-geben hätte, die als Eßkartoffeln qualifiziert waren. In die Gutsküche gelangten nur die sogenannten »ausgeklapperten« Kartoffeln. Eine handbetriebene Maschine sortierte mit ver-schiedenen Sieben die kleinen Saatkartoffeln und die Über- und Untergrößen. Die schlechten und beschädigten Kar-toffeln wurden handverlesen. Dieser Ausschuß kam in die Brennerei, in den Schweinestall und in die Gutsküche.

Obwohl die Familie im Besitz von 5.000 Morgen Feld und Wald war, durfte ich, als ich Schüler in Bad Doberan war, eine Reihe von Schulausflügen nicht mitmachen, weil die Kosten dafür, auf sechs Geschwister gerechnet, zu hoch erschienen.

Als meine Mutter sich als Witwe plötzlich verantwortlich für zwei große landwirtschaftliche Betriebe sah, konnte sie auf keinerlei landwirtschaftliche Ausbildung zurückgreifen. Sie hatte lediglich die Führung eines Großhaushaltes gelernt. Trotzdem ist es meiner Mutter gelungen, die beiden Güter in relativ kurzer Zeit nicht nur aus den roten Zahlen zu bringen, sondern die Erträge sogar ansehnlich zu steigern. Das hat sie im wesentlichen durch kluge psychologische Menschenführung und das Beispiel ihres engagierten Fleißes im Interesse der beiden Betriebe erreicht.

Ich begann unmittelbar nach dem Abitur 1931 die landwirtschaftliche Lehre mit dem Ziel, nach zwei Jahren das landwirtschaftliche Gesellen-Examen abzulegen.

Mein Lehrherr im ersten Jahr war Dr. Fritz Tangermann. Er führte in Krakow B, zwanzig Kilometer von Stettin, einen bekannten Musterbetrieb. Als Landwirt war er geprägt von der Praxis in Sachsen, wo hochintensive Landwirtschaft betrieben wurde. Seine Leistungsbegriffe orientierten sich an den sächsischen Saatzuchtbetrieben. Vergleichbare Betriebe gab es zwar auch in Pommern, wenn bei entsprechenden Bodenvoraussetzungen ein fähiger Mann den Betrieb führte, aber sie waren nicht die Regel. Dabei war der Führungsstil von Dr. Tangermann keineswegs patriarchalisch. Dr. Tangermann betrieb die Landwirtschaft wie ein moderner Manager und entsprechend ertragreich. Sein Lebensprinzip entsprach dem meiner Großeltern mütterlicherseits: »Labor omnia vincit« – Arbeit besiegt alles. Die harten Anforderungen, die er an seine Lehrlinge stellte, habe ich zu Beginn nur mit einer Mischung aus Wut, Trotz und Stolz durchgehalten: »Von dem lasse ich mich nicht unterkriegen!« Bei »Wut« fallen mir die am Horizont verschwindenden Reihen kleiner Zuckerrüben ein, die auf den Knien rutschend oder mit krummem Rücken »verzogen« werden mußten.

Mir fallen die dreizehn Kühe ein, die ich zu Zeiten täglich dreimal melken mußte. Abends war ich oft so fertig, daß ich Mühe hatte, mich für das Abendbrot herzurichten. Es war Pflicht, in Schlips und Kragen abends mit dem Chef zu essen, ihm den Wein einzuschenken und ähnliches mehr. Ich erinnere

mich, wie mir oft von der harten Arbeit des Tages die Hände
so zitterten, daß ich schon beim Umziehen Mühe hatte, den
lästigen Kragenknopf an die richtige Stelle zu bringen, und
dann bei Tisch den Wein ins Glas. Oft waren nach dem Melken meine Finger so steif, daß ich den Schlips nur mit Hilfe
eines der Küchenmädchen binden konnte.

Bei »Küchenmädchen« fällt mir ein, daß ich schon in den
ersten Tagen meiner Lehrzeit eines von ihnen zu meiner großen Überraschung in meinem Bett unter meiner Bettdecke
vorfand. Unerfahren wie ich war, ein wenig hilflos auch und
furchtbar müde von der Arbeit, wurde ich böse. Sie gefiel mir
auch nicht, und ich warf sie hinaus. Vermutlich war solche
»Einliegerschaft« bei meinem Vorgänger üblich gewesen.
Von da ab galt ich für die Mädchen in der Küche als arrogant
und bekam das noch lange Zeit ernährungsmäßig zu spüren.

Und mir fällt eine Situation in einer Scheune ein, wo ich in
einer Kette von Männern eingeteilt war. Von einem zum anderen warfen sie mit ihren Forken die Korngarben vom Ernte-
wagen in die Scheune. Natürlich machten sich die routinierten
Landarbeiter den Spaß, den »jungen Mann« mit dem adeligen
Namen durch die Steigerung des Tempos so mit Garben ein-
zudecken, daß ihm die Luft wegblieb.

Durch viel sportliches Training in der Schule war ich damals
ein körperlich relativ gut ausgebildeter junger Mann. Dennoch überfielen mich die körperlichen Anforderungen der
landwirtschaftlichen Arbeit in Krakow B mit großer Wucht.
Wenn ich an einem Sonnabend meine von der schweren Arbeit
müden Knochen spürte und sah, wie fröhliche junge Leute auf
Motorrädern und kleinen Autos mit ihren Mädchen ins Wochenende oder ins Grüne fuhren, stellten sich bei mir fast
»klassenkämpferische« Gefühle ein. Ich lernte aber auch einen
erheblichen Respekt vor den Landarbeitern und Landarbeite-

rinnen, die Tag für Tag und Jahr für Jahr solche Leistungen erbringen mußten.

Die Landarbeiter des Betriebes in Krakow B wurden mittels Leistungsprämien im Schnitt besser bezahlt als in den umliegenden Gütern. Die Folgen dieses Unterschieds konnte man morgens beobachten. Während wir die Landarbeiter der Nachbargüter »im Tarifschritt« zu Felde schreiten sahen, waren wir in Krakow B trotz gleichen Arbeitsbeginnes um 6 Uhr schon eine halbe Stunde auf dem Feld zugange.

Auf einem dieser Nachbargüter gab es einen Grafen. Er war dafür bekannt, daß er wunderbar Chopin spielen konnte. Weiße lange Gardinen wehten zu den Tönen der Chopin-Musik aus den Fenstern, als ich einmal am gräflichen Schloß vorbeiging. Bilder aus Romanen russischer Klassiker stiegen in mir auf. Der Graf, die Musik, die ganze Atmosphäre rührten mich an. Und doch, bei allem Respekt vor dem Aristokratisch-musischen des nachbarlichen Gutsbesitzers, und trotz all der harten Anstrengungen auf Krakow B, war ich bald stolz auf den straff geordneten Betrieb meines Lehrherrn.

Im Frühjahr gewann ich eine fast ästhetische Freude daran, einen großen Schlag brauner Erde sauber mit dem Trecker oder Pferden zu bestellen. Wenn ich allein im weiten Feld auf dem Trecker mit allerlei Ackergerät hinter mir saß oder hinter den Pferden in der Furche ging, so fühlte ich mich trotz aller Anstrengungen der Schöpfung nah. Die Trecker hatten damals kein Fahrerhäuschen, das vor der Witterung schützte, und der Glühkopf-Motor mußte früh am Morgen noch mit der Lötlampe angeheizt werden. Und wehe, wenn bei der Saat die Furchen der Drillmaschine nicht schnurgerade geraten waren. An solcher Präzision wurde von den Fachleuten – und das waren für mich die Landarbeiter-Kollegen – die Qualität der Arbeit gemessen. Verachtungsvoll wurde von Betrieben in der Nachbarschaft gesprochen, wenn ihre Furchen aussahen, »wie wenn der Bulle pißt«. Die Akkuratesse hatte natürlich nicht nur ästhetische Gründe: Die Hackmaschine, die später zum Einsatz kam, richtete bei krummen Furchen Schaden an und senkte den Ertrag.

Was ich als Landwirt konnte und wußte, habe ich vornehmlich in diesem ersten Lehrjahr in Krakow B gelernt.

Das zweite Lehrjahr verbrachte ich in Pätzig im Betrieb meines späteren Schwiegervaters Hans von Wedemeyer. Meine Erwartung, daß ich in ihm einen ähnlich qualifizierten landwirtschaftlichen Lehrmeister haben würde, erfüllte sich nicht. Hans von Wedemeyer verstand sehr viel mehr vom Waldbau. Ihn liebte er nachgerade. Seine Ideen zum Mischwald, der jede Monokultur an Fichten und Kiefern vermied, waren und blieben für mich vorbildlich. Auch seine landwirtschaftlichen Theorien, wie die über die extensive Bewirtschaftung von Außenschlägen, die er mir bei vielen Gelegenheiten während der Inspektionsfahrten über die Felder erläuterte, interessierten mich. Aber die praktische Landwirtschaft lag fast ganz in den Händen des Administrators, der keineswegs über die dynamischen Eigenschaften eines Dr. Tangermann verfügte, die mich fasziniert hatten.

Es kam hinzu, daß es Hans von Wedemeyer in den Jahren 1932 und 1933 aus politischen Gründen nach Berlin zog, um seinem Kriegskameraden Franz von Papen abzuraten, Hitler an die Macht zu verhelfen. Dies mißlang, und die Militärfreundschaft mit von Papen zerbrach. Was mich angeht, so war mein Lehrherr für viele Wochen und Monate nicht vorhanden. Ich mußte ihn etwa alle vier Wochen besuchen, um Bericht über den Fortgang bestimmter Projekte zu erstatten. Das waren im wesentlichen Anschonungen und Einzäunungen der dicht am Wald gelegenen Außenschläge in Pätzig, die nicht nur leichteren Boden hatten, sondern auch starkem Wildschaden ausgesetzt waren.

Überhaupt war die Pätziger Bodenstruktur, vom landwirtschaftlichen Standpunkt aus gesehen, problematisch. Die großen Schläge lagen in einem Endmoränen-Gebiet. Nicht nur die gesamte Feldfläche »unter dem Pflug«, sondern jeder einzelne Schlag (ca. 25 ha) hatte in sich unterschiedlichen Boden. Unzählige kleine Wasserlöcher und mit Gebüsch überwachsene Steinhaufen behinderten die maschinelle Beackerung. Diese Boden- und Strukturbedingungen machten eine moderne Bewirtschaftung des Betriebes schwierig. Die Erträge aus der Landwirtschaft allein konnten Pätzig nicht über Wasser halten. Im Gegenteil. Es konnte nur gehen, weil der Wald das Defizit ausglich. – Und so ging es dann, aber mühsam.

Und so habe ich in meinem zweiten Lehrjahr weniger etwas für meine landwirtschaftlich-praktische Ausbildung gelernt, als vielmehr in Hans von Wedemeyer einen Aristokraten näher kennengelernt, der ähnlich wie mein Vater die Gabe und Neigung hatte, über Gott und die Welt, die Natur und die Landwirtschaft zu philosophieren.

In politisch-geschichtlicher Hinsicht lernte ich in der Gesamtatmosphäre von Pätzig die traditionell preußische Welt zu begreifen, die hier im Osten über 1918 und über die Weimarer Republik hinaus in Gestalt vieler kleiner konservativer Inseln erstaunlich lebendig fortbestand.

Nachdem ich im Frühjahr 1933 meine landwirtschaftliche Gesellenprüfung in Heinrichshof bei Stettin vor der Pommerschen Landwirtschaftkammer bestanden hatte, bewarb ich mich um eine Stellung als Zweiter landwirtschaftlicher Beamter in einem Gutsbetrieb in Zimmerhausen, nur ca. fünfundzwanzig Kilometer nordostwärts von Kniephof. Der Besitzer dieses Gutes war ein Herr von Blankenburg. Sein Erster Beamter, Herr S., war als besonders tüchtig bekannt.

Die Gutsbesitzerfamilie mit vielen Kindern lebte etwas distanziert von der landwirtschaftlichen Gutswelt, in der ich mich als Zweiter Beamter zu tummeln hatte. Aber wenn es sich ergab, genoß ich um so mehr die sehr gebildete und menschliche Atmosphäre in dieser Gutsbesitzerfamilie, die sich in ihrem kulturellen Niveau von vielen adligen Familien in der Umgebung abhob.

Meine Aufgaben als Zweiter Beamter bestanden vornehmlich in allerlei Kontroll- und Aufsichtsaufgaben in Feld und Hof, die ich nach den Anweisungen des Ersten Beamten auszuführen hatte. Ich erinnere, daß mich die kommissige Öde des täglichen Betriebes gelegentlich anfocht, wenn ich zu Fuß oder mit dem Fahrrad von Einsatzort zu Einsatzort eilte oder eilen sollte, um hier fünfzehn junge Mädchen zu kontrollieren, die möglichst fleißig Rüben hacken sollten, oder dort ein Feldstück wegen der Akkord-Bezahlung zu vermessen.

Ich wurde zwar niemals vom Chef oder dem Ersten Beamten gerügt und bekam auch kein schlechtes Zeugnis, aber der Erste Beamte hatte den wohl nicht falschen Eindruck, daß ich in Zimmerhausen der Bewältigung meiner Aufgaben nicht so »hinterher« war, wie ich es nach seiner Meinung hätte sein sollen. Zum ersten Mal machte ich also die Erfahrung, daß ich eine mir gestellte Aufgabe in den Augen meines Vorgesetzten nicht erwartungsgemäß erledigt hatte. Diese Erfahrung war schockierend und neu für mich. Der Mangel an disziplinierter Zuverlässigkeit, den ich selbst spürte, verstörte mich. Mangelte es mir an der notwendigen Passion für den landwirtschaftlichen Beruf, oder lag es an meiner untergeordneten

Position in diesem Betrieb? Diese Zweifel führten jedenfalls dazu, daß ich mich zunächst entschloß, als »Freiwilliger« meine Militär-Dienstzeit ab 1. April 1934 zu absolvieren, zumal die Einführung der Wehrpflicht ohnehin bevorstand. Auch Aurel von Knobelsdorff, einer meiner Testamentsvollstrecker, riet mir in dieser Situation die »Fahnenflucht zur Truppe«. Für uns beide kam noch ein Grund dazu. Er war wie ich im »Stahlhelm« engagiert, und in den Jahren 1933 / 34 wurde immer deutlicher, daß der »Stahlhelm« Zug um Zug der SA und der Partei gleichgeschaltet wurde. Äußerlich fing es damit an, daß die in Feldgrau gekleideten »Stahlhelmer« plötzlich eine rote Binde mit Hakenkreuz anlegen mußten. Solcher Gleichschaltung wollte ich mich durch Ableistung meines Wehrdienstes entziehen. Ich entschied mich für das in Kolberg stationierte Jäger-Bataillon des Infanterie-Regiments 4.

Inzwischen hatte sich auch erwiesen, daß meine Mutter die landwirtschaftlichen Betriebe in Kniephof und Jarchlin mit Tatkraft und erstaunlichem Erfolg souverän leitete. Es bestand also für mich kein Zeitdruck, der Mutter zu Hilfe zu eilen.

Auch nach der Beendigung meiner militärischen Ausbildung entschied ich mich, noch nicht nach Kniephof und Jarchlin zu gehen. Ich bewarb mich um die Position eines Zweiten Beamten bei Herrn von Diest in Zeitlitz im Kreis Regenwalde und wurde angenommen. Dieser Mann war der herausragende »Nestor« der pommerschen Landwirtschaft.

Die Bodenverhältnisse in Zeitlitz waren gewiß nicht schlecht, aber auch nicht besonders gut. Trotzdem hatte von Diest es zustande gebracht, aus seinem Gut Zeitlitz so viel herauszuwirtschaften, daß er seinen vier Schwiegersöhnen einen ansehnlichen Landbesitz erwerben konnte.

Was war das Geheimnis des ungewöhnlichen landwirtschaftlichen Erfolges dieses Herrn von Diest? Seine persönliche Akkuratesse und sein Fleiß? Sein kaufmännisches Geschick? Die hohen Anforderungen, die er nicht nur an sich, sondern auch an seine Mitarbeiter stellte? Das alles gehörte dazu, aber der eigentliche Grund seines Erfolges lag darin, daß er alle Zweige seines Betriebes auf Veredelungsproduktion eingestellt hatte. So hatte er seinen Rindviehstall zum Milchhochleistungsbetrieb mit Zuchtbullenverkauf entwickelt. Seine Schafzucht mit Verkauf von teuren Zuchtböcken war ebenso hoch renommiert. Das gleiche galt für die Getreide- und Kartoffelsaatzuchten. Mit den veredelten Produkten erzielte er Höchstpreise auf dem Markt. Außerdem konnte nach seiner Theorie ein landwirtschaftlicher Betrieb dieser Größenordnung gar nicht genug »Beine« haben, d. h., die unterschiedlichen Betriebszweige in Zeitlitz konnten je nach Marktlage ausgebaut oder eingeschränkt werden. Neben den schon genannten »Beinen« verfügte der Betrieb noch über eine Pferde- und eine Schweinezucht, über Mastfleisch-Produktion und über eine Forstwirtschaft. Je nach den Marktpreisen wurde Holz verkauft oder Gewinne aus der Landwirtschaft langfristig in den Wald investiert. Mir fällt nur ein Landwirt ostwärts der Oder ein, der auch diese Kunst der landwirtschaftlichen Betriebsführung mit den vielen »Beinen«, die wechselweise be- oder entlastet werden konnten, so meisterhaft und finanziell erfolgreich beherrschte, nämlich Franz-Just von Wedemeyer in Schönrade, ein Bruder meines Lehrherrn in Pätzig. Für die damalige Zeit waren das ungewöhnliche und sehr moderne Betriebsstrukturen. Dabei drehte der alte »Onkel Henn«, wie Herr von Diest von seinen Freunden genannt wurde, jeden Pfennig um. Es wurde zum Beispiel streng gerügt, wenn man eine Information durch das Telefon erledigte,

die ebenso ausreichend auch mit einer Postkarte zu vermitteln
gewesen wäre.

Daß von Diest und Franz-Just von Wedemeyer kaufmännisch sehr schnell und präzise zu rechnen verstanden, garantierte, daß die Betriebsführung unmittelbar reagieren konnte,
wenn sich zum Beispiel die Investitionen für einen Zuchtbul-
len nicht mehr mit Gewinn auszahlten. Diese Fähigkeit hatte
übrigens auch meine Mutter.

Ich dagegen wurde mir in Zeitlitz darüber klar, daß mir die
so glänzend vorgelebten Gaben des kaufmännischen Rechnens
nicht in die Wiege gelegt worden waren.

Am 1. August 1939 wurde ich nach Kolberg zu meinem Regiment eingezogen. Es war das Ende meiner landwirtschaftlichen Tätigkeit, wenn ich davon absehe, daß ich nach einigen
Jahren an der Front im Zweiten Weltkrieg für ein paar Monate
für die Bewirtschaftung von Kniephof und Jarchlin unab-
kömmlich gestellt wurde.

II

Trotz oder vielleicht gerade wegen des Verlustes der pommerschen Heimat sind mir viele Persönlichkeiten unter den Landarbeitern von Kniephof und Jarchlin im Sinn geblieben.

Ich habe noch viele lebhafte Erinnerungen an die beiden Schäfer Fandre und ihre Familien und an Willi Bartelt, der die Schweine auf dem Gut fütterte, und an den Milchfahrer Kollath mit seinen hübschen Töchtern. Er brachte täglich die Milch aus Kniephof in die Molkerei nach Naugard und besorgte notwendige Kleinigkeiten aus der Kreisstadt für den Gutshaushalt. Brummig war er, aber zuverlässig.

Der Schmied Robert Pansch fällt mir ein und der andere Pansch, Wilhelm von der »Insel«. »Die Insel«, so hieß ein vom Dorf abgelegenes Einzelhaus an den Fischteichen. Es liegt hinter dem großen Kniephöfer Park mit seinen alten Eichen, wo das Gelände zum breiten Wiesental der Zampel abfällt. Dort waren mehrere Fischteiche angelegt, die mein Vater mit Karpfen, Schleien und Regenbogenforellen besetzt hat. In der »Insel« wohnte ein Wolgadeutscher, der sich um die Fischteiche kümmerte, und der alte Wilhelm Pansch. Er war verantwortlich für den Kniephöfer Wald, ein Mischwald, der sich dem Wiesental der Zampel entlang ausbreitete und aus vielen Gehölzen bestand. Pansch war ein großer, stiller Mann mit einem zurückhaltenden, gütigen Gesicht. Ich war oft mit ihm zusammen, weil ich diesen Wald liebte und, in Ermangelung eines Försters, oft mit ihm zusammen im Wald arbeitete.

Aus der Kriegszeit erinnere ich, daß Pansch immer Tränen in die Augen kamen, wenn ich mich von ihm verabschiedete, weil ich wieder an die Front zurück mußte. Während eines solchen Fronturlaubs besuchte ich Pansch bei seiner Arbeit im

Wald. Er pflanzte mit einigen russischen Kriegsgefangenen kleine Fichten. Auch meine Frau arbeitete mit. Sie arbeitete oft auch ohne Pansch mit den Kriegsgefangenen zusammen im Wald. Als ich auf die Gruppe zuging, kam mir Pansch wie der Schutzpatron der kleinen Fichten, der russischen Kriegsgefangenen und meiner jungen Frau vor.

Otto Krüger fällt mir ein, der in Jarchlin für die Pferdezucht verantwortlich war. Großmutter Krüger hat mich als Baby betreut.

Otto Krüger kümmerte sich um die zahlreichen Fohlen der verschiedenen Jahrgänge und betreute auch »Orakel«, eine hochnervige Trakehnerstute. Meine Schwägerin Ebba hat mir das edle und sensible Pferd zur Verfügung gestellt, als ich 1943 für einige Monate von der Front beurlaubt war, um in der Landwirtschaft zu helfen. Otto Krüger war wie ich ein Pferdenarr und hatte eine so wunderbar beruhigende Wirkung auf aufgeregte Pferde, daß er mit der gelegentlich hysterischen »Orakel« gut zurechtkam.

Als im Frühjahr 1945 eine sowjetische Einheit in Jarchlin einzog, verlangte der befehlshabende Offizier das Reitpferd des Gutsbesitzers. Was dann geschah, haben mir einige Bewohner von Jarchlin nach dem Krieg berichtet. Ich sehe es vor mir, wie »Orakel« mit vor Angst verdrehten Augen wild um sich blickte, als sie nicht von dem ihr vertrautem Otto Krüger, sondern von fremd riechenden Soldaten mit barschen Händen aus dem Stall gezogen und gesattelt wurde. Als der Offizier aufsaß, stand »Orakel« einen Augenblick zitternd unter dem Gewicht des fremden Reiters da. Dann raste sie, wie ich sie kannte, plötzlich mit angelegten Ohren los. Die verzweifelten Versuche des russischen Offiziers, sie durch Maul-Reißen zu zügeln und sich womöglich mit Sporen anzuklammern, um nicht abgeworfen zu werden, stachelten »Orakel« zu immer rasenderem Lauf durch den Wald und vielleicht auch über die moorigen Flächen an, die es in der Nähe des Gutes gab.

»Orakel« und der Offizier verschwanden auf Nimmerwiedersehen. Die sowjetische Einheit durchstreifte einige Tage lang ohne Erfolg die Wälder und Moore. »Orakel«, das von Otto Krüger und mir geliebte Reitpferd, hat 1945 einen ihr würdigen Abgang gehabt.

Wenn ich an unseren Hofmeister Klünder denke, denke ich an das Erntedankfest. Jeden Herbst gab es den Aufmarsch der männlichen und weiblichen Gutsarbeiter mit der Erntekrone. Sie wurde dem Gutsherrn oder der Gutsherrin überreicht. Dabei wurden, auch für den Erben, von schön gezierten Erntemädchen alte überlieferte Reime aufgesagt. Ich weiß sie nicht mehr genau, aber sie lauteten etwa so: »Wir wünschen dem jungen Herrn Klaus einen gedeckten Tisch, einen gebratenen Fisch und eine Flasche Wein, daß der junge Herr Klaus möge immer sehr glücklich sein.«

Dann wurde im alten Kornboden dicht am Hausteich zum Tanz aufgespielt. Die Dielen waren zuvor mit Kerzentalg geglättet worden. Und es gab Bier, viel Bier vom Faß.

Robert Klünder, der Hofmeister und wichtigste Vorarbeiter auf dem Gut, pflegte sich beim Erntefest ungeheuer zu betrinken und dann eine Rauferei anzufangen. Klünder betrank sich das ganze Jahr über nicht. Das Jahr über war er die schwerlebige Pflichttreue in Person. Aber es gehörte schon fast zur Tradition im Dorf, daß er am Erntefest explosionsartig ausrastete.

Einmal, als er schon einen bedenklichen Bierpegel erreicht hatte und kurz vor der »Explosion« stand, gelang es meiner

Mutter, ihn aus dem »Verkehr« zu ziehen. Sie reichte ihm den Arm und verwickelte ihn in ein Gespräch. Runden um Runden ging sie mit ihm an der frischen Luft um das Rasenrund vor dem Kniephöfer Gutshaus. Dieses Erntefest verlief ohne Klünders »Explosion«.

Im Gutshaus »regierte« Martha Wendorf. Wir zitterten vor ihr und wagten es nur selten, mit unseren Dreckschuhen über das von ihr frisch gebohnerte Linoleum der Haupthalle in Kniephof zu gehen. Es war ihr ebenso Anlaß zu Blitz und Donnerschlag, wenn einer unserer Jagdhunde seine Trapsen darauf hinterließ.

Martha Wendorf wurde in Jarchlin als Tochter einer großen und angesehenen Landarbeiterfamilie geboren. Ihre Brüder waren im Dorf die Helden des Sportvereins »Siegfried«. Martha kam als junges Mädchen zu meiner Mutter ins Gutshaus.

Bevor ich Martha als »regierende« Hausangestellte kennen- und fürchten lernte, hatte sie schon im Dorfgasthof von Lewke in Jarchlin in einem Theaterstück mitgespielt. Sie hatte die Hauptrolle. Martha war nicht besonders schön, aber sie verstand es gut, sich mit der ihr eigenen, listigen Pfiffigkeit ins Spiel zu bringen. Von diesem Theaterstück erinnere ich nur einen einzigen Satz von ihr, der sich vermutlich auf die Treulosigkeit ihres Bühnenliebhabers bezog: »Ich ahne alles!« Dieser unnachahmlich tragisch gesprochene Satz der gekränkten Heldin löste im Dorfgasthaus brüllendes Gelächter aus und blieb in unserer Familie ein geflügeltes Wort.

Martha Wendorf war für uns Kinder nicht nur das drohende Mahnmal, um unsere dreckigen Schuhe am Eingang stehenzulassen und uns auf Socken weiterzubewegen. Sie steht wie ein Beispiel dafür, daß unsere Eltern die Persönlichkeit und die Arbeit ihrer Angestellten achteten und sie in ihrem Bereich selbständig gewähren ließen, auch in der Durchsetzung gegenüber ihren Kindern. Wir hätten keinen elterlichen Schutz gefunden, wenn wir vor der »grimmigen Martha« bei ihnen Zuflucht gesucht hätten.

Auch in Pätzig, dem Elternhaus meiner Frau, habe ich während meiner Lehre und später als Schwiegersohn viele beachtliche Persönlichkeiten unter den Landarbeitern kennengelernt, wenn ich an den Pferdevogt Geduldig denke, den Förster Prochnow oder an den Kutscher Erich, der für die Kinder in Pätzig mehr Autorität hatte als alle Hauslehrer zusammen.

Denke ich an den Schmied Kaselow in Pätzig, fällt mir seine Würde ein. Rodin hätte diesen hageren, großen Mann für seine »Bürger von Calais« modelliert haben können. Ihre Strenge und ihre Haltung in einer außergewöhnlichen Situation paßten auf den Schmied Kaselow.

In Pätzig war seit Jahren Brauch, zu Weihnachten mit vielen auf dem Gut tätigen Arbeitern ein Krippenspiel in der Kirche aufzuführen. Meister Kaselow spielte regelmäßig dabei eine wichtige Rolle. Es erscheint mir typisch für das Wesen seiner Persönlichkeit, daß mir nicht mehr in Erinnerung ist, ob er einen König oder einen Hirten spielte. Meine Frau sagt mir, daß er immer einen Hirten spielte. In meinem Bild von Kaselow sind ihm beide Rollen auf den Leib geschrieben.

Ich bin heute der Meinung, sehr viele dieser ostdeutschen Landarbeiter hätten aufgrund ihrer seelischen Energie, ihres Fleißes und ihrer Zuverlässigkeit unter anderen Umständen

erhebliche Aufstiegsmöglichkeiten gehabt. Solche Aufstiegs-
chancen aber waren im Osten kaum gegeben. Und es lag
auch im Interesse des Gutes, gerade die Begabtesten unter
ihnen ans Gut zu binden. Ihre Abhängigkeit vom Gut war
auch eine Folge davon, daß der Lohn für die Landarbeit zu
einem hohen Anteil aus Deputat- oder Naturallohn bestand.
Der in Geld ausgezahlte Stundenlohn war äußerst gering.
Auch der Deputatlohn war nicht üppig, aber reichte zum
Leben.

Jeder Landarbeiter konnte sich beispielsweise eine Kuh
halten. Für Stallung und Futter mußte das Gut aufkommen.
Mit den Kartoffeln, die die Landarbeiter vom Gut bekamen
und die sie in ihrem Gartenland zogen, konnten sie sich vier
bis sechs Mastschweine halten, die oft in einem Stall neben
der Wohnung untergebracht waren. Auch die Gänsehaltung
war frei, d. h., das Gut mußte für die Gänsewiese und auch
partiell für das Futter aufkommen. Allerdings mußte von
den jährlich aufgezogenen Junggänsen jede sechste an das
Gut abgeliefert werden. Das Gut stellte auch Holz und Koh-
len für den Winter, bestimmte Mengen Korn zum Brotbak-
ken und als Viehfutter sowie Flachsland für den Webstuhl,
der in den meisten Landarbeiterwohnungen emsig genutzt
wurde.

Die Ernährung in den Landarbeiterfamilien war ausgesprochen gut. Es gab mehr Fleisch und gute Eßkartoffeln
und mehr Eierspeisen als im Gutshaushalt. Aber dafür mußten diese Landarbeiterfamilien sehr harte körperliche Arbeit
leisten. Obwohl wir »eigentlich« keine Einladungen zum
Essen annehmen durften, wußten wir Gutskinder genau,
daß die Bratkartoffeln bei den Landarbeitern viel besser
schmeckten als bei uns.

Trotz aller Kritik von heute, ließ die traditionell patriarchalische Ordnung auf dem Gut den Landarbeitern ihre selbstverständliche Würde. Der alte landwirtschaftliche Betrieb gab ihnen das Selbstbewußtsein, auf ihre Weise an einem wichtigen Platz in der Geséllschaft zu stehen. Natürlich gab es auch Typen, die sich verschlagen devot gegenüber der Gutsherrschaft verhielten, gleichsam mit einem sozialen Knick im Rückgrat. Aber die meisten, die ich kannte, hatten ein gesundes Bewußtsein ihres eigenen Wertes.

III

In Pommern wurde die landwirtschaftliche Struktur überwiegend von Gutsbetrieben bestimmt. Die meisten Dörfer waren Gutsdörfer. In schätzungsweise einem Drittel aller Dörfer gab es neben dem Gutsbetrieb auch einige selbständige Bauern. Reine Bauerndörfer waren selten.

Um die Größe der beiden landwirtschaftlichen Betriebe Kniephof und Jarchlin zu verdeutlichen, ein paar Zahlen:

	Kniephof	*Jarchlin*
Gesamtgröße	557,52 ha	699,68 ha
Acker	373,75 ha	500,41 ha
Wiese	75,50 ha	145,30 ha
Hutung	75,87 ha	44,72 ha
Wald	29,96 ha	9,25 ha
Wasser	2,46 ha	...
Grundsteuer + Reinertr.	5110,00 RM	5200,00 RM

In Jarchlin waren etwa acht Bauern ansässig. Die Jarchliner Bauern hatten jeweils vierzig bis sechzig Morgen Ackerland unter dem Pflug, hinzu kamen Weiden, Wiesen und Waldstücke. Davon konnten sie ganz gut mit ihren Familien leben, wenn sie leidlich tüchtig waren.

Sie ackerten im allgemeinen mit zwei bis drei Pferden. Nur Herr Mau war der »Mau mit de Kau«, er pflügte mit einer Kuh und betrieb nebenher noch eine Schusterwerkstatt. Ein anderer, Hermann Lewke, lebte vorwiegend von seiner soliden Gastwirtschaft, dem »Krug«, wie man dazu in Pommern sagte. Seine Landwirtschaft betrieb er nebenher.

Das Verhältnis zwischen Gut und Bauern war in Jarchlin gut. Das war nicht überall so. In Pätzig z. B. waren einige Bau-

91

ern überzeugte Nationalsozialisten und gehörten zu den erbitterten Gegner des Gutes.

Die Bauern in Jarchlin übernahmen mit mehr oder weniger Erfolg die Methoden zur Intensivierung der Landwirtschaft, die auf dem Gut ausprobiert und praktiziert wurden. Im Gutsbetrieb wurde beispielsweise vor jeder Hackfrucht (Kartoffeln, Rüben) eine »Gründüngung« eingebracht. Die untergepflügte Gründüngung verbesserte erheblich die »Bodengare«, d. h. das Bakterienleben im Boden. Auch die Weiden wurden regelmäßig mit Kompost gepflegt. Die Bauern in Jarchlin folgten diesen Beispielen, sobald sie gesehen hatten, daß sich der Ertrag dadurch steigern ließ.

Schon vor 1933 wählten auch in Jarchlin alle Bauern die NSDAP oder waren schon Mitglieder dieser Partei, weil sie sich – im Gegensatz zu den Landarbeitern – viel von der proklamierten »Blut-und-Boden«-Agrarpolitik der Nazis versprachen. Diese Hoffnung trog sie ja auch zunächst nicht. Hitlers Agrarpolitik verschaffte ihnen Erleichterung und Vorteile. Daß der Krieg dann alles zerstörte, konnten und wollten sie als Preis damals – wie viele andere – nicht sehen.

Als Soldat im Frieden und im Krieg

»Nur im Felde, da ist der Mann noch was wert.

Da wird das Herz noch gewogen!«

Als Jugendlicher sprach mir dieses Lied, das das preußische Soldatentum als höchste Stufe des männlichen Daseins preist, aus dem Herzen. Ich kann mich zwar nicht erinnern, daß mein Vater etwas dafür getan hat, diese Überzeugung in mir zu wecken oder zu befördern, aber in dem ganzen konservativen ostdeutschen Umfeld, in dem ich aufwuchs, war diese Haltung gang und gäbe.

Mit den Schrecken des Weltkrieges wurde ich erst in Bad Doberan durch meine pazifistische Großmutter und ihren Bücherschrank konfrontiert. In den Büchern von Ludwig Renn »Der Krieg« und Erich Maria Remarque »Im Westen nichts Neues« erfuhr ich etwas vom brutalen Alltag des Krieges und auch von dem humanistischen Protest gegen den Krieg als Mittel der Politik.

Meine Mutter war eine deutsche Patriotin Berliner Prägung. Nicht nur, daß sie mit uns und den Dorfkindern den »Wilhelm Tell« begeistert inszenierte, auch in ihren Erzählungen leuchteten die deutschen Helden der Freiheitskriege gegen Napoleon als Vorbilder.

95

»Du Schwert an meiner Linken,
Ich seh dein freudig Blinken,
Hab meine Freude dran...«

war ein Lied, das sie uns beibrachte. Sie freute sich, wenn
wir uns Schwerter, Lanzen und Schilder bastelten und »Ingo
und Ingabran« spielten, obwohl man von ihr, der musisch so
gebildeten Frau, eigentlich keine große Sympathie für die beiden kämpferischen Germanen-Jünglinge aus Gustav Freytags
Romanfolge »Die Ahnen« hätte erwarten können. Auch im
Zweiten Weltkrieg war die Mutter bei aller Sorge um ihre
Söhne und ihrer Antipathie gegen Hitler stolz auf ihre vier
Söhne, die im Feld standen. Woher die Soldatenbegeisterung
unserer Mutter kam, weiß ich bis heute nicht genau. Die pommerschen Landadligen waren allgemein vom Dienst in der
preußischen Arme geprägt und sahen den Soldatenberuf als
den stolzesten Stand in Gesellschaft und Staat an. Offenbar
dachte aber auch das Bürgertum vor dem Ersten Weltkrieg aus
hochgestimmtem Patriotismus ähnlich.

Als Schüler in Bad Doberan traten mein Bruder und ich den
»Adlern und Falken«, einer Gruppe der »Bündischen Jugend«,
bei. Die Geländespiele bei Wind und Wetter und die Orientie-
rungsübungen bei Nacht im Walde zogen uns ebenso an wie
das Zelten und die romantischen Lagerfeuer. Wir sangen
Landsknechtslieder und Lieder wie »Wir lagen vor Madagas-
kar und hatten die Pest an Bord...« Diese Gesänge gaben uns
das Gefühl schon richtige Männer zu sein. Von einer vormili-
tärischen Ausbildung bei den »Adlern und Falken« ist mir
nichts in Erinnerung. Als ich einmal bei Jochen G., dem Sohn
einer Kriegerwitwe, zu Hause war und in sein Zimmer kam,
hing da an der Wand das Bild des gefallenen Vaters in einem
Immortellen-Kranz, daneben die alte Reichskriegsflagge, ein

Stahlhelm und ein Seitengewehr. Mich befremdete das damals eher. Ich hatte bis dahin bei niemandem einen so heroisierenden »Altar« des Soldatentums gesehen. Später hörte ich, daß Jochen G. als SA-Mann bei einer Straßenschlacht in Doberan einen Kommunisten erschossen haben soll. Ihm sei nichts geschehen und er sei stolz auf seine Tat, erzählten mir ehemalige Mitschüler.

Obschon ein Mann wie Roßbach unsere »bündische« Jugendorganisation begründet hatte und damals leitete, gab es bei den »Adlern und Falken« keine planmäßige Erziehung zum Soldaten und keine vormilitärische Ausbildung. Geländespiele ja, aber kein Kleinkaliber-Schießen, kein Werfen mit Holzgranaten, kein hierarchisches Führerprinzip wie später beim »Stahlhelm«. Wir waren bei den »Adlern und Falken« nur ein jugendbewegter und »fröhlicher Haufen«.

Sicher, Roßbach war einer der bekanntesten Freikorps-Führer, die sich in den Volkstums-Kämpfen um den Anna-Berg in Oberschlesien in der Meinung vieler national-gesinnter Konservativer ausgezeichnet hatten. Roßbach unterstützte auch Hitler, aber davon wußten wir damals nichts. Heute weiß ich, daß Roßbach einer der Offiziere des Ersten Weltkrieges war, die seinerzeit nicht in den Frieden zurückfinden konnten und ihr Soldatsein auf eigene Faust verlängerten. Gerhard Roßbach selbst begegnete mir einmal, als er eins unserer Lager bei Warnemünde an der Ostsee besuchte. Ich erinnere einen stillen, ernsten Mann. Heute frage ich mich, ob ausgerechnet ein Mann wie Roßbach politisch so vorsichtig und psychologisch klug handeln konnte, um zu der Zeit mit uns keine offene vormilitärische Ausbildung zu betreiben, wie es dann später in der Hitler-Jugend geschah. Sicher aber haben allein schon die Bilder von den »richtigen Männern im Kampf« unsere Phantasie beflügelt, unsere Abenteuer bestimmt und unser Soldat-

97

Spielen angeregt. Insofern hat bei den »Adlern und Falken« für mich de facto eine Verführung begonnen. Aber das weiß ich erst heute.

Was ich dann ein paar Jahre später als engagiertes Mitglied des »Stahlhelms« und im »Grenzschutz« erlebte, war gezielte vormilitärische Ausbildung, die als solche auch nicht mehr getarnt wurde. Sie sollte expressis verbis dazu beitragen, die »Schmach von Versailles« und die von den Siegermächten verfügte Begrenzung der Bewaffnung Deutschlands auf ein 100000-Mann-Heer zu überwinden.

Diese politische Absicht hat mich persönlich allerdings nicht interessiert. Ich hatte Freude am Soldat-Spielen und war stolz darauf, daß ich bei dem, was wir in Pommern und der Neumark trieben, meinen Mann stand.

Der »Stahlhelm« war die große Wehrsport-Organisation der konservativen Deutschnationalen Volkspartei. Da wurde marschiert und mit Kleinkaliber geschossen. Da wurden Handgranaten-Attrappen geworfen und aufregende Geländespiele im großen Stil organisiert. Wir trugen eine graue Uniform, die der der Soldaten des Ersten Weltkrieges fast gleich war. Unsere »Führer« waren natürlich allesamt dekorierte Offiziere aus dem Ersten Weltkrieg und »im Felde unbesiegt«, jedenfalls in ihrem Bewußtsein. Sie trugen auch an ihrer »Stahlhelm«-Uniform die Orden aus dieser Zeit, und unsere Fahnen waren Schwarz-Weiß-Rot im Gegensatz zu dem verhaßten »Schwarz-Rot-Mostrich« der »roten« Weimarer Republik. Häufig wehte über dem »Stahlhelm« die alte Reichskriegsflagge.

Ich erinnere mich nicht, daß Reden gehalten worden wären gegen die sozialdemokratischen »November-Verbrecher«, die den Vertrag von Versailles für Deutschland unterzeichnet hatten, oder zur »Dolchstoß«-Legende. Aber später wurde mir klar, daß wohl alle unsere »Stahlhelm«-Führer so dachten. Dieser nationale »Stahlhelm-Geist«, dem ich mich zugehörig fühlte und der im deutschen Osten viel Zulauf hatte, trug erheblich dazu bei, daß es 1931 in Bad Harzburg zu einer nationalen Front des »Stahlhelms« mit der braunen SA, den sogenannten Sturm-Abteilungen Adolf Hitlers, kam. Damit war gleichzeitig das Bündnis zwischen Deutschnationaler Volkspartei und der NSDAP besiegelt.

Die spätere Gleichschaltung von »Stahlhelm« und SA traf den Stolz vieler »Stahlhelm«-Führer. Aurel von Knobelsdorff war einer dieser, der soldatischen Tradition verpflichteten »Stahlhelmer«, der mir 1933 die »Fahnenflucht zur Truppe« riet und mich freiwillig zum Dienst in der Wehrmacht zu melden.

Neben dem »Stahlhelm« war ich auch im »Grenzschutz« engagiert. Es ist mir heute fast unbegreiflich, daß nicht einmal unter uns Jüngeren im Grenzschutz die Frage diskutiert wurde, ob in der Tat die deutsche Ostgrenze von Polen militärisch so bedroht ist, daß ein freiwilliger Grenzschutz das Heer ergänzen muß. Wie im »Stahlhelm« wurde auch hier ungetarnt und zielstrebig vormilitärische Ausbildung betrieben. Die Ausbilder waren pensionierte Offiziere des Ersten Weltkrieges, und es war kein Geheimnis, daß der »Grenzschutz« vom aktiven 100000-Mann-Heer unterstützt wurde.

Die Ausbildung forderte mich als jungen Mann nicht nur körperlich heraus, sondern auch in meinen Fähigkeiten zu Disziplin und Ausdauer. Ich war mit Leidenschaft dabei. Ich begriff das Soldat-Spielen als eine Art Kampfsport, den ich wahrscheinlich mit der gleichen Motivation betrieb, mit der sich heute viele junge Menschen in den asiatischen Kampftechniken der Selbstverteidigung ausbilden lassen. Auch später als

99

Offizier war ich sportlich engagiert und trainierte im modernen Fünfkampf Reiten, Fechten, Pistolenschießen, Geländelauf und Schwimmen. Obwohl schon neunzehn oder zwanzig Jahre alt, haben wir über die politische Motivation des »Grenzschutz« nicht nachgedacht. Auf mich hat im »Grenzschutz« ein einzelner Mann mit seinem aristokratischen Charakter Eindruck gemacht. Dieser Mann war Herr von Briesen, der Verantwortliche für den gesamten Grenzschutz in Pommern. Er inspizierte und organisierte die vormilitärische Ausbildung auf den Gütern und hatte mit seiner Frau, Lotti von Briesen, sein »Quartier« im Nachbar-Gut Külz, das meinem Onkel Bernd gehörte, dem Bruder meines Großvaters. Von Briesen war ein Kavalier der alten Schule, wie er im Bilderbuch steht. Sein Charme, den er auf mich ausstrahlte, trug dazu bei, daß ich mit aller Passion auch beim »Grenzschutz« mitmachte.

Militärische Dienstzeit in Kolberg

Es war nicht irgendeine Kaserne irgendeiner Einheit des Infanterie-Regiments 4, auf deren Exerzierplatz ich mich als Rekrut am 1. 4. 1934 in Kolberg an der Ostsee einzufinden hatte. Es war die Kaserne des II. (Jäger)Bataillons, die den Anfang meiner militärischen Laufbahn setzte. Diesem Jäger-Bataillon mit seiner besonderen Tradition und seinen besonderen Anforderungen fühlte ich mich von diesem Zeitpunkt an für einige Jahre und später auch im Zweiten Weltkrieg verbunden.

In jedem Wehrkreis gab es seinerzeit ein Jäger-Bataillon. Diese »Jäger« trugen im Gegensatz zur Infanterie keine weiße, sondern eine grüne Paspelierung um den Mützenrand. Ihre Unteroffiziere wurden Oberjäger genannt. Ein hoher Prozentsatz der Rekruten waren junge Forstleute, die den staatlichen Forstdienst anstrebten. Sie hatten die Forstlehre in einem Staatsforst schon hinter sich und dienten nun als »Zwölfender« zwölf Jahre. In den letzten vier Jahren ihres Dienstes absolvierten sie neben dem Militärdienst eine Forstschule. Nach den zwölf Dienstjahren konnten diese Forstleute dann eine Försterstelle im Staatsforst antreten. Viele von ihnen wollten es während ihrer Militärdienstzeit zum Reserve-Offiziers-Anwärter bringen, und in der Tat waren dann viele Reserve-Offiziere dieses Truppenteils, die ab 1939 eingezogen wurden, höhere Forstbeamte.

Dieses gemeinsame Interesse war die Grundlage für das Selbstbewußtsein und den »Geist« des Kolberger Jäger-Bataillons. Diese Truppe fühlte sich nicht nur an Schießfertigkeit mit dem Karabiner, sondern auch in schwierigem Gelände – Wald, Sumpf, Gebirge – anderen Infanterieinheiten überlegen. Wer wie ich die grüne Farbe trug, war stolz auf seine harte Ausbildung. Heute denke ich dabei nicht ohne Schmunzeln an die Zeilen: »Auf Dornen schlief ich wie auf Flaum, vom Nordwind unberührt. / Und dennoch hat die harte Brust die Liebe auch gespürt« aus dem Lied »Ich schieß den Hirsch im wilden Forst«. Es war unter den Jägern sehr beliebt. Seine Verse drücken recht treffend die Gefühlsromantik aus, die zu unserem soldatischen Selbstbewußtsein gehörte.

Zurück auf den Kasernenhof des Jäger-Bataillons am 1.4. 1934: Sämtliche Rekruten des Jahrgangs hatten sich dort, mit einem Pappkarton in der Hand, versammelt. In diesen Pappkartons sollte nach der Einkleidung die Privatkleidung nach Hause geschickt werden. Große Pappschilder dirigierten die noch etwas ängstlichen und verwirrten Rekruten in die Blocks der einzelnen Kompanien.

Von diesem Aufmarsch auf dem Kasernenhof mit viel Feldwebelgebrüll ist mir erinnerlich, daß die jeweiligen Hauptfeldwebel der Kompanien sich heimlich den einen oder anderen Rekruten zu ihrem Block herüberzogen und andere Rekruten bei sich abschoben, so daß die Gesamtzahl weiterhin stimmte. Der Grund lag darin, daß die vier Jäger-Kompanien des Bataillons untereinander in einem scharfen Schießwettbewerb standen. Ich trug damals einen Hut mit Sauborsten und ein paar Enten- und Schnepfenfedern, der mich für einen Hauptfeldwebel als Jäger und vermutlich guten Schützen auswies. Ich wurde also ohne viel Aufsehen »geklaut« und ein anderer für mich in der Gegenrichtung abgeschoben. Dessen dicke Brille ließ darauf schließen, daß er mit oder ohne Brille vermutlich Schwierigkeiten beim Zielen haben würde. Mein Diebstahl wurde aber vom Hauptfeldwebel der 8. Maschinengewehr-Kompanie, der ich zuerst zugeteilt worden war, bemerkt, und ich wurde zurückgeholt.

Die ersten körperlich harten Tests der Ausbildung bestand ich leicht, weil ich durch meine zwei Jahre Landwirtschaftslehre gut trainiert war.

In den ersten Tagen meines Rekrutendaseins teilte mich plötzlich Hauptfeldwebel Fiebrandt als seinen Burschen ein. Ich mußte ihm von da ab morgens den Kaffee bringen, seine Stiefel putzen und polieren und auch schon mal bei Frau Fiebrandt Teppichklopfen gehen. Es war hier offenbar so, daß nicht nur die Offiziere das Recht auf einen Burschen hatten wie seit eh und je, sondern auch dieser Hauptfeldwebel. Natürlich war mir sofort klar, daß meine »Beförderung« zum Burschen des Hauptfeldwebels mit meinem auffälligen Namen zusammenhing und auch eine Art Test war. Ich reagierte mit Humor und demonstrierte durch mein Verhalten, daß mir der Burschendienst keine Perle aus meiner adligen Krone brach.

Fiebrandt wurde später während des Krieges aus »Tapferkeit vor dem Feind« zum Offizier befördert. Zu dem Zeitpunkt war ich bereits seit einigen Jahren Offizier. Aber auch im Frieden war ich ihm als Leutnant und dann als Bataillonsadjutant schon vorgesetzt gewesen. Im Kriege wurde Fiebrandt in dem von mir befehligten Jäger-Bataillon Kompaniechef und dann, als mir im letzten dreiviertel Jahr des Krieges die Führung des I. R. 4 übertragen wurde, Bataillonskommandeur. So war ich lange Jahre in Krieg und Frieden der Vorgesetzte eines Mannes, dem ich einst die Stiefel geputzt und für dessen Frau ich die Teppiche geklopft hatte. Wir haben uns durch die Erfahrungen miteinander in all den Jahren und Situationen auf der Basis des gegenseitigen Respektes ausgezeichnet vertragen.

War es im August 1934, als die Rekruten des Regiments feierlich vereidigt wurden? Vielleicht war es der Tag, an dem per Gesetz die allgemeine Wehrpflicht eingeführt wurde. Ich weiß auch nicht mehr, ob die Vereidigung am Vorabend mit einem großen Zapfenstreich eingeleitet wurde. Jedenfalls war viel Feierliches um diese Vereidigung herum.

Zur Ableistung des Eides auf Adolf Hitler als Obersten Befehlshaber des Heeres waren wir alle auf der Kolberger Rennbahn aufmarschiert. Der Eid rann an mir ab wie das Wasser von der Ente. »Das«, sagte ich mir, »muß jetzt wohl so sein.« Es gehört nun einmal zum Ritual, daß Rekruten vereidigt werden. Auf wen oder was ich vereidigt wurde, sollte mir dabei keine Bauchschmerzen machen.

Vor dem Machtwechsel hatten ein Freund und ich mich mit dem Motorrad aufgemacht, um uns diesen Adolf Hitler, um den so viel Wirbel gemacht wurde, bei einer Wahlrede in Stettin anzuhören und anzusehen. Der Mann war mir widerlich, und ich kam zu dem Schluß: Er ist lächerlich und nicht der Rede wert. Ich habe die Dämonie dieses Mannes gründlich unterschätzt. Ich sah einen aufgeblasenen Gernegroß mit pathetischen Gebärden und hörte einen Demagogen, der gewissermaßen in der Thermik einer aufgeheizten nationalen und sozialen Ideologie aufstieg. Ich dachte: Diesen Mann kann man vergessen. Und das dachte ich noch lange, und so schob ich auch bei der Ableistung des Eides die leisen Skrupel beiseite und ließ den Akt an mir abrinnen. Meine Kameraden in der Truppe reagierten ähnlich. Heute ist mir meine Haltung schwer verständlich, aber damals hatten wir in unserer Truppe in Kolberg noch diese fast arrogante, abwehrende und gleichzeitig laxe Haltung gegenüber den Nationalsozialisten.

Als ich im Herbst 1934 schon zum ROA (Reserve-Offiziers-Anwärter) ernannt worden war, kam ich mit einigen jungen Männern zusammen, die mich durch ihr Auftreten in meiner, mir fast unbewußten Haltung bestätigten. Sie hatten bei Messerschmidt eine Ausbildung zum Piloten hinter sich, einige von ihnen bis zum Test-Piloten. Man hatte sie als ROA in das Jäger-Bataillon gesteckt, um sie als Offiziere für die im Aufbau befindliche Luftwaffe auszubilden. Diese Piloten waren gelassen, selbstbewußt und wenig erbaut von dem strammen soldatischen Geist des Jäger-Bataillons. Im Herbst 1934 war in unserem Jäger-Bataillon mit seinem elitären Selbstbewußtsein ein »Heil Hitler« noch nicht zu hören. Die Versuche, unseren so traditionell preußisch gesinnten Truppenteil »von oben her« auf mehr nationalsozialistische Gesinnung zu trimmen, waren bisher ohne spürbaren Erfolg geblieben. Die einzigen, die damals in der Kaserne mit »Heil Hitler« grüßten, waren die Arbeitslosen, denen man die Erlaubnis erteilt hatte, altes Brot in den Kasernen zu sammeln. Sie betraten unsere Stuben mit: »Heil Hitler! Haben Sie altes Brot?« Die selbstbewußten, aber bei uns auch durch den strammen soldatischen Dienst melancholisch-irritierten Piloten reimten daraufhin: »Die Illusion, sie ist jetzt tot! Heil Hitler! Haben Sie altes Brot?« Erst später änderte sich diese Haltung auch bei dem stolzen I. R. 4.

Feldwebel Gietz hatte in der 8. Maschinengewehrkompanie des Jäger-Bataillons in Kolberg schon zu meiner Rekrutenzeit einen legendären Ruf. Viele Rekruten, die ihn als grimmigen Ausbilder vor allem im Gelände kennengelernt hatten, zitterten vor ihm. Die traditionelle Methode der soldatischen Erziehung folgte auch in Kolberg der preußischen Tradition und der Theorie, daß der junge Rekrut erst einmal körperlich und seelisch »gebrochen« werden müsse, um dann als Soldat wieder neu zusammengesetzt zu werden. Nach dieser Methode lernten wir Rekruten auf dem Kasernenhof auch das Gehen neu und nicht nur im Paradeschritt.

Feldwebel Gietz glich dem Unteroffizier Himmelstoß, den Erich Maria Remarque in seinem Buch »Im Westen nichts Neues« so treffend beschreibt. Feldwebel Gietz galt nicht nur in seiner 8. Kompanie als ein besonders gefährlicher Schleifer. Gietz war ein Typ, der zweifellos auch in meinem Fall darauf aus war, den selbstbewußten Rekruten mit dem auffälligen Namen kleinzukriegen. Er teilte mich z. B. bei Geländeübungen immer wieder dazu ein, beim »Sprung auf! Marsch, Marsch!« den schweren Dreifuß zu tragen, ein Untergestell für das Maschinengewehr des sogenannten B-Zuges. Dieser Zug war 4-spännig und die Maschinengewehrmannschaft beritten, soweit sie nicht auf dem Wagen saßen. Der Zug war also sehr beweglich und konnte schnell in einer entsprechenden Lage nach vorne geworfen werden. Gietz hat mich mit dem verdammt schweren Dreifuß auf der Schulter in der Tat oft bis an den Rand des verzweifelten Aufgebens gebracht. Wenn ihm das während dieser Rekrutenausbildung nicht gelang, so verdanke ich das lediglich meiner ehrgeizigen Trotz- und Durchhalteparole: »Gietz, dir gotteslästerlichem Hund, gönn ich den Triumph nicht, mich kleinzukriegen!«

Im Kriege habe ich dann in harten Bewährungsproben gelernt, diesen berüchtigten Feldwebel anders und mit zunehmendem Respekt zu sehen. Ich habe an der Front die Erfahrung machen müssen, daß viele unserer Solaten aus Tranigkeit verwundet wurden oder gefallen sind. Gietz lebte ihnen vor dem Feind vor, wie man laufen muß, daß es einem die Lungen fast zerreißt, um den feindlichen Kugeln zu entgehen. Gietz zeigte vorbildlich, daß man sich plötzlich wie ein Berserker eingraben muß, wenn ein Angriff liegenbleibt. Wie wenig andere war er dabei von ungeheuerer Kaltblütigkeit und zeigte gleichzeitig große Verantwortung für seine Untergebenen. Er war sehr viel fordernder und unerbittlicher gegen sich selbst als ihnen gegenüber. Wie viele von uns, fragte Gietz nicht danach, ob dieser Krieg sein mußte. Krieg war, also mußte er sein; und jeder hatte gut zu kämpfen, um möglichst heil dabei herauszukommen.

Gietz ist im Herbst 1941 in den Waldai-Bergen durch Kopfschuß fast direkt neben mir gefallen. Ich bin überzeugt, daß seine gewiß oft berserkerhafte Grimmigkeit und fordernde Verantwortlichkeit an der Front vielen seiner Kameraden das Leben oder die Gesundheit gerettet hat.

Mit meiner militärischen Karriere ging es am Anfang etwas ungewöhnlich zu. Im Herbst 1934 wurde ich zum Reserve-Offiziers-Anwärter vorgeschlagen. Diese Anwärter wurden für gewöhnlich zusammengezogen und erhielten im Rahmen ihrer zweijährigen Dienstzeit eine besondere Ausbildung. Bei befriedigenden Leistungen wurden sie dann nach ein oder zwei Reserveübungen bei der Truppe zu Reserveoffizieren befördert. So lag es damals auch vor mir. Aber dann wurde ich eines Tages zum Regimentsstab befohlen. Dort wurde ich gefragt, ob ich auf die Kriegsschule wolle. Ich könnte dort die Ausbildung zum Offizierspatent und später auf der Infanterieschule zum Oberfähnrich absolvieren. Natürlich war das, was mir da vom Regiment angeboten wurde, die Chance einer sehr viel besseren und mich auch neu fordernden Ausbildung als Soldat. Ich brauchte nicht lange nachzudenken, ich war nicht bereit, mich für eine längere Dienstzeit zu verpflichten. Zum einen wollte ich meiner Mutter als Landwirt und Erbe zur Verfügung stehen, sobald sie mich brauchen würde. Zum anderen war ich bei aller Freude am Soldat-Spielen in meinem Selbstverständnis ein Zivilist. Ich wollte nicht Berufsoffizier werden. Warum mich das Regiment dennoch auf die Kriegsschule nach Dresden geschickt hat, weiß ich nicht. Aber es kam so.

Ich absolvierte die Kriegsschule in Dresden, machte das Offiziersexamen und wurde – wie es damals üblich war – an »Führer's Geburtstag«, also am 20. 4. 1936, zum Leutnant befördert. Da meine Mutter immer noch sehr rüstig war, und nicht nur das, sondern auch leidenschaftlich und erfolgreich unsere beiden Betriebe leitete, bestand kein Anlaß, als Landwirt nach Hause zu gehen. So erklärte ich mich dem Regiment gegenüber bereit, noch über meine zweijährige Dienstzeit hinaus zu bleiben. Wie lange dies sein würde, war unklar. Ich blieb aber bei meiner Forderung, das Regiment sofort verlassen zu können, wenn dies die Verantwortung für den Besitz von mir verlangte. Das Regiment stimmte zu. So blieb ich bis zum Frühjahr 1938 noch zwei Jahre als Offizier in Kolberg.

Es war unbeschwertes Soldat-Spielen, jetzt obendrein in der privilegierten Funktion eines jungen Offiziers. Das damalige Kolberg mit seiner schönen Garnison war für einen jungen Offizier wie mich eine so herrliche Spielwiese, wie Eckeby es in dem Roman von Selma Lagerlöf für den jungen Gösta Berling und seine Mitkavaliere war. Es war die Phase meines ungebrochenen »Soldat-Seins«.

Zunächst diente ich als Leutnant und Zugführer des B-Zuges der Maschinengewehr-Kompanie im Jäger-Bataillon. Ich war beritten und hatte das Gück, daß mir ein sehr gutes Pferd aus ostpreußischer Zucht zugeteilt worden war. Es hieß »Nachtflieger«. Mein Hauptmann, von Roell, war ein guter Dressurreiter und teilte meine Pferdepassion. Er verstand seine Sache als Hauptmann und verlangte viel von uns. Aber seine Untergebenen sagten von ihm: Der Roell ist reell.

Hauptmann von Roell war sehr wortkarg. Wie er politisch dachte, ließ er in Kolberg nicht erkennen. Erst bei dem Aufstand am 20. Juli 1944 gegen Hitler wurde für mich sichtbar, wo von Roell politisch stand. Er war zu dem Zeitpunkt in Berlin General Fromm in der Bendlerstraße unterstellt. Hitler überlebte das Attentat, und der Aufstand wurde durch das Eingreifen von Otto Ernst Remer vom Regiment »Groß-Deutschland« niedergeschlagen. Oberst von Stauffenberg wurde im Hof der Bendlerstraße erschossen. General Fromm gehörte zu den Mitverschworenen des 20. Juli und von Roell gehörte – so hörte ich jedenfalls – zu den Offizieren, die den General in seinem Dienstzimmer mit der Pistole in der Hand zwangen, seine Waffe abzugeben und sich zu ergeben.

Heute denke ich, daß die meisten Offiziere der Wehrmacht so oder ähnlich wie er dachten und an seiner Stelle gehandelt hätten. Die meisten »Nur-Soldaten« aus dem früheren 100 000-Mann-Heer waren im Grunde unpolitisch, d. h., sie interessierten sich nicht für Tagespolitik. Sie lebten gewissermaßen in einem »Staat im Staate«. In der Sicht dieser im Dienst oft vorbildlichen Offiziere hatte Adolf Hitler nicht nur dem deutschen Volke seine nationale Ehre wieder gegeben, sondern er hatte in kurzer Zeit auch eine große und stolze Wehrmacht aufgebaut, in der auch die alten Berufsoffiziere wieder zu Ehren gekommen waren.

Meine Zeit als Zugführer unter von Roell in Kolberg aber war für mich eine unbeschwerte Zeit. Natürlich gab es im Dienst unter diesem strengen und fordernden Hauptmann nichts zu lachen. Aber wenn der schnelle B-Zug unter meinem Kommando im gestreckten Galopp an der im Staub marschierenden Infanterie vorbeistob, um die Maschinengewehre irgendwo vorne auf der Höhe X in Stellung zu bringen, dann war das Teil meines soldatischen Abenteuers, wie die Märsche im Morgengrauen, wenn die Pferde schnoben, Nebel aus den Wiesen stieg und ich, der Zugführer, meinen Gedanken nachhing.

Dann machte mich der damalige Kommandeur des Jäger-Bataillons, Oberstleutnant von Wickede, zu seinem Adjutanten und meine Aufgaben weiteten sich aus. Da ging es nicht mehr nur um die militärische Alltagsarbeit, um die Organisation des Bataillons, das Entwerfen der Befehle des Kommandeurs für die Übungen im Manöver oder auf dem Truppenübungsplatz; jetzt gehörte zu meinen Aufgaben, mich für die Reputation der Truppe und das stolze Bewußtsein, ein Jäger-Bataillon zu sein, einzusetzen. Dabei hatte ich die volle Unterstützung des Kommandeurs.

Mit Hilfe der vielen Berufsjäger in den Reihen des Bataillons richtete ich in der Kaserne einen Falkenhof mit Wanderfalken und Habichten ein für die Beitze, die traditionsreiche Jagd mit Raubvögeln auf Kaninchen, Rebhühner, Fasanen usw. Einige Oberjäger hatten schon Erfahrungen in der Falknerei. Andere wurden ausgebildet.

Die in Ausbildung befindlichen Wanderfalken flogen frei über dem Kasernenhof hin und her. Sie »hakten« auf den Dachrinnen der Kaserne oder den Bäumen im Kasernenhof auf, bis sie mit einem Federspiel wieder von einem der Falkner eingefangen wurden. Natürlich gab es in der Umgebung der

Jäger-Kaserne bald keine zahmen Tauben mehr, – sie waren ideale Trainingspartner für unsere Falken mit dem Nachteil, daß sie es nicht überlebten. Wir mußten uns irgendwie großzügig mit den Taubenzüchtern der Gegend arrangieren, die auf unsere Falken nicht eben gut zu sprechen waren. Aber auch das gelang.

Ein Uhu, den wir hatten, zog viele zivile Kasernenbesucher an. Die Rekruten aber liebten besonders den weißen Habicht »Ute«, der ein rabiater Kaninchenjäger war. Noch in Rußland erzählte man sich zur Erheiterung in einer depressiven Stunde die Geschichte, wie bei einer Falknereivorführung ein armes Wildkaninchen auf dem Kasernenhof in der Latrine vor dem Habicht Schutz suchte. Der weiße Habicht folgte ihm im rasenden Flug bis in die Latrine hinein. Kurze Zeit darauf kam die »weiße Ute« mit dem toten Kaninchen heraus, allerdings war »Ute« nicht mehr weiß, sondern braun und entsprechend stank sie auch.

Die Schießstände des Regiments bzw. des Jäger-Bataillons waren westlich des Persante-Flusses in der sogenannten »Maikuhle«. Dort gab es noch viel freies Gelände, auf dem schon ein Sprunggarten angelegt war und genutzt wurde. Der Sprunggarten war eine ca. acht Meter breite Bahn durch das Unterholz, auf der zehn oder zwölf natürliche Hindernisse standen, die nach meinen Anweisungen ausgebaut worden waren. Neben dem Sprunggarten war aber noch weiteres Busch- und Waldgelände in der »Maikuhle« verfügbar. Bei den vielen Jägern im Bataillon lag der Gedanke nahe, für die Bevölkerung von Kolberg dort einen kleinen Wildpark einzurichten. In diesem Gehege hielten wir einen starken Hirsch und einige Wildschweine. Damit sie sich vom Publikum am Zaun nicht dauernd bedrängt und beobachtet fühlten, wurde der Wildpark so abgezäunt, daß inmitten des Gatters dichtes Gebüsch lag. Aber mit ein wenig Geduld kamen die Besucher aus der Stadt auf ihre Kosten, und unsere Jäger und Förster waren stolz auf diese Visitenkarte ihres Bataillons.

Die wilde Passion seines Schwiegersohnes bei der Neugestaltung der »Maikuhle« und der Hindernisse im Sprunggarten karikierte mein Schwiegervater bei meiner Hochzeit 1939 in einem kleinen Theaterstück, in dem als meine Aussage immer wieder der Reim auftauchte: »Alles andre ist mir schnuppe! Denn das stärkt den Geist der Truppe!«

Ab 1934 begann sich die politische Situation im Regiment durch die Einflüsse des Nationalsozialismus zu verändern. Das III. Infanterie-Bataillon des I. R. 4 war in Treptow an der Rega, vierzig Kilometer südwestlich von Kolberg stationiert. Kommandeur dieses Bataillons wurde Major Block, ein überzeugter Nationalsozialist und Träger des »Blutordens« der NSDAP. Er hatte 1923 am Marsch auf die Feldherrnhalle teilgenommen.

Die jüngeren Offiziere in Treptow trugen bis dahin keine auffallend nationalsozialistische Gesinnung zur Schau, sondern waren – ähnlich wie wir in Kolberg – »Eckeby-Kavaliere«, und dieser Habitus bestimmte auch dort die Atmosphäre der Kleinstadt. Aber mit Block wehte in Treptow politisch ein anderer Wind.

Nicht nur in Treptow, in der gesamten Wehrmacht begann sich das politische Klima ab 1934 langsam zu verändern. Das lag im wesentlichen an dem hohen Prozentsatz der sogenannten reaktivierten Offiziere, die in dieser Zeit zur Wehrmacht kamen. Sie waren gerade noch Offiziere im Ersten Weltkrieg gewesen. Viele von ihnen hatten sich in der Weimarer Republik mühsam als Kaufleute oder in Positionen durchgeschlagen, die sie als ehemalige Offiziere des kaiserlichen Heeres für demütigend und unter ihrer Würde hielten. Sie hatten nach dem Ersten Weltkrieg nicht wirklich den Weg in die zivile Gesellschaft zurückgefunden. Politisch waren viele von ihnen Anhänger des Generals von Ludendorff, also »deutsch-völkisch« gesinnt. Sie lehnten das »System«, wie sie die Weimarer Republik nannten, ab. Adolf Hitler bot ihnen plötzlich mit der gewaltigen und schnellen Ausweitung der Wehrmacht wieder eine Stellung, wenn auch nicht mit hohem Gehalt, so doch von hohem Ansehen in der Gesellschaft. So lag es nahe, daß sie in Adolf Hitler nicht nur den ersehnten nationalen »Erlöser« des deutschen Vaterlandes sahen, sondern auch den »Messias« ihres persönlichen Schicksals. Mit diesen Leuten drang in den Jahren 1934 bis 1938 viel nationalsozialistische Ideologie in die Wehrmacht.

Heute ist es für mich verständlich, daß sich viele dieser sogenannten »Reaktivierten« zunächst in unserem Regiment politisch »bedeckt« hielten. Verunsichert durch ihren bisherigen Lebensstil, paßten sie sich erst einmal an – gerade in Kolberg mit seinem konservativen Offiziersmilieu, in dem es niemand nötig hatte, sich offen zu Adolf Hitler zu bekennen.

Jemand wie Otto Ernst Remer, der sich 1944 bei der Niederschlagung des Aufstands am 20. Juli in Berlin so hervortat, war in Kolberg ein geschätzter jüngerer Offizier. Ebenso waren seine beiden Brüder als gute Soldaten und Kameraden bei uns geachtet. Wir wußten, daß der Vater in Mecklenburg-Strelitz ein begeisterter Nazi war, aber von seinen drei Söhnen habe ich in Kolberg nie irgendwelche nationalsozialistischen Töne gehört.

Mit der Verstärkung der Kolberger Garnison war im Zentrum von Kolberg ein neues, schmuckes Kasino eröffnet worden.

Dort fanden die offiziellen Veranstaltungen des Regiments statt, bei denen wir jüngeren Offiziere »anzutanzen« hatten. Unsere muntere Runde fand sich gelegentlich auch freiwillig dort zusammen, um zu essen und »einen zu heben«. In irgendeiner Winternacht gingen wir, mit Mantel und Säbel fein angetan, vom Kasino zurück zu den Kasernen. Das war eine Strecke von etwa anderthalb Kilometer und führte uns über die Persante am Standort-Lazarett vorbei. Otto Ernst Remer war mit von der Partie. Wir waren nicht betrunken, aber ziemlich angeheitert. Wo die Ausfallstraße vom Zentrum nach Süden die Kasernen erreicht, war eine große Kreuzung. Sie lag im hellen Licht der Bogenlampen. Otto Ernst Remer, der groß und kräftig war, wollte plötzlich aus einer übermütigen Laune heraus mit mir ein Säbelduell auf dieser Kreuzung austragen. Sprachs und zog seine Waffe. Wir versuchten noch, ihm den »Quatsch« lachend auszureden, aber er drang mit dem Ruf: »Stell dich, du feiger Hund« ernsthaft und aggressiv auf mich ein. Da keiner eingriff, blieb mir schon aus Notwehr nichts anderes übrig, als ebenfalls meine Klinge zu ziehen. Otto Ernst Remer war einen halben Kopf größer als ich und auch um einiges schwerer. Aber ich war ihm durch mein sportliches Training körperlich keineswegs unterlegen. Es war ein Geplänkel, das eine Zeitlang hin und her ging. Wir waren beide keine besonderen Größen im Fechten, aber ich fühlte mich durch mein Fünf-Kampf-Training überlegen und beschloß, meinen Herausforderer kampfunfähig zu machen, ohne ihn dabei ernsthaft zu verletzen. In einem günstigen Moment hieb ich ihm mit aller Kraft meine flache Klinge über die Mütze. Otto Ernst Remer war erschüttert. Er stand mit herunterhängenden Armen da und starrte verstört vor sich hin. Seine silberne Mützenkordel war durch den Schlag mit der sehr biegsamen flachen Klinge zerrissen. Die beiden Enden hingen wie die Zöpfchen eines germanischen Mädchens auf beiden Seiten herunter. Es sah unglaublich albern aus. Kurz bevor ihn mein Säbelhieb traf, war es Otto Ernst Remer gelungen, mir einen Stich in die Wade zu verpassen. Ich verspürte zunächst keinen Schmerz im Bein, fühlte nur plötzlich, daß mein Stiefel innen feucht wurde. Ich setzte mich auf die Mauer des Standort-Lazaretts und zog den Stiefel aus. Die Wade blutete erheblich, und ich mußte sie mit meinem Gürtel abbinden. Die Ambulanz des Lazaretts war zwar direkt nebenan und vermutlich noch offen, aber wie sollten wir dort die Wunde erklären? Remer und möglicherweise auch wir anderen wären streng bestraft worden, wenn unsere Vorgesetzten die Wahrheit erfahren hätten. Ich weiß nicht mehr genau, wie es ausging. Die Blutung ließ jedenfalls nach einiger Zeit nach, und vermutlich haben mir die Kameraden geholfen, in meine Leutnantsbude zu humpeln und die Wunde zu verbinden. Keiner unserer Vorgesetzten hat etwas davon erfahren, und auch meine Beziehung zu Otto Ernst Remer hat darunter nicht gelitten. Er war und blieb in der Kolberger Zeit ein guter Kamerad und Soldat, auch wenn er schon damals dazu neigte, mit seiner explosiven männlichen Kraftmeierei einigen Unsinn anzurichten.

Nach 1945 war Remer eine Zeitlang in der rechtsradikalen NPD aktiv.

Die jungen Offiziere des Kolberger Regiments und des Jäger-Bataillons waren als Gäste auf vielen Gütern um Kolberg herum und auch im weiteren Pommern herzlich willkommen. Diese Einladungen nahmen wir gerne an, zumal wenn es dort »betanzbare« Töchter gab oder zur Jagd geblasen wurde. Mindestens einmal im Jahr gab es ein glanzvolles Fest im Kasino in Kolberg. Bei diesen Gelegenheiten versammelten sich dort die standesgemäßen Schönheiten aus der Umgebung und die attraktiven Frauen einiger jüngerer Offiziere. In Tanzstunden bereiteten sich die jungen Oberfähnriche und Leutnants für solche Feste im Kasino vor. Ich treffe noch heute gelegentlich die eine oder andere Großmutter, die mich mit unversehrtem Charme daran erinnert, was für eine aufregende und schöne Tanzpartnerin sie in der Kolberger Offizierstanzstunde war. Natürlich gab es auch schöne Mädchen aus Kolberg, die aber nicht zur »Gesellschaft« gehörten und deshalb vom Regiment nicht zu den Festen ins Kasino eingeladen wurden. Aber es war ein stolzes Gefühl, wenn wir hoch zu Roß durch die Straßen von Kolberg zogen oder an der Spitze unseres Zuges marschierten, während sie uns freundlich oder gar herausfordernd nachsahen. Da das öffentliche Leben in Deutschland sich immer soldatischer gerierte, stiegen wir jungen Offiziere natürlich ungemein in der Gunst der attraktiven jungen Damen, auch wenn sie uns kaum kannten, und einige von uns außer dem Leutnants-Nimbus wenig zu bieten hatten.

Neben dem Kasino spielte in Kolberg für mich die Reiterei eine große Rolle. Ich hatte in »Nachtflieger« ein gutes Dienstpferd. Mit ihm versuchte ich mich auf Vielseitigkeits- und Eignungsprüfungen und auf vielen pommerschen Turnieren. Viele Preise gewann ich nicht, denn die Offiziere des Reiterregiments in Stolp und auch die Artilleristen aus Belgrad hatten als Konkurrenten nicht nur oft die besseren Pferde, sondern sie waren auch die erfahreneren Reiter. Und wenn die guten Pferde der Camminecis aus Zetthun mit den Geschwistern Harry und Nora in der Konkurrenz waren, hatte ich kaum etwas zu melden. Gegen den schnellen Vollblüter »Kind der Liebe« hatte ich keine Chancen; es sei denn die sympathische Nora kam mit ihrer Brille vom vorgeschriebenen Parcour ab, und das geschah häufiger. Reiten war für mich ein herrlicher Kavalierssport, der mich die zeitweise unangenehmen Seiten der Soldatenexistenz vergessen ließ.

Mir war vom Regimentskommandeur aufgetragen worden, im Herbst die Reitjagden zu organisieren, und das nicht nur in der unmittelbaren Nähe Kolbergs, sondern auch hier und dort außerhalb auf einem der Güter. Irgendwann im Jahre 1937 wurde ich von meinem Regiment an die Kavallerieschule nach Hannover kommandiert. In Hannover wurde ich dem Military-Stall zugeteilt. Zu Beginn hatte ich mit meiner grünen Mützen-Paspelierung einigen Spott von den »gelben« Kavalleristen und »roten« Artilleristen auszustehen. Einen »Grünen« hatte man dort noch nie gesehen, und zudem war ich ja auch kein brillanter Reiter-Champion. Aber meine Fähigkeiten beim Dressurreiten und auf den schweren Reitjagden verschafften mir mit der Zeit einigen Respekt. Die Stars in Hannover waren natürlich die zahlreichen Sieger der Reitwettbewerbe bei der Olympiade 1936. Die Angehörigen der Kavallerieschule hatten dort mehr oder weniger alles gewonnen. Die Reitschule in der Falkenwalder Straße in Hannover war auch wieder eine dieser Spielwiesen für einen jungen Offizier, und die sechs Monate dort für mich eine Zeit ungehemmter Lebensfreude – nicht nur auf dem Rücken der Pferde.

Nach diesem Kommando in Hannover wurde mir als Reitlehrer in Kolberg die Gruppe der »Fortgeschrittenen« anvertraut.

Trotz der schönen Seiten des Soldatenlebens im Frieden wollte ich im Frühjahr 1938 nicht mehr länger bei der Truppe bleiben und verließ das Kolberger Regiment. Ich wollte im Juli 1939 heiraten und mich als Landwirt bewähren. So nahm ich die

Stelle als Zweiter Beamter auf dem Gut des Herrn von Diest an.

Ich konnte nicht ahnen, daß ich ein halbes Jahr später, am 1. August, im Zuge der Mobilmachung als Reserveoffizier wieder beim Jäger-Bataillon landen würde.

Viele der älteren und jüngeren Offiziere hielten es schon 1938 für möglich, daß Hitler den Krieg ansteuerte. Einige mir politisch nahe Freunde aus Berlin hatten mir 1933 schon prophezeit, daß die Berufung Hitlers zum Reichskanzler durch Hindenburg unweigerlich Krieg bedeuten würde. Ich hielt das bei meinem Abschied 1938 nicht mehr für ausgeschlossen.

Wanderer zwischen zwei Welten

In meinen Erinnerungen an die Zeit zwischen 1931 und 1938 steht meine soldatische Passion ganz im Vordergrund und könnte wie die einzige Dimension meines damaligen Lebensabschnittes erscheinen. Erst in einem späteren und sehr mühsamen Prozeß habe ich mir eine kritische Distanz dazu erarbeitet. Auf der Suche nach neuen Werten entdeckte ich, daß es auch in der Zeit, die scheinbar ausschließlich von meinem Soldatsein geprägt war, schon emotionale und intellektuelle Bindungen zu Menschen gab, die mit meinem männlich fixierten soldatischen Umfeld wenig anzufangen wußten.

Diese andere Welt war eine eher weibliche Welt, bestimmt durch die Persönlichkeit meiner jüngeren Schwester Lianne und ihre Freunde in Berlin. Lianne studierte Musik und ließ sich als Pianistin ausbilden. Ihre engste Freundin war die Malerin Ursula Rusche. Meine Großmutter liebte diese schöne junge Frau und nahm sie wie eine Enkelin auf. Ich war ihr schon viele Jahre vor meiner Ehe sehr zugetan und blieb es ihr und ihrem Mann bis heute. Unter den Männern in diesem Kreis dominierte der Komponist Boris Blacher. Er war mit Gerty Herzog zusammen, die er erst nach 1945 heiraten konnte, weil sie Halbjüdin war. Sie war eng mit Gisela Gräfin

Goltz befreundet, einer Jugendfreundin meiner Frau. Gerty Herzog und Boris Blacher waren wiederum eng mit meinem späteren Schwager Gottfried von Einem befreundet. Gisela, Gerty, Ursula und meine Schwester Lianne wohnten in Berlin im »Victoria-Studienhaus«. Zu dem Freundeskreis meiner Schwester gehörten auch der Pianist Carl Seemann, die Journalistin Ursula von Kardorff; ich lernte dort den Intendanten Jürgen Fehling kennen, die Schauspielerin Joana Maria Gorvin und andere mehr. Dieser Kreis meiner Schwester nahm mich in Berlin immer wieder wie einen vertrauten Freund auf. Ich durfte, unbedarft wie ich damals war, eintauchen in diese Welt der Musik, teilnehmen an den heftigen Diskussionen über Ästhetik und Auseinandersetzungen über Kunst. Heute staune ich über das Vertrauen, das mir in diesem Kreis entgegengebracht wurde. Ich war in diesen Jahren der einzige der gelegentlich in Uniform auftrat, weil ich von der Reise kam und keine Zeit gefunden hatte, die Kleidung zu wechseln. Ich bin sicher, daß in dieser Runde nicht nur meine Uniform dezent belächelt worden ist, sondern auch meine preußisch soldatischen Überzeugungen, die sich sicher auch diesem Kreis offenbarten. Ich wurde dafür aber nicht kritisiert. In diesem Kreis wußte man schon 1938 sehr viel mehr über die nationalsozialistische Wirklichkeit in Deutschland und die Verfolgung der Juden als ich. Ich erfuhr, daß viele Künstler unter grauenvollen Umständen das Land verlassen mußten, hörte vom Schicksal Carl von Ossietzkys und Einzelheiten über die Ausstellung »Entartete Kunst«. Aber vielleicht entsprach es der sarkastisch-weisen Haltung des »Maestros« Boris Blacher, nicht ständig über all das zu reden, was alle schon wußten. Erst nach dem Krieg erzählte mir Gisela Gräfin Goltz vom tragischen Tod der Großmutter von Gerty Herzog, die freiwillig aus dem Leben schied, um nicht als Jüdin in der Gaskammer zu enden.

Ich ahnte damals mehr, als ich wußte. Bei einem dieser Besuche in Berlin habe ich spontan beschlossen, Tante Else Aschenheimer, eine alte jüdische Freundin meiner Großmutter, zu besuchen, die am Hohenzollerndamm wohnte. Ich wollte ihr in der allgemeinen Antijudenstimmung meine menschliche Solidarität zeigen. Ich klingelte und stieg die Treppen hinauf. Als sie mich sah, erstarrte sie und wurde kalkweiß im Gesicht. Ich war in Uniform. Sie sah nur die Uniform und dachte, daß sie abgeholt würde. Als sie mich erkannte, rief sie aus: »Klaus, du bist es!« und sank mir in die Arme. Dies Erlebnis ging mir nicht mehr aus dem Sinn. Auch wenn ich damals noch voll hinter meinem soldatischen Idealismus stand, hat mich der Freundeskreis meiner Schwester sensibler gemacht für die Wahrnehmung des alltäglichen Unrechts und damit an dem Fundament mitgebaut, auf das ich mich erst Jahre später wieder berufen konnte.

Der Polen-Feldzug

Noch während der Hochzeitsreise erhielt ich den Stellungsbefehl zum 1. August 1939 nach Kolberg, wo ich wieder als Bataillonsadjutant bei Oberstleutnant von Wickede, dem Kommandeur des Jäger-Bataillons, eingesetzt wurde. Seine Frau und seine kleine Tochter standen mit meiner Frau auf dem Bahnhof in Kolberg, als der Truppentransport mit dem Jäger-Bataillon gen Südosten an die polnische Grenze zu einem sogenannten »Schanz-Einsatz« abdampfte. Es war einer jener Abschiede, die ich schnell und ohne Sentimentalitäten hinter mich bringen mußte. Die junge Frau, die ich eben erst geheiratet hatte, stand sehr allein auf dem Bahnsteig.

Nicht nur die Offiziere unseres Bataillons wußten, daß es sich um mehr als einen Schanz-Einsatz handelte. Zunächst ging es nur darum, ein Stellungssystem an der deutschen Ost-Grenze gegen Polen auszubauen. Vier Wochen lang buddelten wir da herum. In den Nächten stand oft lange die große gelbe Mondscheibe gen Osten über den dunklen Kiefernwäldern der Tucheler Heide. Ich und zahlreiche meiner Freunde schenkten den Goebbels-Parolen, daß einer militärischen Bedrohung aus Polen zuvorzukommen sei, keinen großen Glauben. Wir zweifelten auch daran, daß die deutschen Volkstums-Gruppen

122

in Polen auf eine so brutale Weise schikaniert würden, daß es aus Gründen der nationalen Würde für uns Deutsche nicht mehr hinzunehmen sei. Das Dorf, in dessen Umgebung wir zum Schanzen eingesetzt waren, hieß Blugowo und lag im »rein«-deutschen Osten der Grenzmark. Die Nazis hatten offenbar vergessen, es als »Birkenwalde« oder ähnlich einzudeutschen, um vergessen zu machen, daß hier einmal eine überwiegend slawische Bevölkerung ansässig war.

Bei dem Angriff auf Polen am 1. September wurden die Einheiten unseres Regimentes zunächst in keine größeren Gefechte verwickelt. Während der anstrengenden Märsche durch die Tucheler Heide kam es lediglich zu einigem Geplänkel mit rasch ausweichenden polnischen Einheiten. Erst bei der Eroberung von Modlin, der ehemaligen russischen Festung Zahkroszym an der Mündung des Bugs in die Weichsel, hatten wir unseren ersten schwereren Kampf zu bestehen.

Unser Regiment schaffte den Angriff auf die Festung nicht im ersten Anlauf. Unser Bataillon ging dabei mit »Sprung auf! Marsch! Marsch!« in einem Zwiebelfeld vor, bis wir unter schwerem Beschuß von polnischen Maschinengewehren und Karabinern gerieten und liegenblieben. Ich erinnere mich noch deutlich an die matschigen Geräusche, wenn die Kugeln dicht neben einem in eine Zwiebel einschlugen. Eine Staffel Sturzkampfflieger kam uns zu Hilfe. Die Wirkung der Bomben und der infernalische Lärm der herabstürzenden Bomber waren so stark, daß die meisten polnischen Soldaten nach kurzer Zeit mit weißen Fahnen aus ihren Bunkern in der Festung kamen.

Als ich mich am nächsten Tag als Bataillonsadjutant auf den Weg machte, mir die eroberte Festung anzusehen, sah ich um und hinter der Festung alte verhärmte Frauen in den zerstörten Häusern nach ihrer Habe suchen oder nach toten Angehöri-

gen. Andere beteten in einer durch Bomben und Artillerie-
feuer ziemlich zerstörten Kirche. Zum ersten Mal sah ich
Menschen, die vom Krieg, von uns getroffen worden waren,
und ich war zum ersten Mal konfrontiert mit den Auswirkun-
gen des Krieges auf die Zivilbevölkerung. Diese Szenen haben
sich mir tief eingeprägt. Ich habe sie bis heute nicht vergessen.

Wir hatten vorher bei Kulm, südlich von Graudenz, die
Weichsel überschritten und gingen jetzt parallel zum Fluß auf
Praga-Warschau vor. In den Sanddünen an der Weichsel,
westlich von Praga, einer Warschauer Vorstadt, kam es erneut
zu ein paar Gefechten, und wir hatten wieder einige Tote und
Verletzte auf unserer Seite. Aber dann war der Spuk des Krieges für uns nach achtzehn Tagen vorbei.

Ich habe erst später erfahren, daß der polnische militärische
Widerstand in Modlin und Warschau bis Ende September ge-
dauert hat.

Unmittelbar nach dem Ende des Feldzuges in Polen hatte ich
als Bataillonsadjutant die Möglichkeit, mit dem Auto einen
Kurzbesuch in Warschau zu machen. Bei der Fahrt über die
Brücke von Praga nach Warschau erinnerte ich mich, daß
mein Großvater Koehn bei dem Bau dieser Brücke maßgeblich mitgearbeitet hatte.

In Warschau folgte ich der Straße am Weichselufer in Richtung Stadtmitte. Etwa auf der Höhe des bekannten und bis
heute existierenden Hotels »Europeski« strömte aus einem
Hydranten Wasser über die Straße. Fünfzig oder sechzig polnische Zivilisten, Frauen, Kinder und alte Männer, schöpften
mit allerlei Behelfsgefäßen das dringend benötigte Trinkwas-
ser. Ich ließ den Fahrer halten und trat näher. Diese Menschen hatten wahrscheinlich noch nie einen dieser verhaßten

Nazi-Offiziere aus der Nähe gesehen. Sie starrten mich derart haßerfüllt an, als hielten sie es für möglich, daß ich sie auch jetzt noch mit meiner Pistole hindern würde, Wasser zu holen. Daß ich mich in keiner Weise als Nazi-Offizier verstand oder fühlte, veränderte nichts an dieser Situation, in der ich zum ersten Mal begriff, daß ich bei all dem, was Adolf Hitler im Namen des deutschen Volkes mit diesem Krieg begonnen hatte, »mitgefangen und mitgehangen« sein würde. Gelegenheit für diese Einsicht sollte ich noch oft im Verlauf dieses Krieges haben.

Unmittelbar nach dem Ende des Polenkrieges avancierte ich vom Bataillons- zum Regimentsadjutanten.

Das Regiment war für wenige Wochen zwanzig Kilometer westlich von Warschau in einigen Dörfern untergebracht. In einem dieser Dörfer organisierte ich eine Fasanenjagd. Natürlich hatten viele Offiziere und Oberjäger des Bataillons »für alle Fälle« ihre Flinte mit in den Krieg genommen. Aber die für Fasanenjagd verwendete Schrotmunition war knapp. Ein befreundeter Offizier und Nachbar aus der pommerschen Heimat hatte einige Munition irgendwo in einem polnischen Gutshaus gefunden. Das Kaliber paßte zufällig in seine Flinte, aber beim ersten Schuß riß es das Gewehrschloß so auseinander, daß ihm die Hälfte der Finger an der Hand fehlte. Die Patronen, die er gefunden hatte, waren Treibsätze für polnische Granatwerfer.

Ich ließ die Jagd sofort abblasen, verband die Hand des Freundes notdürftig und beruhigte ihn bis zur Ankunft des Sanitätswagens mit einer Flasche Rotwein und einer gebratenen Ente aus den Beständen des Regimentskommandeurs. Die Beruhigung des verletzten Freundes gelang, die des Regimentskommandeurs, der später seinen Rotwein und die Ente vermißte, war schwieriger.

Bald wurden wir zur Vorbereitung des Angriffs auf Frankreich in die Eifel verlegt. In Bonn wurden wir aus dem Bahntransport ausgeladen und in Hennef auf der anderen Rheinseite einquartiert. Dort wurden wir so freundlich empfangen, daß noch viele Wochen und Monate später unter der Feldpostnummer des Regiments regelmäßig zahlreiche, mit zarter Hand geschriebene Briefe mit Absenderadressen aus Hennef eintrafen. Rheinisches Temperament und Charme hatten offenbar auf die pommerschen »Krieger« eine starke Wirkung gehabt und umgekehrt. Dann quälten wir uns bei Schneeglätte und Eis durch die Eifelstraßen zur Schneifel hinauf. Bei einem Zwischenstop in der Nähe von Münstereifel war der Regimentsstab in Haus Steinbach inmitten eines herrlichen Eifelreviers untergebracht worden. Es gehörte der Familie Carp. Er war Generalbevollmächtigter des Haniel-Imperiums. Seine Frau Elsa Carp machte auf mich einen großen Eindruck, aber ich sollte ihr erst nach dem Krieg wieder begegnen.

Von Haus Steinbach ging es, immer noch mühsam, bergauf und bergab in Richtung Prüm, dicht an die luxemburgische Grenze. Dort bezogen wir Stellung bis zu dem Angriff auf Frankreich. Ich kann mich nicht erinnern, daß unter uns jüngeren Offizieren in dieser Zeit jemals über die Neutralität von Belgien oder Luxemburg laut nachgedacht wurde.

Der Frankreich-Feldzug

Als der Angriff gegen Frankreich begann, war es schon Mai.
Wir durchquerten die Nordspitze von Luxemburg, um dann
durch die Ardennen und die schönen Wälder des südlichen
Belgiens westwärts vorzudringen. Auf den ernsthaften Widerstand stießen wir erst bei der Festung Givet an der Maas. Im
Morgengrauen überquerten wir unter Beschuß die Maas mit
Schlauchbooten. Das Schlauchboot, in dem ich saß, wurde
von dem Geschoß einer kleinkalibrigen Kanone so getroffen,
daß seine Splitter nicht nur unser Schlauchboot zerrissen, sondern auch mehrere Insassen trafen, unter anderen auch mich.
Diese unangenehme französische Kanone hieß bei uns dann
»Klatsch-Bumm«, weil ihr Geschoß schon im Ziel war, bevor
man überhaupt den Knall hörte. Diese »Klatsch-Bumm« hatte
uns also baden gehen lassen, und wir mußten, zum Teil verletzt, versuchen, schwimmend das Ufer zu erreichen. Ich hatte
zwar ein wenig Blut gespuckt, war aber ans Ufer gekommen
und fühlte mich relativ kräftig. Da kein Sanitäter in der Nähe
war, machte ich mich auf, den Truppenverbandsplatz zu suchen, dessen Standort ich vor dem Angriff selbst festgelegt
hatte.

Auf dem Verbandsplatz sollte ich mich unter einem Schutzdach auf eine Trage legen und still verhalten. Dann kam ein junger, mir unbekannter Militärarzt und untersuchte mich. Das Ergebnis seiner Untersuchung teilte er mir nicht mit. Ich sollte mich gedulden, er käme gleich zurück. Kurz darauf lief auf dem Verbandsplatz das Gerücht um: Bismarck hat einen Herzschuß, aber er lebt noch! Der junge Arzt hatte meine Uniform nach der Untersuchung mit einem farbigen Zettel versehen, der für den Kundigen »nicht transportfähig« bedeutete. Aber das wußte ich nicht. Ich war der Meinung, daß es mit meiner Verletzung nicht so schlimm sein könnte und lag deshalb relativ friedlich auf meiner Trage. Aber als dann Soldaten, die mich kannten, an meiner Liege vorbeikamen und mich so »letztwillig« anblickten, als wollten sie sagen: »Der arme Kerl! Lang macht er's wohl nicht mehr«, bekam ich es mit der Angst zu tun. Ich rief laut nach dem Arzt und wollte sofort Auskunft über meinen Zustand. Ein anderer Arzt kam, und es stellte sich heraus, daß mir sein Kollege einen Herzschuß attestiert hatte. Er hatte rechts und links bei mir verwechselt.

Nach acht Tagen war ich wieder bei der Truppe. Die alte Festung Givet war inzwischen genommen worden, wieder mit Hilfe der »Stukas« und mit der gleichen Wirkung wie in Modlin. Die Franzosen verließen die Festung mit weißen Fahnen und ergaben sich.

Als ich das Regiment wieder erreichte, machte es sich an der belgischen Westgrenze, Maubeuge gegenüber, bereit, die Maginotlinie mit ihren vielen Bunkern zu durchstoßen. Das gelang unerwartet leicht. Unsere 8.8-Flak-Artillerie nahm die Seh- und Schießschlitze der gewaltigen Bunker unter Feuer, während wir westwärts in Richtung Lille durchstießen. Was aus den vielen französischen Soldaten in den Bunkern und dem riesigen unterirdischen Verteidigungssystem wurde, weiß ich nicht. Irgendwann werden sie wohl oder übel herausgekommen sein.

Bei Lille mußte der »La-Bassee-Kanal« im Angriff überwunden werden. Das Jäger-Bataillon stellte sich für diesen Angriff, der im Morgengrauen durchgeführt werden sollte, nachts in einem sehr sumpfigen Wald bereit. Die französische Festungsartillerie schoß mit großem Kaliber. Diese großkalibrigen Geschosse produzierten einen Höllenlärm und rissen beim Einschlag tiefe Trichter in den Sumpf. Trotzdem hatten wir nur wenige Verluste, aber wir waren über und über mit Morast eingedeckt. Ein plötzlich auftretender penetranter Gasgeruch löste Gasalarm bei uns aus. Die sonst so disziplinierte Truppe geriet für Momente in eine fast hysterische Panik. Wir tappten im nächtlichen Sumpf einige Zeit lang mit Gasmasken herum, dann wurde der Gasalarm wieder aufgehoben. Die Einschläge im Sumpf hatten ein übelriechendes, aber ungefährliches Sumpfgas freigesetzt.

Nach dieser, im wahren Sinn des Wortes, versumpften Nacht, war es fast eine Erleichterung, im Morgengrauen über den Kanal hinweg anzugreifen.

Wenige hundert Meter hinter dem Kanal trafen wir auf eine größere Fabrikhalle. Wir pirschten uns heran, und als wir mit der Waffe im Anschlag den Eingang stürmten und in der Halle standen, wachte eine Einheit von etwa hundert jungen britischen Soldaten auf und schaute uns mit erstaunten Jungensgesichtern an. Sie waren am Vorabend von den britischen Inseln zur Verstärkung der französischen Truppen eingetroffen, hier einquartiert worden und hatten sich erst einmal schlafen gelegt. Das nervenstarke Phlegma dieser jungen Engländer in ihrer verrückten Lage imponierte uns. Wir boten ihnen Zigaretten und Tee an, aber sie sahen uns in ihrer englisch-zurückhaltenden Art so angewidert an, als hätten wir einen Fauxpas begangen, und sprachen nicht mit uns.

Dann wurde das Regiment gen Südwesten auf Abbeville zu dirigiert. Der Angriff über die Somme mit ihrem buschigen Gelände beiderseits des Flusses war nicht einfach und kostete Verluste. Immer wenn uns in Frankreich farbige Kolonialtruppen gegenüberstanden, trafen wir auf zähen und erbitterten Widerstand. Von der Somme drangen wir in schnellen Märschen nach Süden auf Rouen vor. Die Straßen waren überfüllt mit überladenen Fahrzeugen aller Art, in denen die französische Zivilbevölkerung zu flüchten suchte.

Ich war als Regimentsadjutant mit einem VW-Kübel unterwegs, um den Vormarsch zu überwachen, als plötzlich in der Nähe wildes Feuer aus unseren Maschinengewehren knatterte. Ich war mit dem Kübel schnell am Waldrand, von wo aus unsere Maschinengewehre heftig ein etwa anderthalb Kilometer entferntes Dorf unter Beschuß nahmen. Günther Zander war der Kompanieführer dieser Einheit. Ich war mit ihm befreundet. Mit dem Fernglas vor den Augen fragte ich ihn nach dem Grund. Ich machte im Dorf nur Zivilisten, Frauen und Kinder aus, die in panischer Angst über die Dorfstraße rannten, um sie herum die kleinen Staubwölkchen der Einschläge. Im Dorf sind Heckenschützen, war die erregte Antwort. Ich befahl, sofort das Feuer einzustellen. Was war passiert? Man hatte einzelne Schüsse aus dem Dorf gehört und Hecken im Dorf gesehen. Es gibt in Frankreich viele Gegenden, da kann man, wenn überhaupt, nur aus einer Hecke heraus schießen. Man hatte keine Soldaten gesehen und deshalb den verrückten Schluß gezogen, daß es sich in dem Dorf nur um »Heckenschützen« handeln könne. Der NS-Propaganda war es gelungen, mit dem Begriff »Heckenschütze« Angst und Haß so zu schüren, daß selbst ein besonnener Offizier wie Zander nur auf eine vage Vermutung hin die geltenden Regeln der Kriegsführung nicht einhielt und »Feuer frei« auf alles gab, was sich bewegte.

Dieser Vorfall machte mich sehr nachdenklich, weil ich damals noch der Überzeugung war, daß auch dieser Krieg mit der Einhaltung eines Mindestmaßes an humanen und ritterlichen Grundsätzen zu führen sei und selbstverständlich so geführt werden müsse. Später in der Sowjetunion mußte ich leider noch ganz andere Erfahrungen machen.

Wohlgeordnet und durch Siege stolzgeschwellt marschierte unsere Truppe durch Rouen und überschritt die Seine. Die Knobelbecher knallten im Gleichschritt auf das Pflaster, und es hallte in den Straßen. Beim Anblick der alten Kathedrale wurde mir plötzlich unwohl. Für einen Moment spürte ich, wie unangemessen und gewalttätig wir auf einer fremden Kultur, die ich vor dem Krieg besucht und schätzengelernt hatte, mit unseren Soldatenstiefeln herumtrampelten. Ich kam mir deplaziert vor.

Dieser Eindruck ließ mich später in der Sowjetunion eine Geschichte erfinden, die ich einigen Kameraden erzählte. Ich behauptete, daß Hitler nach dem siegreichen Feldzug Frankreich besucht habe, und zwar vorwiegend die Schlösser an der Loire. Ich malte meinen Zuhörern aus, wie der GRÖFAZ, der »Größte Feldherr aller Zeiten«, sich den Besuch des Königsschlosses von Chambord mit Musik von Richard Wagner ausgestalten ließ. Ich weiß nicht, ob meine Kameraden diese Geschichte geglaubt und verstanden haben. Aber sie drückte diesen Moment in Rouen aus, in dem ich unsere Truppe mit ihren

Knobelbechern, Stahlhelmen und Karabinern vor der Kathedrale unerträglich und banausenhaft empfand.

Nach dem Überqueren der Seine war für uns der Krieg erst mal wieder aus. Wir setzten noch bei Nantes über die Loire und landeten bei Kriegsschluß in Sables d'Olonne am Atlantik. Die französischen Quartierswirte nahmen uns korrekt, aber aus verständlichen Gründen äußerst reserviert auf. Als Regimentsadjutant stellte ich mich kurz nach unserer Ankunft dem Bürgermeister von Sables d'Olonne vor. Er berichtete mir, daß die Bevölkerung beunruhigt sei, weil etwa einhundertzwanzig Kinder evakuiert worden waren und die Eltern ohne Nachricht von ihnen. Die französischen Behörden der Region hatten vor dem Einmarsch der Deutschen von der französischen Regierung die Nachricht bekommen, daß die Landung und Invasion britischer Truppen an der Loire-Mündung bei St. Nazaire bevorstehe und heftige Kämpfe und Bombenangriffe in der Gegend zu erwarten seien. Der Gemeinde war empfohlen worden, wenn möglich, wenigstens die Kinder zu evakuieren. Ich schlug vor, eine ausreichende Anzahl von Wehrmachtslastwagen nach Lille zu schicken, um die Kinder zu holen. Einige Eltern sollten versteckt in den Lastwagen mitfahren, um diejenigen, die die Kinder aufgenommen hatten, zu überzeugen, daß sie die Kinder den deutschen Wehrmachtsangehörigen anvertrauen könnten. Der Regimentskommandeur deckte das Vorhaben, für das wir von den anderen militärischen Vorgesetzten wahrscheinlich keine Erlaubnis erhalten hätten. Die Aktion gelang. Kein Feldgendarm stoppte die Kolonne mit der ungewöhnlichen Fracht. Von da an lebte das Regiment in Sables d'Olonne in Frankreich nicht schlecht. Nie in meinem Leben habe ich soviel Hummer gegessen.

Aber das Regiment blieb nicht lange am Atlantik. Wir wurden in die Nähe von St. Lô in die Bretagne verlegt. Unsere Einheit war für die erste Angriffswelle über den Kanal auf die britische Insel vorgesehen. Man hatte aus den umliegenden Häfen flache Boote requiriert, mit deren Hilfe die Landung durchgeführt werden sollte. Weder die deutsche Armee noch die Marine verfügten über eine ausreichende Menge spezieller Landungsboote. Uns war bei der Aussicht, mit solchen behelfsmäßigen Beutekähnen in der ersten Angriffswelle über den Kanal zu setzen, nicht sehr wohl. Einige Landeübungen hatten uns zudem gezeigt, daß wir größte Schwierigkeiten mit den Gezeiten am Kanal hatten, die stellenweise einen Wasserstandsunterschied von acht bis neun Metern aufwiesen. Wir waren froh, als die geplante Offensive über den Kanal abgeblasen wurde, weil es der deutschen Luftwaffe nicht gelungen war, die deutsche Lufthoheit über dem Kanal zu erzwingen.

Bald danach wurden wir mit der Bahn quer durch Frankreich und Deutschland an die Weichsel nach Graudenz transportiert. Der Aufmarsch zum Angriff auf die Sowjetunion war bereits im vollen Gange. Damit sollte eine andere Art Krieg beginnen.

Der Polen- und Frankreichfeldzug hatten meine soldatische Überzeugung und Passion noch nicht wesentlich lädiert. Ich war trotz einiger Erfahrungen, die mich hätten kritisch und nachdenklicher machen können, überzeugt, daß es auch in diesem Heer und in diesem Krieg möglich sei, als anständiger Soldat und auch als Christ vor seinem Gewissen bestehen zu können. Zudem teilte ich doch irgendwie die Auffassung, daß der Krieg zur »Verteidigung des Vaterlandes« unvermeidlich geworden war. Daß es sich dabei um planmäßige Angriffs-

133

kriege gehandelt hatte, habe ich in Polen und in Frankreich noch mit dem gleichen Erfolg verdrängen können wie die grundsätzliche Frage nach der Notwendigkeit dieser beiden Kriege. Hinzu kam, daß wir jüngeren Offiziere natürlich auch stolz auf das waren, was wir als Soldaten geleistet hatten. Unsere Ausbildung hatte sich bewährt und der militärische Apparat unserer Infanterie-Einheiten hatte, soweit wir das beurteilen konnten, bisher glänzend funktioniert. Erste Zweifel auf dieser Ebene stellten sich mit Beginn des Rußland-Feldzuges ein und der Tatsache, daß es allein schon an zureichender Winterkleidung für die Truppe mangelte.

Der dritte Angriffskrieg

Das Regiment lag Ende Juni 1941 in der Rominter Heide am Ostrand des großen Staatsforstes, der einst das Jagdrevier des deutschen Kaisers gewesen war und in dem jetzt Hermann Göring als Jagdherr in germanischem Gewande herrschte. Die Grenze zur Sowjetunion war durch einen Zaun zum Vystiter See hin markiert.

Die Stimmung bei den Offizieren und in der Truppe war am Vorabend des Angriffs merkwürdig gedrückt. Wir waren die stolzen Sieger in zwei Blitzkriegen, aber jetzt lag im Dunkeln eine Aufgabe vor uns, die uns unüberschaubar und unheimlich erschien. Der vermutete Größenwahnsinn Hitlers, dessen Instrumente wir bereits waren, schien sich immer mehr zu bestätigen. Sang doch die SA seit Jahren: »Wir werden weiter marschieren, bis alles in Scherben fällt. Denn heute gehört uns Deutschland und morgen die ganze Welt.« Wir ahnten in dieser Nacht vom 21. auf den 22. Juni 1941 etwas vom Anfang des Endes.

Erst an diesem Abend traf bei unserem Regiment der sogenannte »Kommissar-Befehl« des Führers und Obersten Befehlshabers ein. Als Regimentsadjutant bekam ich ihn schnell in die Hand. Der Befehl verfügte, daß die sowjetischen Partei-

135

kommissare, die jeder Sowjet-Einheit zugeordnet waren, im Falle ihrer Gefangennahme sofort zu erschießen seien. In der Begründung dieses Befehls war eindeutig die Absicht formuliert, den alles bedrohenden Kommunismus rücksichtslos mit Stumpf und Stiel auszurotten. Nach mehrfachem Studium des Textes, war ich mir im klaren, daß ich diesen Befehl nicht ausführen würde, auch wenn die Sowjetunion der sogenannten Genfer Konvention nicht beigetreten war, mit der sich die meisten Staaten bzw. Nationen auf eine humane Behandlung der Kriegsgefangenen verpflichtet hatten. Dieser Befehl widersprach meiner christlichen und humanistischen Erziehung und meinem Gewissen. Es war undenkbar für mich, Kriegsgefangene kurzer Hand umzubringen, nur weil sie eine andere Gesellschaftskonzeption vertraten.

Vor der Weitergabe des Befehls an die Offiziere des Regiments, rief ich noch in der Nacht einige Freunde zusammen und teilte ihnen mit, daß ich entschlossen sei, die Ausführung dieses Befehls zu verweigern. Alle versammelten Freunde schlossen sich dem an. Sie waren auch damit einverstanden, daß ich unsere Verweigerung unter Nennung unserer Namen dem Kommandeur melde. Das geschah. Der Kommandeur nahm meine Meldung ohne jede Äußerung zur Kenntnis. Uns passierte nichts. Soviel ich weiß, sind in unserem Regiment bis Kriegsende keine Kommissare erschossen worden. In vielen anderen Wehrmachtseinheiten ist der »Kommissar-Befehl« bekanntlich ohne Skrupel ausgeführt worden.

Erst nach dem Krieg erfuhr ich, daß noch ein anderer Befehl des Führers der sogenannten »kämpfenden Truppe« zugestellt werden sollte. Dieser zweite Befehl hat unser Regiment nicht erreicht. Ich weiß nicht warum, aber vermutlich haben einige vorgesetzte Dienststellen befürchtet, daß dieser Befehl die Einsatzfreudigkeit unserer Truppe, deren Motivation stark vom traditionellen soldatischen Ehrenkodex geprägt war, negativ beeinflussen würde. Der Befehl besagte, daß Soldaten der Wehrmacht, die sich eigenmächtig an der Vernichtung fremden, »minderwertigen« Volkstums beteiligten, nicht gerichtlich verfolgt werden dürften. Die bisher auch für die deutschen Kriegsgerichte geltenden Gesetze sahen in solchen Fällen empfindliche Strafen vor.

Schon in den ersten Tagen des Einmarsches in die Sowjetunion stellte sich das Getöne des Popagandaministers Goebbels, es gelte einem bevorstehenden sowjetischen Angriff zuvorzukommen, für uns als Lüge heraus. Da gab es keine zum Angriff bereitstehenden sowjetischen Truppen. Die schwachen Kräfte, die uns zu Beginn Widerstand leisteten, waren offensichtlich von uns überrascht worden. Für einen Angriff waren sie nicht vorbereitet.

Die sowjetische Bevölkerung empfing uns anfangs am Eingang vieler Dörfer freundlich mit Salz und Brot, das uns von schönen Mädchen gereicht wurde. Diese fast herzliche Atmosphäre schlug um, als die Bevölkerung immer genauer darüber informiert war, wie brutal Himmlers SS-Einheiten hinter der Front mit der Zivilbevölkerung umgingen und Abertausende als Zwangsarbeiter nach Deutschland deportierten. Und langsam sickerte natürlich auch die deutsche Behandlung der russischen Kriegsgefangenen durch, die in der Tat in den Lagern kaum eine Überlebenschance hatten. Der fast herzliche Empfang zu Beginn wich mehr und mehr dem blanken Haß gegenüber den Invasoren.

Unser Vormarsch ging zügig voran und dabei bekamen wir von der kämpfenden Truppe natürlich nur wenig vom Alltag der russischen Bevölkerung mit. Wir wußten auch kaum etwas über die gesellschaftliche Entwicklung dieses Landes und wie seine Menschen darüber dachten. Wir wußten nur, es war kommunistisch, also feindlich.

In den ersten Wochen kam ich hin und wieder in den Dörfern in das Innere eines dieser typischen russischen Holzhäuser. Einmal entdeckte ich neben dem Ofen, auf dessen Bank die Babuschka, die Großmutter, saß und ein Baby in einer hängenden Wiege schaukelte, ein großes Plakat, das offensichtlich den Schaltplan eines Elektrizitätswerkes darstellte. Ein andermal stieß ich in ähnlicher Umgebung auf ein Plakat, das das Wesen der Tsetse-Fliege erklärte und ihre Ausbreitung und Gefahren für die Rinderzucht in Afrika. War das die Volksbildung der Partei? Studierte jemand in diesen Familien? Oder war es Zufall? Ich erfuhr es nicht.

Später in den Waldai-Bergen, nicht weit vom Seligersee, in dem die Wolga entspringt, begegnete mir eine sowjetische Studentin, die sich mir als Bild einer jungen, überzeugten Kommunistin eingeprägt hat. Obendrein war sie noch außergewöhnlich schön.

Sie war von unseren Soldaten unmittelbar an der Front aufgegriffen worden, weil sie ihnen irgendwie verdächtig erschien. Sie brachten sie zu mir in den Gefechtsstand des Bataillons. Ich bot ihr Tee und Zigaretten an und verhörte sie mit Hilfe eines Dolmetschers. Nach wenigen Fragen war ich überzeugt, daß sie log. Sie gab an, daß sie aus irgendeinem der zahlreichen Heuschober, die in unserem Frontabschnitt lagen, Heu für ihre Kuh holen wollte. Sie wohne im Dorf X. Als ich nach dem Namen des Bürgermeisters, den ich zufällig kannte, fragte, geriet sie ins Flattern. Dann verhaspelte sie sich immer mehr. Sie war zweifellos sehr intelligent, konnte aber nicht gut lügen. Sie hatte mit Sicherheit irgendeinen Erkundungsauftrag, den sie nicht zugeben wollte. Ich sagte ihr das auf den

Kopf zu. Ich schätzte sie als eine entschlossene Überzeugungstäterin ein, die mir um keinen Preis etwas über ihren Auftrag sagen würde. Mit dem, was sie von den Stellungen des Bataillons gesehen haben konnte, konnte sie nach meiner Beurteilung nicht viel Schaden anrichten. Ich schlug ihr deshalb eine Alternative vor. Mir läge daran, mit ihr eine offene Unterhaltung über die Entwicklung in der Sowjetunion zu führen. Wenn sie damit einverstanden sei, würde ich sie noch in dieser Nacht wieder dahin bringen lassen, wo sie festgenommen worden war. Sie könne dann gehen, wohin sie wolle. Wenn sie meinen Vorschlag nicht annähme, bliebe mir nach den Bestimmungen nichts anderes übrig, als sie zu weiteren Verhören den rückwärtigen Dienststellen zu überstellen. Es gehörte nicht viel Phantasie dazu, sich vorzustellen, welche Mittel Wehrmachtspolizei oder SS vermutlich anwenden würden, eine junge und attraktive Frau zum Reden zu bringen. Dennoch war die Entscheidung für sie nicht leicht, das wußte ich. Auch»drüben«, bei ihren Leuten, erginge es ihr schlecht, wenn es ihr nicht gelingen würde, glaubhaft zu vermitteln, was ich ihr angeboten hatte. Bei einem Erkundungsauftrag von den Deutschen erwischt worden zu sein und dann für ein politisches Gespräch mit dem Bataillonskommandeur über das Leben in der Sowjetunion wieder freigelassen zu werden, das mußte jedem Kommissar unglaubhaft erscheinen.

Sie überlegte sich meinen Vorschlag und entschied sich für das offene Gespräch mit mir. Dann erzählte sie, und dabei wurde sie zunehmend lebhafter, daß sie aus Kiew in der Ukraine käme und dort Chemie studiere. Seit Jahren sei sie eine begeisterte Komsomolzin und vom marxistisch-leninistischen Weg der gesellschaftlichen Entwicklung überzeugt. Natürlich habe die Sowjetunion noch vieles nachzuholen. Aber die Fortschritte in Wissenschaft und Technik seien in ihrem Land ebenso überzeugend wie das Engagement ihres Volkes für den Kommunismus. Möglicherweise sei der Fortschritt der Entwicklung in der Sowjetunion tatsächlich beachtlicher, als ich dies bisher hätte wahrnehmen können, wandte ich ein, aber nach dem Eindruck, den ich hier von dem äußerst niedrigen Lebensstandard der Bevölkerung, jedenfalls in den Dörfen, gewonnen hätte, falle es mir schwer, die These der kommunistischen Partei zu glauben, daß sich in der Sowjetunion das Paradies der Arbeiter und Bauern befinde. Ich erzählte ihr von der ungleich besseren sozialen Situation der Bauern und Arbeiter in westeuropäischen Ländern, in Deutschland, Dänemark, Österreich und in Holland. Und wenn dieser Krieg vorbei sei, könne sie vielleicht in einem anderen europäischen Land ihr Chemiestudium fortsetzen und sich mit eigenen Augen davon überzeugen. Ich habe nicht vergessen, wie sie mir daraufhin mit flammendem Blick antwortete: »Wenn meine Augen sehen würden, daß es irgendwo in der Welt den Arbeitern und Bauern besser geht als in meinem Vaterland, so würde ich meinen Augen nicht trauen.«

Ich ließ sie in der Nacht wieder laufen.

Im Herbst 1941 wurde mir das Ritterkreuz verliehen. Das Kolberger Jäger-Bataillon hatte unter meiner Führung den Ort Demjansk eingenommen und nach der Einnahme heftige Gegenangriffe der Roten Armee abgewehrt. Das kleine Städtchen lag, von Sumpfwäldern umgeben, im Zentrum der Waldai-Berge.

Kurz nach der Verleihung des Ritterkreuzes wurde mir mitgeteilt, daß der Reichspropagandaminister Joseph Goebbels etwa zwanzig junge, frisch dekorierte Ritterkreuzträger zu einem festlichen Akt nach Berlin eingeladen habe und ich einer

der Auserwählten sei. Ich bekam eine knappe Woche Sonder-
urlaub, benachrichtigte meine Frau und verabredete mich mit
ihr in Berlin.

Im Flugzeug von Pleskau nach Riga traf ich einen anderen
Ritterkreuzträger, der aus demselben Anlaß in Marsch gesetzt
worden war. Er stammte aus Memel und war mir sympathisch. Wir hatten beide vergessen, Marschverpflegung mit-
zunehmen und teilten uns über die ziemlich lange Flugstrecke
ein Stück Kommißbrot. Er war ein begeisterter HJ-Führer gewesen und glaubte ungebrochen an den Führer. Er erzählte
mir von seiner Verlobten, und daß ihre Eltern als engagierte
Katholiken große Bedenken gegen eine Ehe mit einem so engagierten Nazi hätten. Seine Verlobte hielte zwar unbeirrt an
ihrem katholischen Glauben fest, aber sei auch fest entschlossen, ihn zu heiraten. Ich riet ihm, seiner Braut zu telegraphie-
ren, nach Berlin zu kommen. Er wisse erstens nicht, wann er
wieder Urlaub bekäme, und zweitens nicht, wie lange er noch
lebe. Aus Königsberg, wo wir zwischenlanden mußten, tele-
graphierte er seiner Braut, daß er sie in Berlin heiraten wolle.

In Berlin eingetroffen, wurden wir von Offizieren des
Oberkommandos der Wehrmacht empfangen und instruiert,
welche Informationen über die Lage des Heeres wir dem Pro-
pagandaminister, wenn möglich, nahebringen sollten. Goebbels habe einige Sympathie für die Luftwaffe und die Marine,
aber sehr viel weniger für das Heer.

Der Stil des Amtssitzes des Ministers erstaunte mich in seiner preußischen Strenge. Die Diener waren würdige, meist
weißköpfige Männer in blauen Uniformen, dekoriert mit
zahlreichen Orden aus dem Ersten Weltkrieg. Ich hatte diesen
Stil bei »Wotans Mickymaus«, wie wir Goebbels unter uns
nannten, nicht erwartet.

Wir wurden begrüßt, vorgestellt und zum Essen gebeten.

Ich fand mich nach der Tischordnung als Tischherr von Magda Goebbels wieder. Sie fragte mich, ob es nicht seltsam erregend für einen Soldaten der kämpfenden Truppe sei, an einem Abend wie diesen wieder einer deutschen Frau zu begegnen. Wohin rollst du Äpfelchen? dachte ich, ließ mir aber mein Staunen ob einer solchen Frage der Gattin des Ministers nicht anmerken. Magda Goebbels, nach meiner Erinnerung die einzige Dame bei diesem Empfang, rauchte für meinen Geschmack aus einer zu langen Zigarettenspitze und trug ein allzu durchsichtiges Kleid. Sie eröffnete mir, daß sie vorhabe, am nächsten Abend ein Fest für uns zu geben. Wir hätten doch sicher Lust, »wieder einmal so richtig auf die Pauke zu hauen!« Sie habe für reizende Mädchen, gute Tänzerinnen und Tanzmusik gesorgt. Sie bat mich, ihr bei der Organisation des Festes behilflich zu sein. Das Ministerium würde dafür sorgen, daß wir für unsere Tänzerinnen einen Blumenstrauß ins Quartier geliefert bekämen. Wir sollten die Damen zu einer Theatervorstellung im Kleinen Haus des Staatstheaters führen. Plätze seien reserviert. Vom Theater würden wir zum Fest in der Residenz des Ministers abgeholt. Ich entschuldigte mich, an der Theatervorstellung und dem Fest nicht teilnehmen zu wollen, um ein paar Stunden allein mit meiner jungen Frau zu verbringen. Ich sei 1939 von der Hochzeitsreise direkt in den Krieg gezogen. Der Oberleutnant aus Memel schloß sich mir an. Seine Braut sei in Berlin eingetroffen, und sie wollten heiraten. Magda Goebbels reagierte kühl und stumm auf unsere Absage.

Dann war das Essen vorüber, und die Diener servierten Cognac, Kirschwasser, Likör und Tabakwaren. Goebbels nahm sich für jeden einzelnen von uns konzentriert Zeit. Mich fragte er, warum sich das Heer in der Öffentlichkeit so ungeschickt und altmodisch verkaufe. Luftwaffe und Marine seien in ihrem Stil viel moderner und lebendiger. Ich antwortete, daß wir an der Front wenig davon erführen, wie das Heer auf die Öffentlichkeit wirke, und fragte ihn, was er daran ändern würde, wenn er Inspekteur der Infanterie wäre. Er reagierte überhaupt nicht auf die despektierliche Anspielung, ihn sich – angesichts seines Klumpfußes – ausgerechnet bei der Infanterie als Inspekteur vorzustellen. Er hatte eine erstaunliche Sachkenntnis in Sachen Heer und machte aus dem Stegreif eine ganze Reihe von Vorschlägen, die ich außerordentlich professionell fand. Er hatte sich offensichtlich gut vorbereitet und erschien mir an diesem Abend als hochkarätiger Oberteufel der Naziführung, dem ich einen gewissen Respekt nicht versagen konnte. Er fragte mich auch nach der Betreuung der Fronttruppen mit Filmvorführungen. Die sei gleich Null, antwortete ich und fügte hinzu, daß es für mich fast komisch sei, nach dem pausenlosen Einsatz meiner Einheit im Rußlandfeldzug zur Filmbetreuung der Truppe an der Front gefragt zu werden. Goebbels reagierte betroffen und fragte, was der letzte gute Film gewesen sei, den ich in Deutschland gesehen hätte. Mich juckte der Affe, und ich antwortete: »Die Nibelungen« von Fritz Lang. Fritz Lang war schon 1934 in die USA emigriert. Goebbels reagierte heiter. Er fände den Mangel an Kenntnis der nationalsozialistischen deutschen Filmproduktion bei einem dekorierten Offizier der deutschen Wehrmacht schockierend und müsse dem umgehend abhelfen. Er schickte einen Adjutanten nach Babelsberg, die Filmrolle von der »Großen Liebe« mit Zarah Leander zu holen. Dieser Film wurde uns noch in der Nacht vorgeführt.

Im Laufe des Abends war es Goebbels auch zu Ohren gekommen, daß der junge Offizier aus Memel in Berlin heiraten wollte. Noch am Abend wurde der Propagandaapparat in Gang gesetzt, um in Gegenwart zahlreicher Ritterkreuzträger öffentlichkeitswirksam die Eheschließung eines dekorierten Frontoffiziers und HJ-Führers im Roten Rathaus in Berlin zu zelebrieren.

Meine Frau hatte sich der Braut angenommen, und sie verstanden sich gut. Das Paar bat uns beide als Trauzeugen. Ich hatte vorher noch nie an einer NS-Eheweihe teilgenommen. Hohe HJ-Führer waren anwesend, und auf einem altarartigen Tisch lag statt der Bibel »Mein Kampf« oder »Der Mythos des zwanzigsten Jahrhunderts«. Statt des christlichen Treueversprechens wurden daraus Sätze verlesen, in denen von »Gott im Blute« und ähnlichem die Rede war. Man hatte dafür gesorgt, daß attraktive BDM-Mädchen in weißen Blusen, mit Zöpfen und Blockflöten die Szene umrahmten und die Treppe des Roten Rathauses garnierten.

Die Braut trug einen schicken kleinen Hut französischer Mode. Als Brautführer saß ich neben ihr. Einige Male warf sie mir unbemerkt Blicke zu, aus denen unschwer zu lesen war, wie lächerlich sie als gläubige Katholikin diesen HJ-Zirkus fand.

Nach der Zeremonie schenkte sie meiner Frau alle Blumen, die sich in ihren Armen angehäuft hatten. Es waren ziemlich viele. Wir verschenkten sie an unsere Freunde in Berlin weiter, denen klar war, daß wir nur durch allerhöchste Protektion zu dieser üppigen Blumenpracht gekommen sein konnten. Blumen waren zu der Zeit schon Mangelware.

Wir Frontsoldaten waren meist nur über den Horizont unseres Frontabschnitts informiert. Wir wußten fast nichts darüber, was in den anderen Gebieten passierte und wie im Hinterland die Aktionen der SS-Einheiten systematisch dazu beitrugen, den Haß gegen uns bei den Sowjetsoldaten und unter der Zivilbevölkerung zu schüren. Wir wußten auch wenig darüber, was mit den unzähligen russischen Soldaten geschah, die in großen Zahlen bei den Kesselschlachten von der deutschen Armee gefangengenommen wurden. Wir waren schockiert, daß uns Sowjetsoldaten, die wir gefangennahmen, immer wieder erzählten, man habe ihnen versichert, sie würden sofort nach der Gefangennahme von uns erschossen. Wir hielten das für Antipropaganda ihrer Politkommissare und boten ihnen Tee und Zigaretten an. »Für euch ist der Krieg jetzt vorbei«, sagten wir lachend. Aber sie glaubten oft immer noch, wir würden sie nach der Zigarette an die Seite führen und erschießen.

Aber wir irrten ja auch, wenn wir glaubten, für sie sei der Krieg vorbei. Wir wußten ja kaum etwas davon, wie viele russische Kriegsgefangene in den deutschen Lagern an Entkräftung starben oder verhungerten. Aus Briefen meiner Frau wußte ich allerdings, wie völlig entkräftet russische Kriegsgefangene, die den landwirtschaftlichen Betrieben als Arbeitskräfte zugeteilt wurden, auf unseren Gütern eingetroffen waren.

Ansatzweise die Augen geöffnet für das Schicksal unzähliger russischer Kriegsgefangener hat mir ein späteres Erlebnis.

Der Kommandeur unserer Armee, Generalfeldmarschall Busch, pflegte ab und zu einzelne Truppenkommandeure zu sich zu befehlen. Er hielt es für seine Entscheidungen wichtig, nicht nur über den üblichen Dienstweg, sondern direkt von der Front zu erfahren, wie es »vorne« aussieht, was wir an der Front denken und welche Probleme wir haben. So wurde auch ich eines Tages als Bataillonskommandeur in sein Hauptquartier nach Pleskau befohlen. Meine Einheit war mit vielen anderen Truppenteilen von den Russen ein dreiviertel Jahr im sogenannten »Kessel von Demjansk« eingeschlossen. Wir wurden durch Flugzeuge versorgt. Auch nach Pleskau kam

145

ich nur mit Hilfe eines »Fieseler Storch«. Das war ein langsam fliegendes, kleines Flugzeug, das mich im Tiefflug über ein zwanzig Kilometer breites, von den Sowjets besetztes Gebiet auf einen Flugplatz brachte. Der »Fieseler Storch« flog so niedrig durch Mulden und kleine Flußtäler, daß die Rotarmisten durch sein plötzliches Auftauchen und wieder Verschwinden kaum eine Chance hatten, das kleine Ding abzuschießen.

Es war Winter. Vom Flugplatz fuhren wir auf der »Rollbahn«, einer breiten Autostraße von Staraja Russa, südlich des Ilmensees, bis Pleskau über festgefahrenen Schnee. Auf beiden Seiten war die Straße zur Orientierung für die Schneepflüge mit Stangen begrenzt. Nach einer Weile fielen mir auf den flachen Feldern, nahe der Straße, kleine schneebedeckte Haufen auf, die in unregelmäßigen Abständen immer wieder auftauchten. Sie machten mich neugierig, und ich ließ den Fahrer halten und stieg aus: Die Schneehügel waren zugeschneite tote russische Kriegsgefangene. Die meisten, die ich mir ansah, hatten einen Kopfschuß. Es war offensichtlich, daß hier eine Kolonne total erschöpfter russischer Kriegsgefangener entlanggetrieben worden war. Die Soldaten der Wachmannschaft, die der Kolonne folgten, hatte die zurückbleibenden oder zusammengebrochenen Gefangenen erschossen. Die toten Körper waren steif gefroren und hatten noch keine Anzeichen der Verwesung. Es konnte nicht lange her gewesen sein, weil es in den vergangenen Tagen nicht durchgängig gefroren hatte. Mich packte kalte Wut und Entsetzen über die Barbarei, die hier in deutschem Namen und in deutscher Uniform geschehen war. Ich formulierte noch während der Fahrt nach Pleskau eine schriftliche Anzeige, um eine sofortige kriegsgerichtliche Untersuchung in die Wege zu leiten.

Die Wachmannschaften unterstanden vermutlich, wie alle polizeiartigen Einheiten im Hinterland, dem Obersten Führer der SS, Heinrich Himmler. Dennoch ging ich davon aus, daß die oberste Befehlsgewalt bei Feldmarschall Busch liegt, dem Befehlshaber der Wehrmacht in diesem Abschnitt. Als ich dem General, einem »Kavalier alter Schule«, meine schriftliche Meldung übergab und sie mündlich ergänzte, teilte er meine erregte Beschämung als deutscher Soldat. Aber ich hatte den bedrückenden Eindruck, daß auch dieser hohe Wehrmachtsgeneral nur wenig oder nichts im Befehlsbereich des obersten SS-Führers ausrichten würde. Er erzählte mir offen, daß er durch mich nicht zum ersten Mal von Vorfällen dieser Art gehört habe, seine Beschwerden aber nichts bewirkt hätten.

Sehr irritiert in meiner Vorstellung vom Ethos der Soldaten in deutscher Uniform, kehrte ich in meinen »Kessel von Demjansk« zurück. Nach dem Gespräch mit dem General war für mich deutlich geworden, daß bestimmte völkerrechtliche Kriterien einer soweit wie möglich humanen Kriegsführung, an die ich noch geglaubt habe, für viele Einheiten nicht mehr galten und sich auch von höherer Stelle bei einem Oberbefehlshaber wie Adolf Hitler nicht mehr durchsetzen ließen. Das Fähnlein der wenigen Aufrechten, die wie Generalfeldmarschall Busch die militärische Position hatten, solchen Kriterien in ihrem Befehlsbereich Geltung zu verschaffen, galt den obersten Nazis vermutlich längst als reaktionär. Busch hatte mir auch von seinen Erfahrungen in der »Wolfsschanze« erzählt, Hitlers Hauptquartier in Ostpreußen. Schon mehrfach hätten sich führende Generäle vor den sogenannten »Appellen beim Führer« verabredet, Hitler die ungeschminkte Wahrheit über die Lage an der Ostfront zu sagen. Der Führer habe bei diesen Gelegenheiten jedoch immer wieder die Wehrmachtsgeneräle unterbrochen und sie wie ein Berserker angeschrien: Sie haben ihm dafür einzustehen, daß die ihnen unterstellten

Truppen den russischen Angriffen standhielten. Anderes wolle er nicht hören. Die versammelten Generäle, einige mit großem Namen, hätten sich diszipliniert, stumm und bleich die Tiraden des GRÖFAZ angehört und seien dann deprimiert in ihre Hauptquartiere zurückgeflogen. Hitler habe danach oft in Form wütender Anrufe und Befehle in viele Einzelentscheidungen einer Armee oder Heeresgruppe eingegriffen, um diese Generäle deutlich spüren zu lassen, was er von ihnen hält.

Das Frontleben bestand natürlich nicht ausschließlich aus so deprimierenden Erlebnissen wie auf meiner Fahrt nach Pleskau. Man darf es sich auch nicht so vorstellen, daß die Einheit täglich in schweren Gefechten lag. Es gab auch etwas wie relativ friedlichen Alltag an der Front. In diesem Alltag entwikkelte jede Einheit einen eigenen Stil, insbesondere wenn sie in dem Ruf einer bewährten Kampftruppe stand.

So galt das Infanterieregiment 4 auch im Stil seiner äußeren Erscheinung als gleichbleibend »stramm«. Das heißt, wir wuschen uns und unsere Kleidung bei jeder sich bietenden Gelegenheit nicht nur der Läusegefahr wegen und waren auch in »wilden« Zeiten fast immer frisch rasiert, wenn nötig mit Hilfe von warmem Kaffee aus dem Eßgeschirr. Da wir Offiziere der Meinung waren, eine unnötige Vernachlässigung der Körperpflege müsse unweigerlich auch dazu führen, sich innerlich gehenzulassen und damit den Kampfgeist der Truppe zu schwächen, verlangten und erwarteten wir ein penibles »Auf-sich-Halten« in der äußeren Erscheinung auch von unseren Untergebenen. Trotzdem hatten wir natürlich zeitweise alle Läuse.

Ein ganz anderer Stil entwickelte sich beispielsweise in einem benachbarten Regiment, das aus Mecklenburg kam und von einem Grafen von Bassewitz geführt wurde. Auch dieses

148

Regiment war als Kampftruppe sehr geachtet. Im Gegensatz zu uns aber trugen fast alle seine Angehörigen schon nach kurzem Vollbärte, und der Regimentskommandeur lief wie einige seiner Offiziere mit einem erbeuteten Schafspelz über seiner Uniform herum. Wenn es irgendwo an seiner Front »heiß« wurde, eilte er, mit einem Knotenstock bewaffnet, hin. Dieser hölzerne Knotenstock wirkte natürlich angesichts all des technischen Kriegsgerätes wie eine völlig überkommene Marotte, hatte aber dennoch in der Hand des Grafen etwas von der Würde eines Häuptlingsstabes. Es wurde erzählt, wie der Graf Vergehen in seinem Regiment zu ahnden pflegte. Er bestellte den Sünder, der sich vielleicht eines Wachvergehens schuldig gemacht hatte, weil er auf seinem Posten eingeschlafen war, zu sich in den Bunker, brüllte ihn zusammen und stellte ihm dann frei, die Art seiner Bestrafung selbst zu wählen: entweder drei Tage Dunkelarrest bei Wasser und Brot oder von ihm, dem Grafen, höchstpersönlich mit dem Knotenstock verprügelt zu werden. Man erzählte, die meisten hätten die letztere Strafe gewählt, weil durch die reinigende Wirkung des Knotenstocks dann alles erledigt gewesen wäre. Ich habe keine Beweise dafür, daß diese Geschichte wahr ist. Aber so oder so zeigt sie, daß die Einheiten an der Front ihren eigenen Stil ausbildeten, der die Identifikation mit der jeweiligen Truppe ermöglichte, die für deren Kampfgeist notwendig ist.

Die alltägliche Nähe des Frontsoldaten zum Tod ist vielleicht auch der Grund, weshalb wir in Zeiten der Gefechtsruhe so wenig über das Warum dieses Krieges nachgedacht und uns so sträflich unpolitisch verhalten haben. In den Zeiten relativer Ruhe an der Front entstand vielmehr das Bedürfnis nach unbeschwertem Leben, das sich oft in heiteren Albernheiten ausdrückte, die angesichts der Greuel eines Krieges schwer verständlich erscheinen. Heute denke ich, daß wir junge Frontsoldaten damit überfordert waren, unter Einsatz unseres Lebens zu kämpfen und gleichzeitig uns davon politisch und moralisch zu distanzieren. Unsere sorglose Heiterkeit in den Gefechtspausen war notwendig, um diesen Widerspruch zu verdrängen und für uns erträglich zu machen.

Mein Adjutant war verwundet worden und ein neuer Adjutant mir zugeteilt. Da meine Frau den verwundeten Kameraden kannte, schrieb ich ihr von dem Wechsel und auch, daß ich mit meinem neuen Adjutanten gut zurechtkäme, allerdings – fügte ich an – unterschiede sich unser Geschmack bei Frauen. Ich schlösse das aus den Briefen, die er erhielt, bzw. aus der Farbe des Briefpapiers und dem ihm entströmenden Parfum. Da wir im selben engen Bunker schliefen, konnte mir dieser Duft nicht entgehen. Meine Frau sandte mir daraufhin per Feldpost den stattlichen Bildband »Frauenschönheit aus aller Welt«. In diesem Bildband waren nicht nur schöne blonde Friesinnen und Schwedinnen zu sehen, die dem nazigermanischen Schönheitsideal entsprachen, sondern dort lachten uns auch Sizilianerinnen und dunkle Schönheiten aus Nordafrika und dem Vorderen Orient verführerisch an. Da wir schon vorher zu ideologischen Schulungszwecken Broschüren vom »NS-Führungs-Offizier« zum Umlauf in der Division zugeschickt bekommen hatten, verfaßte ich ein offizielles Schreiben, mit dem ich diesen Bildband an die mir unterstellten Offiziere in Umlauf gab. Der Text lautete etwa so:

Ich hätte eine Anfrage von höheren Dienststellen zugeschickt bekommen. Danach sollten die Offiziere des Heeres offenbar systematisch über ihren Frauengeschmack befragt werden. Ich selber wisse auch nicht genau, was damit bezweckt werde. Vielleicht diene es der rassepolitischen Schulung, oder man wolle für den Fall des sicheren Endsieges die dann fälligen Ehrenjungfrauen nach dem mehrheitlichen Geschmack der jeweiligen Truppen auswählen. Wie dem auch sei, dem Bildband sei eine Liste beigefügt, in die ich bis zum soundsovielten die Herren Offiziere mit Seitenangabe einzutragen bäte, welche Schönheit sie bevorzugten, und dieses knapp zu begründen. Es sei meiner Meinung nach nicht nötig, sich in dieser persönlichen Frage den Idealvorstellungen germanischer Frauenschönheit anzupassen. Die Befrager sollten ruhig unsere wirklichen Präferenzen bezüglich der Frauen erfahren. Die Angabe der Namen und des Offiziersranges sei nur im Rahmen des Regiments nötig. Nach »oben« würde nur die Gesamtzahl der Voten für die Frau auf Seite 17, 23, oder wie auch immer das Ergebnis sei, weitergemeldet. Das persönliche Votum werde keinesfalls in den Personalakten vermerkt.

Keiner der befragten Offiziere stellte eine kritische Rückfrage, und alle machten mit. Bald gab es an der Front einen lebhaften Diskurs unter den Kameraden, warum und wer sich für Seite 16 oder die rassige Sizilianerin auf Seite 1 entschieden hatte. Später hörte ich von meiner Frau, daß sich auch in der Heimat die Offiziersfrauen damit auseinandergesetzt haben: Welche »Schönheit« hat dein Mann gewählt?

Obwohl es heute seltsam erscheinen mag, war für uns die Jagd in den Gefechtspausen eine Möglichkeit der Entspannung. Sie suggerierte uns Jägern ein Stück normales Leben.

Im Waldai-Gebiet gab es viele Birkhähne. Sie balzten vor allem im Niemandsland zwischen den Stellungen. Wir schossen sie mit unseren Karabinern und Leuchtspurmunition. Die Vögel wurden ausgenommen und dann mit allen Federn in feuchten Lehm verpackt und ins offene Feuer gelegt. Einige unserer Förster kannten diese Methode, mit der die Vögel im eigenen Saft gebraten werden. Nach einer Weile nahm man die hartgebrannte Lehmkugel aus dem Feuer, zerschlug sie und nahm das Fleisch heraus, während die Federn im Lehm hängen blieben.

Auch Schnepfen gab es in den Waldai-Bergen. Die Federn der »Vögel mit dem langen Gesicht«, d. h. mit dem langen spitzen Schnabel, die ich schoß, reichten aus, um als Füllung für ein Kissen zu dienen, das mir mein Bursche zum Geburtstag anfertigte.

Durch die Familie meiner Frau war ich gut mit Henning von Tresckow bekannt, ja befreundet, ebenso mit Fabian von Schlabrendorff, der später in seinem Buch »Offiziere gegen Hitler« den Widerstand der Offiziere des 20. Juli-Aufstandes um Henning von Tresckow beschrieben hat. Von Tresckow war I a des Generalstabs der Heeresgruppe Mitte. Er und Beck waren im Heer die militärischen Köpfe des Widerstands gegen Adolf Hitler. Wie Generalfeldmarschall Busch war auch von Tresckow daran interessiert, gelegentlich von vertrauenswürdigen Truppenkommandeuren ungeschminkte Frontberichte zu erhalten. Zudem lag ihm auch daran zu erfahren, wie an der Front politisch gedacht wurde. Ich konnte es einige Male so einrichten, daß ich auf dem Weg zwischen Heimat und Front bei der Heeresgruppe Mitte Station machte.

Von Tresckow wußte natürlich, daß wir an der russischen Front schon seit langem keine deutschen Kampfflugzeuge mehr gesehen hatten. Nur die braven JU 52 flogen uns Nachschub in den Kessel von Demjansk. Die Sowjet-Ratas und Migs beherrschten den Luftraum über unserer Front völlig. Von Tresckow wußte auch genau, was es für die Truppe vorne und für ihr Vertrauen in die oberste Führung bedeutet hatte, daß wir nicht nur im ersten Winter 1941/42 keine ausreichende Winterkleidung hatten. Er wußte auch, daß unsere kleinen Panzerabwehrgeschütze gegen den sowjetischen T 34 fast nichts ausrichten konnten. Diese russischen Panzer machten, was sie wollten, wenn ihnen nicht unsere 8.8-Flak- oder unsere Sturmgeschütze Einhalt geboten. Von Tresckow wußte ebenfalls sehr genau, wie es in der Wolfsschanze zuging, wenn Adolf Hitler »seine« Feldmarschälle um sich versammelte, die es nicht wagten, sich gemeinsam Hitler gegenüber kritisch zu äußern.

Die Gespräche mit Henning von Tresckow waren sehr eindrucksvoll für mich. Er war eine überaus klarer und nüchterner Kopf. Ohne daß wir darüber viele Worte verloren haben, wußte Henning von Tresckow, daß ich in der Ablehnung Adolf Hitlers mit ihm und seinen Freunden vom 20. Juli einig war. Er konnte davon ausgehen, daß ich mit der mir anvertrauten Einheit auf ihrer Seite stünde, wenn es nach einer Rebellion aus der Wehrmacht zu einem Konflikt zwischen führertreuen Einheiten und anderen kommen würde.

Ich habe mir schon damals die Frage gestellt, warum ich nicht aktiv zu den Offizieren gehörte, die wie Henning von Tresckow und Fabian von Schlabrendorff am 20. Juli 1944 so entschlossen und mutig ihr Leben einsetzten.

In den Gesprächen mit Henning von Tresckow war offen davon die Rede, daß der Krieg, der uns ab 1943 verloren schien, sobald wie möglich beendet werden müsse. Unausgesprochen war aber auch klar, daß die Möglichkeit einer sofortigen Beendigung des Krieges nur gegeben war, wenn Adolf Hitler beseitigt würde. Ich spürte, daß Männer vom Schlage Henning von Tresckows und Fabian von Schlabrendorffs vor dieser Konsequenz nicht zurückschrecken würden.

Nach meiner Einschätzung der politischen Haltung anderer

153

Wehrmachtseinheiten war ich nicht davon überzeugt, daß eine gewaltsame Beseitigung Hitlers durch rebellierende, konservativ gesinnte Offiziere die Möglichkeit einer sofortigen Beendigung des Krieges garantierte. Ich rechnete in einem solchen Fall viel eher damit, daß viele vom Nationalsozialismus überzeugte Offiziere und auch einige hohe Generäle mit Treue- und Durchhalteparolen für die Sache des Führers eintreten würden. Ein Attentat auf den Führer konnte meines Erachtens auch nach hinten losgehen. Auf jeden Fall beurteilte ich die Hoffnung auf eine breite Hilfe der Armee viel skeptischer.

Einig waren wir uns in der Auffassung, daß das Dritte Reich ein Unrechtsstaat war. Genügend Fakten dafür hatte ich von Angehörigen meiner Familie während meiner Heimaturlaube erfahren. Damit war das vorrangige Ziel der »Offiziere gegen Hitler« die Wiederherstellung der Rechtsstaatlichkeit in einem Deutschland nach Hitler.

Die Gespräche über die Form eines Staates, der dem Nationalsozialismus folgen könnte, führte ich fast ausschließlich mit Fabian von Schlabrendorff. Mein Eindruck war, daß man sich innerhalb der zum Widerstand entschlossenen Offiziere darüber nicht einig war.

Soweit ich es erinnere, war von Schlabrendorff damals überzeugt, daß es immer noch genügend »anständig« gesinnte Offiziere und Verwaltungsbeamte in Deutschland gäbe, denen man trauen könne. Mit ihnen und mit Hilfe der Armee sollte der Krieg beendet und eine Ordnung geschaffen werden, die auf den Fundamenten eines Rechtsstaats beruht.

Soweit ich von Schlabrendorff damals verstanden habe, vertrat er die Vorstellung eines konservativen, in bestimmter Weise ständisch geprägten Staates. Die Weimarer Republik hatte für aristokratische Konservative wie für Fabian von

Schlabrendorff völlig versagt. Dort gab es für sie keine Anknüpfungspunkte.

Mir erschienen die Vorstellungen meines angeheirateten Vetters ehrenhaft, aber geschichtlich überholt. Die»Offiziere gegen Hitler«, die ich kannte, waren überwiegend auch schon zu Zeiten der Weimarer Republik Monarchisten geblieben. Unter ihnen war auch mein Schwiegervater, Hans von Wedemeyer, dessen Porträt in von Schlabrendorffs Buch»Offiziere gegen Hitler« als das eines verläßlichen Gesinnungsgenossen des Widerstandes gezeichnet ist. Er war Reserveoffizier im Stab der Heeresgruppe Süd. Im Jahre 1942 meldete sich Hans von Wedemeyer aus der Kamarilla-Welt eines großen Stabes an die Front und fiel dort. Das war für mich kein Rätsel. Er folgte seinem Instinkt, der ihn vor dem unausweichlichen Ende in eine Solidarität mit den Männern der Front trieb, die die von Hitler und seinen Anhängern eingebrockte Suppe auslöffeln mußten.

Das Ethos und der Mut von Offizieren wie von Schlabrendorff haben mir schon damals hohen Respekt abgenötigt. Meiner Beurteilung nach aber schätzten diese konservativen Offiziere die soziale und politische Entwicklung in Deutschland und auch im Heer falsch ein. Ich war der Auffassung, daß bereits die Weimarer Republik im Bewußtsein der großen Mehrheit des deutschen Volkes Veränderungen bewirkt hatte, die der Wiedererrichtung eines preußischen Regierungssystems mit Hilfe»anständiger« Beamter und Offiziere nach dem erhofften Zusammenbruch des Nationalsozialismus keine großen Chancen ließ. Hinzu kam, daß es dem Nationalsozialismus im Bewußtsein breiter, vor allem kleinbürgerlicher Bevölkerungsschichten gelungen war, im Hitler-Deutschland mit den alten Oberschichten aufzuräumen, die von der Restauration der Verhältnisse vor dem Ersten Weltkrieg träumten. Diese Oberschicht war mit dem Erzfeind von der »Reaktion« gemeint, zu der es im Horst-Wessel-Lied, der Nationalhymne dieser Jahre, heißt: »Kameraden, die Rotfront und Reaktion erschossen.«

Nach dem Kriege habe ich mich gefragt, ob ich mich anders entschieden hätte, wenn ich etwas vom »Kreisauer Kreis« gewußt hätte, wenn mir beispielsweise Goerdeler, von Moltke und Reichwein begegnet wären.

Was ich heute über Goerdelers Ideen weiß, so halte ich sie für sehr ehrenwert. Aber ich war und bin nicht überzeugt, daß es unter der Führung eines Mannes wie Goerdeler im Falle eines geglückten Attentats zu einer politisch erfolgreichen Ablösung des NS-Regimes gekommen wäre. Heute bin ich überzeugt, daß jedenfalls Henning von Tresckow schon 1943 kaum noch Hoffnung hatte, daß auch ein geglücktes Attentat auf Hitler eine sofortige Beendigung des Krieges einleiten könne.

Er wußte aber von seiner militärischen Position her soviel über die Verbrechen gegen die Menschlichkeit, die in deutschem Namen von diesem Staat und der Führung des Heeres verübt wurden, daß es ihm vor der Geschichte und dem eigenen Gewissen unausweichlich erschien, ein todesmutiges Zeugnis des Widerstandes zu geben – auch wenn es für den Erfolg einer Rebellion zu spät war.

Ich habe mich seinerzeit anders entschieden. Das geschah gewiß nicht aus Angst vor dem Tod. Ich war von der Front daran gewöhnt, mein Leben für das einzusetzen, was ich für meine Pflicht hielt. Auch die Sorge vor Sippenhaft und anderen Folgen für meine Familie hätten mich nicht daran gehindert. Hier wußte ich mich auch ohne Absprache mit meiner Frau einig.

Ich habe mich damals anders entschieden, weil mir der Ausgang der Rebellion im Nebel zu liegen schien. Die politischen Visionen von Schlabrendorffs erregten meinen heftigen Widerspruch. Die moralische Konsequenz, die ein Mann wie Henning von Tresckow zog, habe ich als Maßstab für sein Handeln nicht erkannt. Ich fühlte mich auch stark durch das Vertrauen gebunden, das die meiner Führung anvertrauten Soldaten an der Front in mich setzten.

Heute denke ich auch, daß die Voraussetzungen einer solchen persönlichen Entscheidung für die Offiziere in den Stäben völlig andere waren als für die Offiziere an der Front. Es ist kein Zufall, daß die Offiziere des Widerstandes vom 20. Juli zu einem hohen Prozentsatz Männer mit aristokratischen Namen waren und führende Positionen bei den Stäben innehatten. Sie hatten damit größeren Zugang zu wichtigen Informationen und konnten sich darüber ganz anders mit Gesinnungsgenossen austauschen als wir an der Front. Wenn ich nach den Treffen mit von Tresckow oder von Schlabrendorff wieder an der Front war, habe ich das, worüber gesprochen worden war, nicht verdrängt, aber es fehlte mir an erreichbaren Freunden und auch an Kraft, sich im Frontalltag einer solchen politischen und moralischen Herausforderung auf Dauer auszusetzen.

Heute denke ich, daß es in dieser Situation für mich keine Entscheidungsmöglichkeit gegeben hat, die mich ohne Schuld hätte davonkommen lassen. Mit meiner Antwort muß ich leben, aber die Frage, die sich mir an dem damaligen Scheideweg stellte, habe ich bis heute nicht als überholt abgelegt. Sie blieb mir wie ein Schrittmacher, eingepflanzt von der Geschichte, und hielt mein moralisches und politisches Gewissen bis heute wach.

Wie durch ein Wunder hat Fabian von Schlabrendorff die Gerichtsverhandlungen nach dem 20. Juli 1944 und den Krieg überlebt. Ich suchte auch nach 1945 in Wiesbaden das Gespräch mit ihm. Erneut stellten wir fest, daß wir immer noch auf sehr unterschiedlichen »Frequenzen« lagen. Aber ich entdeckte, daß er nicht der Erzkonservative war, für den ich ihn gehalten hatte. Er hatte die politische Vision eines für ihn denkbaren Verbundes von Preußentum, Protestantismus und Kommunismus. Er hatte, wie Ernst Jünger, eine lebendige Beziehung zu Ernst Niekisch.

Bei allen Meinungsverschiedenheiten zwischen uns bleibt mein hoher Respekt vor einem Mann mit sehr viel Mut und einem ungewöhnlichen charakterlichen Profil.

Kurz nach dem Scheitern der Rebellion am 20. Juli 1944 hat Henning von Tresckow an der Front Selbstmord begangen. Es war vorherzusehen, daß die Gestapo in kurzer Zeit seine führende Rolle bei dem Aufstand entlarvt haben würde. Er begab sich an die Front und täuschte seinen Tod durch eine feindliche Granate vor.

Diese Täuschung gelang zunächst. Sein Freund Fabian von Schlabrendorff sorgte dafür, daß der Sarg des gefallenen Generals in den Heimatort von Tresckows nach Warttenberg im Kreis Königsberg kam. Henning von Tresckow wurde dort noch mit allen Ehren beerdigt.

Warttenberg ist ein Nachbargut von Pätzig. Ich war zufällig in diesen Tagen für einen kurzen Urlaub in Pätzig und nahm mit meiner Frau an der Beerdigung teil.

Fabian von Schlabrendorff und ich waren vermutlich die einzigen, die die Wahrheit um den Tod von Henning von Tresckow wußten oder ahnten. Worte durften in dieser Situation darüber nicht gewechselt werden. Ich wußte auch nicht, ob Fabian von Schlabrendorff der Frau von Henning von Tresckow die volle Wahrheit gesagt hatte.

Wenige Tage nach der Beerdigung hatte die Gestapo, vermutlich durch brutale Folterungen, die Beweise für Henning von Tresckows Mittäterschaft. Seine Leiche wurde von der Gestapo exhumiert. Es dauerte auch nicht mehr lange, bis Fabian von Schlabrendorff verhaftet wurde. Der Präsident des Volksgerichtshofes, Roland Freisler, wurde im Gefängnis Tegel nach einem Luftangriff von einem brennenden Balken erschlagen. Er hatte dabei die Akte von Schlabrendorff in der Hand. Sie verbrannte.

Nach dem 20. Juli 1944 wurde dem IR 4 eines Tages ein Oberst S. für einige Wochen zugeteilt. Oberst S. war bisher im Generalstab in mehreren Funktionen tätig gewesen und hatte, als er bei uns eintraf, keinerlei praktische Erfahrungen in der Führung eines Regiments an der Front.

Nach dem Fehlschlag der Stauffenberg-Unternehmung am 20. Juli war entdeckt worden, daß auch Oberst S. an der Verschwörung beteiligt war. Er war verhaftet worden. In dieser bedrohlichen Lage hatte Oberst S. an General Schörner appelliert, mit dem er befreundet war. Diesem bayerischen, als überzeugten Nazi bekannten General war es gelungen, seinen Freund aus dem Gefängnis zu holen. Er hatte ihn als Offizier für seine im Baltikum eingesetzte Armee angefordert. Im IR 4 sollte Oberst S. in die Führungspraxis eingewiesen werden. Er gewann bald unser kameradschaftliches Vertrauen, auch weil er, jedenfalls mir gegenüber, die Vorgeschichte seiner plötzlichen Versetzung nicht getarnt hatte.

In den verschiedenen »Kurlandschlachten«, in denen wir uns zu bewähren hatten, war uns sein Gönner, General Schörner, ein laufendes Ärgernis und Anlaß zu Spott. Es konnte nicht ausbleiben, daß Oberst S. mitbekam, wie wir über seinen Freund, den Nazigeneral, dachten. Der hatte die Angewohnheit, während eines rollenden russischen Angriffes hinter der Front herumzufahren und alle Soldaten aufzugreifen und auf der Stelle zu degradieren, von denen er annahm, sie wollten sich nach hinten verdrücken. Man erzählte sich, daß er dieses Verfahren auch gegenüber seinem Fahrer anwandte, wenn er sich über ihn geärgert hatte. Es hieß, der Fahrer habe für alle »Fälle« Uniformen mit verschiedenen Rangabzeichen im Kofferraum. Wir fanden es lächerlich, daß sich der General wie ein Feldgendarm aufführte.

Oberst S. fühlte sich als Freund verpflichtet, seinem General bei Gelegenheit kritisch mitzuteilen, wie in der ihm unterstellten Truppe über seine wildwütigen Feldgendarmen-Touren gedacht wurde. Daraufhin wurde ich eines Tages zu General Schörner befohlen und von ihm zu seinem Ruf in der Truppe befragt. Ich hatte keinen Anlaß, mich irgendwie diplomatisch herauszureden, zumal mir gerade für die Bewährung des Regiments in der letzten Kurlandschlacht das Eichenlaub zum Ritterkreuz verliehen worden war. Schörner fragte mich, was wir denn gegen seine »Drückebergerjagden« hätten. Ich antwortete, daß wir grundsätzlich nichts dagegen hätten, wenn Soldaten, die sich heimlich von ihrer Truppe entfernten, streng bestraft würden. Aber seine unentwegte Drückebergerjagd erwecke den Eindruck, er wolle damit die Kampfbereitschaft der Truppe durch Angst vor dem Vorgesetzten stärken. Dagegen allerdings rebelliere das ausgeprägte soldatische Selbstbewußtsein unseres Regimentes. Die Formel »Oderint dum metuant« (»Mögen sie mich hassen, wenn sie mich nur fürchten«) sei schon für einen römischen Diktator ein Fehler gewesen, wieviel mehr für einen deutschen General. Mit den uns vorgesetzten Generälen wollten wir Soldaten uns im soldatischen Einsatz einig wissen und identifizieren können.

Der als cholerisch bekannte Schörner hörte mir interessiert und ruhig zu. Es sei wichtig für ihn, und er sei mir dankbar zu erfahren, wie die Truppe über ihn dächte. Am Schluß des Gespräches entließ mich dieses Gendarmenungeheuer im Generalsrang, bekannt als wildgewordener »Wolpertinger« aus den bayerischen Bergen, zu meinem Erstaunen huldvoll mit ein paar Flaschen Cognac der Marke »Napoleon« und einigen Zigarrenkisten »Wilhelm II«. Oberst S. genoß mit uns noch einige Tage die Gaben seines Gönners, dann fiel er direkt neben mir.

Zur Verleihung des Eichenlaubs zum Ritterkreuz war ich kurz vor Weihnachten 1944 in Trossingen im Schwarzwald gewesen. Der SS-Führer Himmler war zu dieser Zeit der Befehlshaber der Verteidigungsfront am Rhein. Er sollte uns in Stellvertretung des Führers das Eichenlaub überreichen. Der Ort war mir durch die Ziehharmonikafabrik Hohner dem Namen nach bekannt. Um den Ort standen schwarze Tannen friedlich hinter weißen Schneeflächen. Wir waren trotz Himmler in einer erstaunlichen Idylle gelandet.

Beim Betreten des Himmlerschen Quartiers, in der Villa irgendeines ihm befreundeten Industriellen, wurden alle zu dekorierenden Offiziere aufgefordert, ihre Waffen abzulegen. Heute weiß ich, daß die SS nach dem 20. Juli nicht ohne Grund Furcht hatte, daß einer von uns Himmler umbringen könnte. Mit einem anderen weigerte ich mich, die Waffe abzulegen. Es kam mir grotesk vor, einen Frontsoldaten auszeichnen zu wollen und ihn davor zu entwaffnen. Nach einiger aufgescheuchter Verwirrung gestattete man uns beiden, die Schußwaffen zu behalten. Ich war bei der Beerdigung von Henning von Tresckow dabeigewesen, und viele mir nahe Persönlichkeiten saßen zu diesem Zeitpunkt hinter Gittern. Einige unter ihnen, wie Dietrich Bonhoeffer, haben das Ende des Krieges nicht überlebt. Die politische Blindheit, mit der ich damals noch eine Auszeichnung von Himmler annahm, erkannte ich erst später als Schuld. Ich begegnete dem Reichsführer SS in Trossingen zum ersten Mal. Ich erwartete die Begegnung mit einer düster-unheimlichen Größe und fand eher einen Heilkräuter sammelnden Lehrer, der mit nasalem bayerischen Akzent in bürgerlicher Atmosphäre freundliche Biedermannsweisheiten von sich gab. Es war spukhaft. Heute weiß ich, daß sich in dieser Mischung von spießigem Biedermannswesen und der brutalen Konsequenz, mit der die faschistische Ideologie verwirklicht wurde, viel mehr vom Wesen des Nationalsozialismus spiegelte, als ich in Trossingen wahrnahm.

Während der Rückzugsgefechte in Preußisch-Friedland, nahe der früheren deutschen Ostgrenze, stieß das IR 4 von Gotenhafen nach Süden vor. Es sollte die sowjetischen Kräfte, die hier von Süden nach Norden angriffen, stoppen und zurückwerfen. So kamen wir erstmals in deutsche Orte, die schon einige Tage von der sowjetischen Armee besetzt gewesen waren. Der Ort Namersdorf stand, nach den vom NS-Propagandaministerium verbreiteten Schreckensnachrichten, beispielhaft für die brutalen Racheakte sowjetischer Soldaten. Laut Propagandaministerium gingen solche Racheakte auf den sogenannten Ilja-Ehrenburg-Aufruf an die sowjetische Armee zurück.»Vergewaltigt, tötet usw.! Nehmt jetzt Rache für das, was dem Sowjetvolk seit 1941 durch die deutsche Armee angetan wurde!« Dieser angebliche Ilja-Ehrenburg-Aufruf wurde in großer Auflage an die kämpfenden Truppeneinheiten verteilt. Von Lew Kopelew habe ich viele Jahre nach dem Krieg erfahren, daß der Aufruf in dieser Fassung nicht von Ilja Ehrenburg stammte. Die in der deutschen Truppe verbreitete Fassung kam aus dem NS-Propagandaministerium. Nach den mir heute bekannten Essays von Ilja Ehrenburg war es allerdings nicht sehr schwer, daraus etwas zu brauen, was geeignet war, die deutsche kämpfende Truppe zu einem fanatischen und wutentbrannten Widerstand anzustacheln.

Im Kampf von Haus zu Haus gelang es uns, die sowjetischen Panzer zu vertreiben. Als die letzten Panzer den Ort verließen, flüchtete auch die sowjetische Infanterie.

Was sich uns in den Häusern an Grauen darbot, war schrecklich. Viele deutsche Frauen hatten sich erhängt, nachdem sie unzählige Male vergewaltigt worden waren. Ich half, sie zu bergen. Eine von ihnen wurde vom Regimentsarzt ins Leben zurückgeholt. Ich war mir damals nicht sicher, ob ich ihr etwas Gutes getan hatte, als ich sie vom Strick schnitt und den Arzt holte.

Dann kämmten wir Haus um Haus durch und nahmen einige sowjetische Soldaten gefangen, die sich vor unserem schnellen Angriff verkrochen hatten. Ein schwer verwundeter Rotarmist lag wimmernd auf der Straße. Plötzlich stürzte an mir vorbei ein Feldwebel meiner Einheit mit vor Wut verzerrtem Gesicht und entleerte seine gesamte Maschinenpistole auf den Verwundeten. Ich riß dem Feldwebel auf der Stelle die Rangabzeichen von der Schulter und ließ ihn festnehmen. Ich durfte nicht zulassen, daß von unseren Soldaten fanatische Gegenrache geübt wurde. Angesichts des Grauens, daß wir gesehen hatten, wäre dann in der Truppe kein Halten mehr gewesen.

Ich ließ den Feldwebel bald wieder auf Bewährung laufen. In einem Augenblick völlig unkontrollierter Wut war er durch die Haßparolen, die von oben in der Truppe verbreitet worden waren, zum Täter geworden. Ich habe kein kriegsgerichtliches Verfahren gegen den Mann veranlaßt, weil ich den Eindruck hatte, daß meine Reaktion von ihm und auch vom Regiment verstanden worden war. Auch in den letzten, nervenaufreibenden Wochen und Monaten des Krieges durfte unsere Truppe nicht zum fanatischen und haßerfüllten Instrument eines ideologisch geheizten Krieges werden.

Ich war dem Untergang der »Goya« entgangen und in Rostock operiert worden. Der Splitter aus dem Frankreichfeldzug, der mir seinerzeit durch die Rechts-Links-Verwechslung des Arztes ins Herz diagnostiziert worden war, hatte sich entzündet und mußte entfernt werden. Drei Tage nach der Operation näherten sich die Spitzen der sowjetischen Armee Rostock. Ich wollte mich nicht am Ende des Krieges von den Sowjets im Bett gefangennehmen lassen und floh mit Hilfe einer Krankenschwester. Ich schlug mich gen Westen durch die Mecklenburgischen Wälder.

Nach der Überquerung des Elb-Trave-Kanals signalisierten englische Tieflieger, daß dieser Wasserlauf die Abgrenzungslinie zwischen Russen und Engländern war. Ich landete in großer Erschöpfung auf einem Gut, dessen Namen ich erinnerte. Ein Mädchen aus nächster Nachbarschaft in Pommern hatte in die Familie der Besitzer geheiratet. Ich wurde mit offenen Armen aufgenommen. Ich war plötzlich wie schiffbrüchig auf einer Zauberinsel gelandet.

Auch einige junge Frauen waren dort mit ihren Kindern als Flüchtlinge aufgenommen worden. Sie warteten auf dieser »Insel« auf ihre Männer, von denen es glücklicherweise Nachricht gab. Aber der Krieg war noch nicht zu Ende. Aus den Arbeitslagern befreite Polen machten die Gegend unsicher.

Und eines Abends erschienen sie böse fordernd in unserem Hause, hungrig nach Frauen, Alkohol oder sonstwas im Gutshaus, das ihre jahrelange Sklavenrolle ausgleichen sollte. Ich war der einzige Mann, der leidlich kampffähig und kampfentschlossen war. Mit einem Beil in der Hand stand ich bereit, die schutzlosen Frauen zu verteidigen.

In einer Art Engpaß neben der Treppe auf dem Weg in den großen Raum hatten sich all die jungen Frauen versammelt. Aber es war die lachende Weisheit der Mutter aus Pommern, die die Polen mit Witz, Bier und Würstchen in der Küche davon abhielt, sich auf ein Gefecht mit diesem »verrückten« Kerl mit dem Beil in der Hand am Treppenengpaß einzulassen. Was wäre geschehen, wenn es ihr nicht gelungen wäre? Wahrscheinlich hätte meine soldatisch-bestimmte Entschlossenheit mehr Unheil als Schutz bewirkt.

Wir hörten am 8. Mai durch den Rundfunk die Nachricht von der Kapitulation und eine Ansprache von Admiral Dönitz. Ich erinnere, daß ich diese Nachricht nur noch mit Erleichterung als Schlußakt eines schauerlichen Dramas aufnahm, bei dem ich zweifellos mitgespielt hatte.

Ich wußte in diesen Tagen noch nichts von meiner Familie, ob Frau und Kinder am Leben und wo sie waren. Aber ich selbst war unglaublicherweise noch da. Und es sah so aus, als könne es eine Umkehr zum Leben geben. Ich freute mich plötzlich wieder an einem Kornfeld im Wind und einem Apfel am Baum. Die Bürde einer militärischen Verantwortung in sechs Jahren Krieg fiel stückweise ab wie eine Lehmkruste oder wie die Eisenringe um die Brust des Kutschers aus dem Märchen vom Eisernen Heinrich.

Eines Tages nach dem 8. Mai erschien ein schwerbewaffneter Trupp Engländer und nahm den Regimentskommandeur des

Infanterieregiments 4 im Trainingsanzug in barschem Stil gefangen. Ich wurde als hoher Nazi verdächtigt. Dieser Verdacht klärte sich auf, als ich mit Tausenden anderer deutscher Soldaten in den sogenannten Gefangenen-Kraal in Ostholstein eingeliefert wurde. Das riesige Kriegsgefangenenlager wurde der »Kraal« genannt. Die britische Armee hatte den nordöstlichen Teil Schleswig-Holsteins dafür abgetrennt. Im Norden war der »Zaun« die Ostsee, und im Süden stand relativ lockere Bewachung der britischen Armee.

Die Zeit der Kriegsgefangenschaft, von Mai bis August 1945, war für mich eine notwendige Zeit und wie das Erwachen aus einem bösen Traum. Ich brauchte diese Zeit, um seelisch und geistig wieder durchzuatmen und mich zu recken, wie einer, der nach einer Krankheit zum ersten Mal benommen aufsteht und etwas wankend und unsicher die ersten Schritte macht. Ich weiß noch, wie ich eines Tages im Walde auf der Erde lag und durch die Blätter in den Himmel sah. Wir hatten nicht viel, aber genug zu essen. Existieren und nachdenken können war allein schon ein großes Glück.

Bald rezitierte Matthias Wiemann im Kraal. Ich erinnere Matthias Claudius »An meinen Sohn Johannes« und Gedichte von Fritz Graßhoff. In einem Gedicht von ihm fand ich meine Wahrnehmung dieser Tage einfach und schlicht ausgedrückt:

> Ein Vogel singt
> im Weidenbaum:
> ich lebe noch
> und weiß es kaum.
> Ich lebe noch,
> die Sonne scheint.
> Gott hat es gut
> mit mir gemeint.

Gerettet an den Strand gespült und wider Erwarten noch lebend nahm ich die Kraft und die Schlichtheit dichterischer Worte ganz neu wahr. Wenn ich Hermann Hesse hörte:»Und jedem Anfang wohnt ein Zauber inne, der uns beschützt und der uns hilft zu leben«, dann war diese Art Nahrung seinerzeit fast wichtiger als Brot!

Zwei Brüder, Philipp und Günther, waren nach vielen Abenteuern auf irgendeine verrückte Weise in demselben englischen Kriegsgefangenenlager in Ost-Holstein gelandet. Die die Hoffnung stärkenden Wunder häuften sich.

Tausende von deutschen Soldaten wurden im August 1945 von den Engländern in ihre Heimat entlassen. Falls wie bei mir und anderen ein Zielort der Heimat ostwärts der Oder-Neiße nicht mehr zugänglich war, wurden wir entlassen, wohin wir westlich der Oder wollten. Ich wollte nach Westfalen. Ich hoffte, im Kreise Herford meine Frau mit den Kindern wiederzufinden.

Unmittelbar vor der Entlassung standen wir dicht an dicht in einem Buchenhochwald versammelt. Wir waren bereits ordnungsgemäß entlaust worden und mußten unsere Rangabzeichen ablegen. Ich legte meine Auszeichnungen nicht ab, wollte es darauf ankommen lassen. Ich sah keinen Anlaß, meine Orden zu verstecken oder mich ihrer verschämt zu entledigen. Ich behielt also die Orden. Aber ich habe sie seither nicht wieder angelegt, nicht nur des Hakenkreuzes in ihrer Mitte wegen. Ich sah keinen Grund, die militärische Phase in meinem Leben zu verdrängen. Dennoch war ein Zeitabschnitt abgeschlossen.

Am Tag der Entlassung lag ein Gewitter in der Luft. Ohne jede Vorankündigung eines Donnergrollens schlug plötzlich mit unglaublich knisterndem Krachen ein Blitz in unmittelbarer Nähe ein. Niemand wurde verletzt. Aber die dichtgedrängten Tausende hatten sich automatisch, der Kriegsregel bei Granateinschlag folgend, flach hingeworfen. Wir waren immer noch gut dressiert. Ich erhob mich wie all die anderen etwas verschämt und tarnte die Verlegenheit mit Lachen.

Schon im Augenblick der Kapitulation am 8. Mai 1945 hatte ich auf dem Gutshof erlebt, daß die konservative, aber sympathische Umgebung dort das Ende des Krieges anders als ich aufnahm. Die Gutsleute empfanden das Kriegsende als tragischen Zusammenbruch des deutschen Vaterlandes, das so heldenhaft bis zum Schluß gekämpft hatte. Auch im Kriegsgefangenenlager machte ich ähnliche Erfahrungen mit den Kameraden. Sie waren in der Mehrzahl geschockt vom Ende. Ich denke aber, daß ihr Schock eher mit der Verarbeitung der militärisch-soldatischen Niederlage zusammenhing als mit dem Zusammenbruch des Nationalsozialismus.

Ich hatte als Soldat zuviel erlebt, um die Kapitulation als tragischen Zusammenbruch des Vaterlandes zu empfinden. Ich war froh, daß der Krieg zu Ende war, und sah mich herausgefordert, die Vergangenheit mit möglichst klarem Blick zu betrachten, um zu begreifen, was geschehen war, und um zu neuen Ufern aufzubrechen.

Das Kapitel über meine Zeit im Krieg möchte ich mit einigen Erfahrungen aus der Nachkriegszeit abschließen.

Im Jahre 1986 bin ich als Kuratoriumsmitglied des »Schülerwettbewerbs des Bundespräsidenten zum Thema Geschichte« gebeten worden, in Minsk einen Vortrag im Rahmen einer Ausstellung zu halten, die Bilder und Texte aus den Arbeiten von zwanzigtausend Schülern zeigte zum Thema »Alltag im Nationalsozialismus«.

Während meines Aufenthaltes in Minsk, besuchte ich in der Umgebung ein Denkmal, das an die Zivilbevölkerung erinnerte, die dort von deutschen Truppen umgebracht worden war. Ich hatte noch einige Jahre nach 1945 angenommen, daß Kriegsverbrechen nur für die SS-Einheiten als erwiesen galten. Ich wußte aber wenig oder nichts davon, in welchem Ausmaß auch Wehrmachtseinheiten an solchen Verbrechen beteiligt waren. Das Denkmal steht in einem großen Wald bei Minsk. In die riesigen Wälder und Sümpfe um Minsk hatten sich Tausende sowjetischer Soldaten zurückgezogen, als die deutschen Panzerspitzen und motorisierten Truppen entlang der großen »Rollbahn« auf Moskau vorstießen. Zu diesen versprengten sowjetischen Truppenverbänden stießen im Verlauf des Krieges immer mehr Partisanen.

Die deutschen Hauptnachschubwege verliefen durch diesen Wald, aus dem heraus immer mehr nächtliche Überfälle auf die Nachschubadern der deutschen Truppen zwischen Brest-Litowsk und Moskau verübt wurden. Meist wurden Schienen oder Brücken in schnellen nächtlichen Vorstößen gesprengt. Da dieser Gegner schwer zu fassen war, wurden drei Wehrmachtsdivisionen, sogenannte Sicherungsdivisionen, rings um den großen Wald beordert. Inmitten dieses Waldgebietes lagen zahlreiche Dörfer, wo zu diesem Zeitpunkt nur Frauen, Kinder und alte Männer lebten. Die Partisanen und sowjetischen Truppeneinheiten lebten tief im Wald in Holzbunkern, gegen die Sicht aus der Luft geschützt. Zur sogenannten Abschreckung machten die Sicherheitsdivisionen plötzliche Vorstöße auf einzelne Dörfer im Wald. Dabei wurde das Dorf bei Nacht umriegelt und die Bevölkerung in ein paar strohgedeckte Häuser zusammengetrieben. Die Hausdächer wurden zusätzlich mit Strohballen bedeckt und mit Benzin getränkt.

Dann wurden die Häuser angezündet. Wenn es einzelnen aus Verzweiflung gelang, irgendwie noch aus dem Haus zu entkommen, wurden sie erschossen. Das geschah auch mit einem halbwüchsigen Jungen. Das Denkmal zeigt, wie sein Großvater, der dem Inferno durch Zufall entgangen ist, den toten Enkel auf seinen Armen trägt.

Das Denkmal steht in der Mitte einer schönen, stillen Waldwiese, auf der einst das Dorf Chatyn stand. Es waren einhundertsechsundachtzig Dörfer, die wie Chatyn mit all ihren Bewohnern barbarisch dem Erdboden gleichgemacht worden sind. Die Landschaft mit den Trümmern der Häuser auf der weiten Waldwiese ist sehr still. Die steingemauerten Kamine der verbrannten Häuser haben das Feuer überstanden. Von ihrer Spitze läutet zu Zeiten ein Glöckchen zum Gedenken. Ich war von diesem stillen Denkmal sehr berührt.

Kein deutscher Botschafter aus Moskau oder sonst eine politisch repräsentative Persönlichkeit aus der Bundesrepublik hatte vor mir je dieses Denkmal besucht. In der Moskauer Botschaft sagte man mir, das sei nicht geschehen, weil die sowjetische Regierung damit planmäßig vor der Weltöffentlichkeit nur auf die deutschen Kriegsverbrechen hinweisen wolle, um von dem sowjetischen Kriegsverbrechen an den polnischen Offizieren in Katyn (!) abzulenken. Das mag eine Absicht der sowjetischen Regierung gewesen sein, dennoch leuchtete mir diese Argumentation nicht ein. Auch wenn das sowjetische Verbrechen von Katyn seit Jahren offiziell nachgewiesen ist und auch wenn die Sowjets durch die Ähnlichkeit der beiden Ortsnamen ihr Verbrechen zu verschleiern trachteten – dafür spricht, daß der Ort Katyn auf sowjetischen Landkarten seit Jahren nicht mehr zu finden ist –, so ändert das nichts an den erwiesenen deutschen Kriegsverbrechen um Minsk, für die das Denkmal in Chatyn zeugt.

Typische pommersche Landschaft, hier zwischen Gollnow und Naugard

Gottfried von Bismarck, etwa 1912 in Jarchlin, gezeichnet von Lotte Otzen (links) · Gertrud von Bismarck, etwa 1912 in Jarchlin, gezeichnet von Lotte Otzen · Ursula Rusche und Lianne von Bismarck, etwa 17 und 19 Jahre alt in Berlin, nach einer Skizze von Gustaf Adolf Schreiber

Der Weg von Kniephof nach Lasbeck · Frau Krüger aus Jarchlin 1913 mit dem kleinen Klaus auf dem Arm · Das Gutshaus in Kniephof

Die Brüder Klaus und Phillipp von Bismarck, links, 1916 in Jarchlin, rechts: Juni 1944 im Hauptquartier in Ortelsburg · Blick aus dem Kniephofer Gutshaus nach Norden über den Parkgraben, Wiesen, Weiden und Wald

Reitturnier Kolberg 1938 auf »Moritz« · Ruth-Alice und Klaus von Bismarck bei ihrer Hochzeit am 15. 7. 1939 in Pätzig · Als Regiments-Kommandeur 1944 nach der dritten Kurlandschlacht

Jugendhof Vlotho: Die große Halle des westfälischen Sattelmeierhofes

Haus Villigst an der Ruhr

Ökumenisches Pfingsttreffen Augsburg 1971: Klaus von Bismarck mit Benediktinerpater Laurentius Klein und dem Genfer Theologen Lukas Vischer

Als Intendant mit dem späteren Hörfunk-Chefredakteur Dieter Thoma in einem Studio des WDR, etwa 1974 · Der Präsident des Goethe-Institutes mit Bundespräsident Richard von Weizsäcker

Aufnahme aller Nachkommen bei Gelegenheit der Goldenen Hochzeit 1989, Picknick an den Osterseen (zusätzlich Caspar und Boris von Einem)

Mit Tochter Maria 1988

Der glückliche Ton-Werker im Blick auf Philemon und Baucis, photographiert von Maria Otte · Ein Mobile mit Kranichen, mit ihren Schatten auf einer Wand in Portugal, photographiert von Sohn Christian von Bismarck (rechts)

Klaus von Bismarck in der Münchner »Höhle«

Ruth-Alice und Klaus von Bismarck

Unmittelbar nach meinem Besuch des Denkmals stellte ich der sowjetischen Betreuerin unserer Gruppe einige Fragen. Ich wollte nicht glauben, daß sich deutsche Wehrmachtseinheiten an dieser Barbarei beteiligt haben. Sie nannte mir im Detail die Nummern der beteiligten Divisionen und sogar die Namen der Kommandeure. Leider erwies mir später die Überprüfung der Daten mit Hilfe einiger historisch-wissenschaftlicher Institute bis in die Einzelheiten hinein ihre Wahrheit. Trotzdem wollte ich mehr wissen. Ich versuchte, überlebende Offiziere der damals beteiligten Sicherheitsdivisionen ausfindig zu machen. Dies gelang mir in drei Fällen. Alle drei Offiziere, mit denen ich sprechen konnte, waren zu meinem Erschrecken übereinstimmend der Meinung, daß die Handlungen der Wehrmachtseinheiten um Minsk voll gerechtfertigt gewesen seien und sie in der gleichen Lage auch wieder so handeln würden. Diese Partisanen seien doch in Wirklichkeit nur kommunistisch aufgehetztes Gesindel gewesen, die die deutschen Truppen »feige von hinten wie tolle Hunde« angefallen hätten und keine humane Behandlung verdient gehabt hätten. Die Frauen, Kinder und alten Männer in diesen Dörfern hätten mit den Partisanen gemeinsame Sache gemacht. Das hätte sich gezeigt, als in einigen brennenden Häusern Munition explodiert sei, die unter dem Lehmfußboden vergraben war. In dieser Lage sei es für die deutschen Truppen unmöglich gewesen, zwischen regulären Truppen des bolschewistischen Feindes und der Zivilbevölkerung zu unterscheiden. Entsprechend wären sie auch nach den Weisungen des Obersten Befehlshabers Adolf Hitler vorgegangen.

Ich habe die Gespräche mit diesen Offizieren abgebrochen, weil wir als ehemalige Offiziere der gleichen Wehrmacht keine Verständigungsmöglichkeiten mehr hatten. Das war vor zwei

Jahren. Ich hätte es nie für möglich gehalten, daß Offiziere der Wehrmacht derart beeinflußt worden waren durch die nationalsozialistischen Parolen vom bolschewistischen Untermenschen, daß sie ihnen heute noch ohne Zögern über die Lippen kommen.

Eine nicht vergleichbare, aber im Sinne des Verharrens nur graduell andere Erfahrung machte ich nach dem Krieg bei den Treffen der Angehörigen der ehemaligen 32. Division, der das IR 4 aus Kolberg angehörte. Ich war von ehemaligen Kameraden ermutigt worden, zu diesen Treffen zu fahren. Das tat ich zweimal aus einem Pflichtgefühl der Treue diesen Kameraden gegenüber. Die Wiederbegegnung mit ihnen war auch erfreulich und bewegend. So wie sie sich an der Front verhalten hatten, so gerade und vertrauenswürdig erschienen sie mir noch heute. Aber dennoch machten mich diese Treffen traurig und nachdenklich. Bei fast allen Kameraden fand ich wenig Neigung, unsere gemeinsamen Erfahrungen im Zweiten Weltkrieg unter Fragestellungen zu erörtern wie etwa: Was würden wir heute als Offiziere anders machen oder der Bundeswehr empfehlen? Vielmehr lief es immer wieder auf Gespräche hinaus wie: »Weißt Du noch bei Malischewa...?«

Die Soldatenzeit war, nicht für alle, wohl aber für die meisten, nach wie vor die hohe Zeit ihres Lebens. Es schien mir, daß diese ehemaligen Kameraden heute in der zivilen Gesellschaft nur sehr bedingt zu Hause sind und lieber von ihren »heldischen Zeiten« träumen. Es hat mich irritiert, daß mit den Jahren zu diesen Treffen nicht weniger, sondern immer mehr der alten »Veteranen« kamen. Offensichtlich wächst mit dem zunehmenden zeitlichen Abstand die Neigung, das Kriegserlebnis zu glorifizieren. Das Grauen wird dabei – wie schon nach dem Ersten Weltkrieg – immer mehr verdrängt. Was bleibt, ist die glückliche »Verbundenheit alter Kameraden«. Bei dieser Vorstellung graut mir.

Im Jahre 1957 sollte ich auf Vorschlag von Eugen Gerstenmaier, der mich persönlich kannte, der erste Wehrbeauftragte in der Bundesrepublik werden. Seinerzeit waren CDU/CSU an der Regierung, und Franz Josef Strauß war Verteidigungsminister. Eugen Gerstenmaier, Präsident des Bundestages, sollte Vorgesetzter dieses Wehrbeauftragten sein, der nach dem schwedischen Beispiel des »Ombudsmann« die parlamentarische Kontrolle über die Armee ausüben sollte, um die Bürger- und Menschenrechte der dienenden Soldaten zu garantieren. Die parlamentarischen Beratungen der Parteien des Bundestages hatten ergeben, daß die CDU/CSU eine solche Institution nicht für nötig, ja sogar für abwegig hielt, weil sie die Rechte des Verteidigungsministers unnötig begrenzen würde. Aber da die Regierung die Zustimmung der SPD zur Einführung der allgemeinen Wehrpflicht brauchte, meinte sie, den von der SPD vorgeschlagenen Wehrbeauftragten als »Kröte« schlukken zu müssen. Die Parteien schienen bereit, dem Personalvorschlag von Eugen Gerstenmaier zuzustimmen. Ich selbst hatte meine Zustimmung von einem Gespräch mit den Repräsentanten aller Parteien abhängig gemacht, war aber grundsätzlich bereit, die Übernahme einer solchen Funktion ernsthaft zu erwägen.

Als bei diesem Gespräch die Vertreter der Parteien bereits einige Fragen an mich gestellt hatten, die ich, so gut ich es vermochte, beantwortet hatte, bat ich, meinerseits einige Fragen an Eugen Gerstenmaier stellen zu dürfen. Der Verlauf dieses Frage-Antwort-Spiels wurde überraschend dramatisch.

Meine erste Frage war, ob es richtig sei, daß die CDU/

CSU-Fraktion grundsätzliche Bedenken gegen die Einführung eines Wehrbeauftragten gehegt habe und vermutlich noch hege. Gerstenmaier antwortete mit »Ja«. Ich fragte weiter, von welchen Erwägungen sich die CDU/CSU-Fraktion leiten lassen würde, wenn es nach einem Bericht des Wehrbeauftragten zu einem Konflikt in der Sache Stellung zu nehmen gelte. Werde sich die CDU/CSU-Fraktion dann von ihren mehr grundsätzlichen Bedenken gegen dieses neue Amt leiten lassen, oder werde sie, nachdem das Amt nun einmal geschaffen sei, sachlich reagieren? Gerstenmaier antwortete mir: »Die CDU/CSU-Fraktion wird in einem solchen Fall in die Kantine gehen.« Die übrigen Parteienvertreter erstarrten sichtlich, vermutlich, weil Eugen Gerstenmaier die Wahrheit gesagt hatte. Ich fragte aber weiter: Wenn sich die CDU/CSU-Fraktion in einem solchen Fall in die Kantine zurückzöge, so hieße das doch für den Wehrbeauftragten, daß er im Parlament nur auf einem linken Bein stehen würde. Gerstenmaier antwortete: »Ja, so ist es.« Die Gesprächsteilnehmer erstarrten erneut. Meine nächste Frage lautete dann, wie man denn ein Amt mit so schiefem und ungesichertem parlamentarischen Unterbau jemandem wie mir antragen könne. Gerstenmaier gab sich erneut als »enfant terrible«, indem der antwortete: Wenn der Kandidat das gemerkt habe, ließe sich seine Kandidatur nicht mehr aufrechthalten. Das Gespräch war damit zu Ende.

Ich hatte den Eindruck, daß die Vertreter der Parteien sehr erbost über ihren Bundestagspräsidenten waren.

Ich muß Eugen Gerstenmaier für seine ungeschminkten Antworten dankbar bleiben, denn ich denke bis heute, daß sie damals der Wahrheit entsprachen. Offenbar hatte sich Gerstenmaier zuvor schon – in Kenntnis der CDU/CSU-Psychologie – entschlossen, nicht mit aller Überredungsdiplomatie dazu beizutragen, daß sein von ihm vorgeschlagener Kandidat so absehbar im Parlament in Schwierigkeiten geraten mußte. So erschien es mir damals.

Von heute her gesehen, bleibe ich dankbar, daß mir das Amt des Wehrbeauftragten erspart geblieben ist. Damals, als jemand, der vier Jahre im Frieden Soldat war und sechs Jahre im Krieg an der Front gedient hatte, fühlte ich mich einerseits mit meinen Erfahrungen verantwortlich gegenüber den jungen Soldaten der neuen Bundeswehr und andererseits auch meinen gefallenen Kameraden gegenüber verpflichtet, über einige Erfahrungen den Mund aufzumachen.

Jugendhof Vlotho:
Stunde »Null« und Neubeginn

Als mir im Herbst 1945 die Leitung des Jugendamtes des Landkreises Herford angeboten wurde, nahm ich die Stelle an. Ich hatte einen sauberen Fragebogen und keinerlei Vorbildung für diese Aufgabe. Ja, ich kannte den Inhalt der Aufgabe kaum. Ich hatte gehofft, in diesem Amt mit dem Denken und Empfinden der jüngeren Generation konfrontiert zu werden und in kritischer Auseinandersetzung mit den Erfahrungen meiner Generation etwas für den Neubeginn zu bewirken, wie nebulös dazu auch immer meine Vorstellungen damals waren. Das Amt des Landkreises aber hatte fürsorgerische Aufgaben und vornehmlich mit unehelichen Kindern zu tun. Jungen Müttern hatte dieses Amt als Vormundschaft für das Kind beizustehen, den Vater zu ermitteln und zur Alimentenzahlung zu veranlassen. Ich aber war von der Frage umgetrieben: Wo waren wir politisch, geistig und nicht zuletzt moralisch gelandet? Standen wir, das »Strandgut« des Krieges, nicht auch da vor seinen Trümmern?

Im Herbst 1945 stellte der Repräsentant der britischen Besatzungsmacht für den Landkreis Herford dem frisch eingesetzten deutschen Landrat die Frage, was er in seinem Landkreis zu tun gedenke, um mit dem Schutt der nationalsozialistischen Jugendbildung aufzuräumen und für junge Menschen einen neuen Anfang zu setzen. Der deutsche Landrat, ein würdiger alter Herr westfälischer und christlicher Prägung, war als studierter Jurist an diesen Posten geraten. Er hatte mit den Nazis nicht viel im Sinn gehabt, aber von den Problemen junger Menschen unmittelbar nach dem Zusammenbruch 1945 wußte ein Mann dieser Generation und dieses Herkommens vermutlich nicht viel.

Der Landrat gab die Frage nach einer Konzeption für die Jugendarbeit an seinen damals dreiunddreißigjährigen angeheirateten Neffen weiter. Das war ich. Der Landrat war der Meinung, ein im Krieg und Frieden erfahrener junger Offizier wie ich müsse etwas von jungen Menschen verstehen. Ich selbst hatte nicht das Gefühl, in meiner Soldatenzeit besonders viel über junge Menschen gelernt zu haben. Aber die Aufgabe reizte mich als eine Herausforderung. Ich suchte Antworten auf die dem Landrat gestellte Frage. Es war auch ein Versuch, auf meine Fragen zu antworten. Ich erinnere meine Antwort nicht mehr im einzelnen, aber ich warnte unter anderem vor penetranten »Re-Education«-Versuchen durch die Besatzungsmacht und wies auf die Bedeutung gediegener Berufsausbildung für die Wiedergewinnung des Selbstvertrauens bei jungen Menschen hin. Ich empfahl die Vermittlung ideologisch ungefärbter Information und sah eine Chance der Neuorientierung der deutschen Jugendlichen im Kontakt mit jungen Menschen in ganz Europa.

Der von mir aus dem Handgelenk formulierte Entwurf wurde vom Landrat fast unverändert an »seinen« Engländer weitergegeben. Dem gefiel der Entwurf. Ich wurde um eine Ausarbeitung gebeten, die dann, ins Englische übersetzt, in der britischen Zone einige Verbreitung fand. Zu meiner Überraschung galt ich im Herbst 1945 plötzlich als ein Experte in Jugendfragen. Unter Blinden konnte seinerzeit ein Einäugiger König werden. Als dieser »Experte« wurde ich von den Engländern zu einer Tagung in Hannover eingeladen.

Der Jugendhof Vlotho wäre ohne diese, im Februar 1946 ins Stephansstift in Hannover einberufene Tagung nicht entstanden. Von dort aus kamen später auf meine Einladung einige wenige Teilnehmer in meinem Wohnort bei Herford zusammen. Es war ein bunter Kreis. Ein evangelischer Pfarrer, ein Dominikaner aus Köln und ein sozialistischer Pädagoge waren dabei. Sie waren mir in Hannover aufgefallen, weil sie sich auf der Tagung wie ich fragten: Wo stehen wir eigentlich moralisch, geistig und politisch? Die Mehrheit der anderen Tagungsteilnehmer hatten sich in ihren Überlegungen und Äußerungen vornehmlich darauf konzentriert, ihre alten, 1933 verbotenen Verbände wieder ins Leben zu rufen.

Unter den fünf Persönlichkeiten im Alter zwischen fünfunddreißig und fünfundfünfzig Jahren, die sich bei mir getroffen haben, entstand ein erster Konsens: Es sei notwendig, über alle Ideologien und Glaubensunterschiede hinweg, zu einer neuen politisch unabhängigen und geistig kreativen Gemeinsamkeit zu kommen.

1946 stimmte dann die britische Besatzungsmacht dem deutschen Vorschlag zu, das Gebäude der ehemaligen Bannführerschule in Vlotho an der Weser für eine Jugendleiterbegegnungsstätte zu nutzen.

Es gab am Anfang keine klare Konzeption für die Jugendarbeit in Vlotho. Das Wesentliche war, den Jugendleitern der verschiedenen Organisationen, die nach 1945 aus ihren Katakomben hervorgekommen waren, ein Forum zu schaffen. Bei allen Unterschieden hatten die meisten eins gemeinsam: Ihre

Organisation war im Dritten Reich verboten gewesen. Die ideologischen Unterschiede dieser Gruppierungen wurden in Vlotho keineswegs verdrängt, aber nach den langen Kriegszeiten war es für alle erstmal eine Erlösung, wieder spielen, tanzen, Musik machen und – Jungsein zu können. Daraus entstanden in Vlotho Keime der Hoffnung auf eine bessere Welt.

Es ging auch darum, praktische und kreative Hilfe für die Jugendarbeit zu vermitteln, was Zeltlager, Reisen, Sport, Musik und Laienspiel betraf. Wichtiger aber war, daß Vlotho von Anfang an ein Ort war, an dem sich die Vertreter der weltanschaulich unterschiedlichen Gruppen trafen, die sich vorher nie begegnet waren. Diese Pluralität der Anschauungen schlug sich auch in der Zusammensetzung des Leitungsteams nieder, dem Mitglieder verschiedener Organisationen angehörten.

Aus dieser Praxis entstand auch bald eine Konzeption, die neben den pragmatischen Hilfen mit Vorträgen und Diskussionen versuchte, die Vergangenheit zu begreifen und geistige und praktische Anstöße für die Gegenwart der Jugendarbeit zu geben. Mir und dem Team ging es darum, den Jugendleitern der verschiedenen Organisationen, die im allgemeinen jünger als ich waren, in einer Art Zwischenbilanz etwas von den Erfahrungen zu vermitteln, die wir Überlebende des Weltkrieges nicht verdrängen durften, wenn es uns darum ging, für eine bessere Gesellschaft aus der Vergangenheit zu lernen. Ich selbst hatte damals die Schocks der Geschichte noch längst nicht verarbeitet und war auch angewiesen auf Anstöße aus meiner Umgebung. Solche Anstöße gab in Vlotho beispielsweise Marie Médard, wenn sie den Jugendleitern von ihren Erfahrungen erzählte, die sie als junge Französin im KZ Ravensbrück gemacht hat, wo sie lange Zeit inhaftiert war, weil sie in Frankreich als Studentin in einer christlichen Organisation jüdische Kinder vor dem Zugriff der SS bewahrt hatte.

Solche Anstöße gab auch Hans Richter, der vermutlich Mitglied der NSDAP gewesen war und den wir baten, von seinen »braunen« Erfahrungen als höherer Führer des Arbeitsdienstes zu berichten. Als man mir die Leitung anvertraute, stand für mich am Anfang das Bemühen um diese Bestandsaufnahme. Meine einzigen Voraussetzungen dafür waren mein großes Interesse an der Situation junger Menschen nach 1945 und die Freude, mit Blick in die Zukunft am geistigen und politischen Wiederaufbau mitzuwirken.

Ich interessierte mich schon von Herford aus für die bei Bielefeld in Eselsheide von den Engländern internierten höheren HJ-Führer. Mit Hilfe der englischen Besatzungsmacht erlangte ich eine Besuchererlaubnis. Die dort internierten HJ-Führer, alle etwa zwischen fünfundzwanzig und dreißig Jahre alt, verwunderten mich in ihrer relativ ungebrochenen ideologischen Überzeugung. Anderseits gefiel mir ihre disziplinierte Kameradschaftlichkeit. Ich kam ja selbst aus einer Welt, in der die Soldatentugenden und die kameradschaftliche Disziplin viel galten, und wußte, daß sich Kameradschaft und Nazi-Ideologie nicht ausschlossen.

In Gesprächen mit den ehemaligen HJ-Führern erfuhr ich, daß es neben der planmäßigen Wehrertüchtigung bei der Hitler-Jugend nicht nur viele attraktive sportliche und technische Angebote für die Jugendlichen gegeben hatte, sondern auch viele qualifizierte Jugend-Musikschulen. Von derlei Aktivitäten wußte ich vor 1945 fast nichts. Den Nazis war es gelungen, die musikalischen Impulse der Bündischen Jugend, wie sie etwa der »Zupfgeigenhansel« wiedergibt, mit Komponisten wie Hans Baumann zu einem schwungvollen und jugendspezifischen Musikstil affirmativ weiterzuentwickeln. Jungen

Leuten war ein Liedgut vermittelt worden, mit dem sie sich auch nach 1945 noch identifizierten.

Einige Sing- und Spielleiter, die in der Hitler-Jugend aktiv gewesen waren, fanden sich später in Vlotho ein. Sie waren Idealisten, die mit ihren musikalischen Fähigkeiten von den Nazis mißbraucht worden waren. Es bestand für mich, nachdem ich sie kennengelernt hatte, kein Anlaß, ihrem Charakter und ihrer Bereitschaft zur Mitarbeit zu mißtrauen. Da sie menschlich überzeugend waren, halfen sie in Vlotho auf ihre Weise mit, etwas von dem Idealismus zu verstehen, der in vielen Köpfen und Herzen jüngerer Menschen vor 1945 umging.

»Die Kritik des Musikanten«, Adornos kritische Auseinandersetzung mit dem Glück im jugendbewegten Kollektiv, habe ich erst nach meiner Zeit in Vlotho gelesen. Aber in einem praktischen Sinne verfügten wir damals schon über eine kritische Wachheit gegenüber der Versuchung, sich auf einer fröhlich jugendbewegten Insel der verantwortlichen Wahrnehmung des politisch-gesellschaftlichen Umfeldes zu entziehen.

Ich denke bis heute gerne an die Zusammenarbeit mit Wilhelm Scholz, Prof. Wilhelm Ehmann, Michael Prätorius und Felix Oberborbeck zurück. Wilhelm Scholz ist wie ein treuer Eckehart viele Jahre im Jugendhof Vlotho geblieben. Er hat die Entwicklung dieser Einrichtung als Garant einer menschlich zuverlässigen Kontinuität mitgeprägt.

Nach meinen Erfahrungen gab es 1945 weder auf deutscher noch auf englischer, amerikanischer oder französischer Seite brauchbare Leitlinien oder klare Vorstellungen über das, was der deutschen Jugend jetzt, über die speziellen Zielsetzungen der konfessionell oder weltanschaulich gebundenen Gruppen hinaus, zu vermitteln sei. Ich vermochte sie jedenfalls damals nicht zu entdecken. Der Jugendhof Vlotho konnte und wollte sie natürlich auch nicht »englisch abgestempelt« liefern.

Der Ausgangspunkt für ein Konzept in Vlotho war im leitenden Team die Frage: Was ist von 1933 bis 1945 geschehen, und warum waren wir so blind? Unter dieser Prämisse stellten wir uns dann gemeinsam den konkreten Aufgaben einer Neuorientierung der Jugendarbeit, die es, angesichts der Orientierungslosigkeit vieler junger Menschen, dringend anzupacken galt. Dieses Interesse verband mich nicht nur mit einigen Altersgenossen, sondern bald auch mit vielen jungen Menschen. In Vlotho gab es, jedenfalls zu Beginn, keine Lehrer und Schüler, sondern Vlotho war eine von mancherlei Barrieren befreite Gemeinschaft von Älteren und Jüngeren, die gleichermaßen vom Zauber eines neuen Anfangs beflügelt waren.

Nicht alle, aber viele »Altmeister« der Jugendorganisationen, die vor 1933 Bedeutung hatten, waren bald dabei, die alten »Marschkompaßzahlen« wieder einzustellen und die bewährten geistigen »Uniformen« von damals auszubuddeln. Natürlich gab es auch unter denen, die die Vergangenheit der Jugendbewegung vor 1933 repräsentierten, die Bereitschaft zu lernen. Es gab z. B. bei den »Falken« eine intensive Diskussion darüber, ob es sinnvoll sei, die Jugendverbände der Weimarer Zeit wieder neu entstehen zu lassen. Gerade die jüngeren Mitglieder dieser Organisation haben eine Reihe von Ideen eingebracht, um den neu entstehenden sozialistischen Jugendverband inhaltlich und in seinen Formen der neuen Zeit anzupassen.

Ich denke heute, daß wir in Vlotho das Ausmaß der Katastrophe im Sinne eines Zusammenbruchs vieler traditioneller und bürgerlicher Werte nicht verdrängt haben. In einem Vlotho-

Zimmer hing und hängt bis heute eine Graphik von A. Paul Weber. Sie stellt dar, wie ein verängstigter Kleinbürger in seinem Gärtchen seinen Kohl pflegt; wie er mit Glasscherben auf der Mauer seines Gärtleins sich gegen eine Katastrophe abzuschirmen sucht, die seine Umwelt bereits in eine Mondlandschaft verwandelt hat. Wir nannten dies Bild und das Zimmer in Vlotho »Die unvollendete Katastrophe«. Heute heißt das Zimmer nur noch »Die Vollendete« – und niemand weiß mehr warum.

Uns war damals das Bild eine Aufforderung, wach gegenüber der Versuchung zu sein, das Ausmaß der Katastrophe zu verdrängen. Die Ausländer, die bei uns waren, halfen, uns den Tatbeständen der moralischen Katastrophe zu stellen. Nigel Spicer aus England, Marie Médard aus Frankreich und einige andere waren ständig in Vlotho; Joseph Rovan, ebenfalls aus Frankreich, und Edward Ladd aus den USA waren häufige Gäste bei uns.

Später zeigte sich für mich – unter anderem auch in der Studentenrevolte im Deutschland von 1968 –, daß wir in Vlotho das Ausmaß des Zusammenbruchs vieler bürgerlicher Werte annähernd richtig gesehen und uns bemüht haben, die geschichtlichen Zusammenhänge zu erkennen. Aber zugleich haben wir uns wohl auch in der Illusion einer Stunde »Null« gewähnt. Nicht rauschhaft, aber sicherlich haben wir im Schwung des Aufbruchs unbewußt so manches politisch-geschichtliche Gepäck aus den Zeiten vor 1945 und 1933 im Straßengraben liegengelassen. So haben wir damals nicht genügend erkannnt, wie wichtig Anknüpfungspunkte zur demokratischen deutschen Vergangenheit gewesen wären. Bei der Rückbesinnung auf den Beginn in Vlotho frage ich mich allerdings auch, welche der wiedergegründeten Jugendorganisationen der Weimarer Republik wäre überhaupt in der Lage gewesen, solche geschichtlich demokratischen Impulse zu geben. Einige sozialistische Gruppen vielleicht. Für die evangelische und katholische Jugend würde ich dies verneinen. Die Repräsentanten der evangelischen Jugend waren entweder weltabgewandt dem Pietismus oder den romantischen Traditionen der Bündischen Jugend verhaftet. Die meisten hatten sich auch schon in der Weimarer Republik in einem konservativen »Abseits« befunden. Die Katholiken konnten zwar an Traditionen der Zentrums-Partei anknüpfen, die die Weimarer Republik partiell mitgetragen hatte, aber die traditionelle katholische Block-Politik war nach 1945 für solche Impulse nicht hilfreich.

Natürlich hatte man in Großbritannien schon vor dem Kriegsende konzeptionelle Überlegungen für eine zukünftige Jugendarbeit in Deutschland angestellt. Aber diese waren in meiner Sicht allzusehr von traditionellen britischen Vorstellungen bestimmt. So gingen einige britische Offiziere, die sich mit der Jugendarbeit beschäftigten, davon aus, daß vor allem die für sie sehr rätselhaften deutschen Märchen, mit ihren grausamen Geschichten von der Bestrafung des Bösen, die charakterliche Verrohung des deutschen Gemütes schon in jungen Jahren bewirkt hätten. Sie brachten gewissermaßen die Wirkung der Märchenlektüre mit den Grausamkeiten in den deutschen KZs in einen kausalen Zusammenhang. Andere hofften beispielsweise mit Hilfe einer aufgefrischten Boyscout-Organisation werde auch in Deutschland wieder alles ins rechte Geleis kommen. So war es logisch, daß der Zuständige innerhalb der britischen Militärregierung, Major Bigford-Smith, ein bewährter höherer Pfadfinderführer war. Er war persönlich sehr sympathisch. Bei einer Scharade vertauschte er einmal blitzschnell seine Majorsuniform mit nichts als einem

Bettlaken und trat als Julius Cäsar auf. Wir lernten von und mit ihm ein sehr nicht-deutsches Verhältnis zur Autorität. Seiner Integrität und seiner Bereitschaft, sich als Autorität der Besatzungsmacht auf diesen bunten, für ihn schwer durchschaubaren deutschen Haufen einzulassen, hat das Experiment Vlotho viel zu verdanken. Aber das allein hätte nicht zu seinem Gelingen geführt ohne den jungen Engländer Nigel Spicer, der bald zum engsten Leitungsteam in Vlotho gehörte als engagierter Mitarbeiter und – nicht wahrnehmbar – als »Kontrolleur«. Er war ein historischer Glücksfall. Er war ein junger Offizier voll menschlich engagierter Neugier für die Situation der deutschen Jugendlichen nach dem Zusammenbruch. Diese Neugier verband mich bald eng mit ihm. Seine charakterlichen und diplomatischen Qualitäten wurden bald ein wichtiger Faktor im Jugendhof. Unter den britischen, sogenannten Jugendoffizieren kam der sympathischen Joan Dunning eine besondere Bedeutung zu. Sympathisch, still und klug, wie sie war, hatte sie unser aller Vertrauen.

Und dann kam auch bald aus England prominenter Besuch: Victor Gollancz. Das Interesse dieses bedeutenden jüdischen Humanisten, der als einer der ersten Engländer für eine Verständigung mit Deutschland eintrat, hat uns sehr ermutigt. Es tut mir immer noch leid, daß er sich sein haarloses Haupt damals so empfindlich an einem Balken stieß, der in meinem winzigen Zimmer die Decke des westfälischen Bauernhauses trug.

In den ersten Jahren nach dem Zweiten Weltkrieg fand in Liverpool ein internationaler Kongreß statt, der sich mit dem Thema der Situation der Jugend nach 1945 beschäftigte. Die englische Besatzungsmacht war aus politischen Gründen daran interessiert, daß auch aus »ihrem« Deutschland, d. h.

der britischen Besatzungszone, ein Deutscher dabei war. Ich hörte, daß die CCG (Control Commission for Germany) Schwierigkeiten hatte, einen Deutschen auszuwählen, den sie mit gutem Gewissen als Vertreter der deutschen Jugend vor diesem internationalen Forum in England präsentieren konnte. Ich hörte, daß ein Herr Münker aus Altena im Sauerland ein aussichtsreicher Kandidat war. Ich kannte Herrn Münker nicht persönlich, aber ich hörte, daß er über sechzig Jahre alt sei, kein Nazi gewesen war und sich um das Deutsche Jugendherbergswerk besonders verdient gemacht habe. Er trug seiner Schwerhörigkeit wegen ein Hörrohr. Mit Nigel Spicer stellten wir uns in Vlotho vor, wie er auf dem Kongreß in sein Hörrohr hinein gefragt würde, ob die deutsche Jugend immer noch »abseits« stehe.

Aber dann wurde ich plötzlich für die Teilnahme an diesem internationalen Kongreß in Liverpool benannt. Meine Kenntnis der englischen Sprache war damals noch recht jämmerlich. In einer wichtigen Veranstaltung des Kongresses sollte eine ausgewählte kleinere Anzahl von den internationalen Delegierten sich in englischer Sprache zur Situation der Jugendlichen und der Jugendarbeit in ihrem Lande äußern. Wir zehn, die wir über die Situation in unseren Ländern zu berichten hatten, saßen nebeneinander in der ersten Reihe erhöht auf einer Art Balustrade. Der Reihe nach erhoben sich nun die einzelnen nationalen Vertreter und sagten in mehr oder weniger flüssigem Englisch, was sie zu sagen hatten. Aus irgendeinem Grunde hatte ich keine Zeit gehabt, mir vorher einen deutschen Text zu überlegen und Nigel Spicer zu bitten, ihn mir ins Englische zu übersetzen. So kam das Verhängnis auf der Balustrade immer näher auf mich zu, und ich wußte immer noch nicht, was ich, und noch dazu in verständlichem Englisch, sagen sollte. Es ging dann auch daneben. Aber vorher

189

überlegte ich verzweifelt, mit welchem Stichwort ich denn nur die Situation der deutschen Jugend oder Jugendarbeit 1946 treffend skizzieren könnte. Schließlich fiel mir ein, daß das Wort »Geduld« ein gutes Leitwort für eine kurze Rede sei, nämlich in dem Sinne, daß man die deutsche Jugend erst einmal in Ruhe lassen sollte. Sie brauche Zeit, um wieder auf die eigenen Beine zu kommen. Jede forcierte »Re-Education« oder lehrbuchartige Vermittlung von Demokratie sei in dieser Situation nicht angebracht.

Ich wußte, daß »Geduld« im Lateinischen »patientia« heißt. Schon oft hatte ich bei Schwierigkeiten mit der englischen und französischen Sprache mit Erfolg den Trick benutzt, eine lateinische Vokabel einfach mit einem französischen oder englischen Akzent auszusprechen.

Meine Rede war etwa die: »For the german youth, in this historical moment, there is a need of time to recover. A need of time for learning step by step, by own jugdment. Therefore ›passion‹ is the right keyword to answer.« Niemand lachte. Und es dauerte auch in der Pause eine ganze Weile, bis mich einige der sehr würdigen Teilnehmer höflich darauf ansprachen. Für sie als Engländer sei es sehr erstaunlich, wenn ich als erzieherisches Prinzip für die deutsche Jugend in der gegenwärtigen Situation primär (erotische) Leidenschaft anriete. »There must be quite different conditions at the continent«, meinten sie. Ich lernte durch diese Geschichte nicht nur den bemerkenswerten Unterschied zwischen »patience« und »passion«, sondern auch, daß die Engländer auf dem ihnen in vielerlei Hinsicht sehr fremden europäischen Kontinent die verrücktesten Ideen für möglich hielten.

Liverpool war meine erste Reise ins Ausland nach dem Krieg. In den wenigen Tagen der Konferenz hatte ich nie das Gefühl, als Deutscher anders zu sein oder von den Konferenzteilnehmern anders behandelt zu werden. Ich fühlte mich wohl in dieser internationalen Gesellschaft. Trotz meines Sprachhandicaps wurde ich unbefangen angesprochen, und man wollte viel wissen. Trotzdem flog ich mit dem Eindruck nach Hause, daß das deutsche Volk und Adolf Hitler in vielen Köpfen und Herzen der Konferenzteilnehmer gleichgesetzt wurde und es noch ein langer Weg ist bis zur deutschen Anerkennung in der internationalen Gemeinschaft. Obwohl ich keine braunen Flecken auf der Weste hatte, war mir nicht wohl dabei gewesen, daß man mich als sympathische Ausnahme angenommen hatte.

Sowohl das internationale Team der Leitung als auch die Teilnehmer hatten in Vlotho nicht nur die Chance, in der lebendigen Auseinandersetzung mit anwesenden Repräsentanten unterschiedlicher politischer Überzeugungen und aus verschiedenen europäischen Nationen, das »Andere« und die »Anderen« kennenzulernen, sondern auch die Möglichkeiten der Internationalität zu entdecken. Dieser Lernprozeß war für viele von uns ein nüchterner und durchaus nicht rauschhafter Vorgang.

Mit der Zeit kamen nicht nur aus der amerikanischen und französischen Besatzungszone zahlreiche interessierte Besucher nach Vlotho, die sich darüber orientieren und informieren wollten, was wir denn da im Jugendhof so eigentlich trieben.

Eines Tages tauchten auch aus Ost-Berlin in Vlotho die Spitzen der FDJ (Freie Deutsche Jugend) auf, Erich Honecker und Herman Axen, der aus dem Exil in London die FDJ mit gegründet hatte. Mit von der Partie war Edith Baumann, die erste Frau Erich Honeckers. Wie allgemein üblich in Vlotho, sprachen wir uns als »Jugendfreunde« mit »Du« an. So sprachen also Jugendfreund Erich und Jugendfreund Klaus miteinander. Die FDJ war damals dabei, in Bogensee bei Berlin ein Zentrum zu schaffen. Und es war, wie ich in dem Gespräch mit Jugendfreund Erich erfuhr, in den Spitzen der FDJ erwogen worden, mich für eine Mitarbeit in Bogensee zu gewinnen. Die Repräsentanten der FDJ waren offenbar fasziniert von der Feststellung, daß es dem Jugendhof Vlotho gelungen zu sein schien, über die Grenzen der weltanschaulich und politisch geprägten Jugendgruppen hinweg, eine kooperative Gemeinsamkeit zu schaffen. Alle drei waren damals noch der Meinung, daß die FDJ als Einheitsjugendorganisation so etwas ähnliches wolle. So machten sie mir zwar keinen offiziellen Antrag zur Mitarbeit in Bogensee, aber sie verschwiegen auch nicht, daß sie sich von Vlotho und von mir einige Impulse für die FDJ versprächen. Ich warnte sie lachend: ich sei kein Kommunist und hielte, nach den Erfahrungen mit der Hitler-Jugend, sehr wenig von einer zentralistisch gesteuerten Staatsjugend. Zudem beruhe die praktische Konzeption von Vlotho gerade auf der Anerkennung der Pluralität der weltanschaulich und politisch sehr unterschiedlichen Jugendorganisationen. Aber ich würde es begrüßen, wenn in Zukunft Angehörige der FDJ bei Veranstaltungen des Jugendhofes teilnähmen, um Erfahrungen auszutauschen. Auch wenn der Jugendhof Vlotho sich zu einer zentralen Jugendleiterbegegnungsstätte in der britischen Zone entwickelt habe, sei er politisch nicht auf ein westeuropäisches Dogma verpflichtet. Das Echo des Jugendhofes bei den Jugendlichen sei gerade deshalb so stark, weil sich die britische Militärregierung (im Gegensatz zu den Franzosen und Amerikanern) weise gehütet habe, die Leitung des Jugendhofes ideologisch zu beeinflussen oder gar festzulegen. Das Gespräch mit den drei FDJ-Vertretern endete ebenso herzlich wie verlegen.

Nach Gründung der DDR erschienen keine Repräsentanten der FDJ in Vlotho mehr.

Heute, in der Phase der Prozesse gegen die einzelnen jungen Volksarmee-Soldaten, die an der Mauer geschossen haben, denke ich nach über die tragische Logik der Laufbahn Erich Honeckers vom überzeugten Mitglied eines kommunistischen Jugendverbandes aus dem Saarland zum Staatsrats-Vorsitzenden der DDR. Er muß heute als alter kranker Mann persönlich für die Konsequenzen einstehen, was er zu Zeiten als oberste Instanz der SED angerichtet hat. Natürlich kann man nicht die kleinen »Werkzeuge« des Mauer-Schieß-Befehls hängen und die, die den Befehl gaben, laufen lassen. Aber mir ist nicht wohl dabei, wenn ich vergleiche, wie man damals und auch heute noch Adolf Hitler als einzelnen zur Inkarnation des Bösen erklärt hat und sich damit im gleichen Zuge exkulpiert. Mit dem Schrei nach dem Skalp eines Großen ließ sich unsere eigene Mitverantwortung für den Nationalsozialismus ebensowenig verdrängen wie heute die einer beachtlichen Anzahl von DDR-Bürgern für das System der SED.

Der »Geist von Vlotho« war sicher unsere unbeschwerte und idealistische Vision, eine neue Welt bauen zu können. Heute muß ich eingestehen, daß wir in Vlotho eine zu idealistische Vision von den Möglichkeiten hatten, eine neue Welt zu bauen.

Aber es gibt historische Wahrheiten, Notwendigkeiten »im kairos« (d. h. zu ihrer Zeit), die eben für ihre Zeit ihre Bedeutung haben und behalten. Solche Visionen sind gewiß zu allen Zeiten zunächst von jüngeren Menschen ausgegangen. Ohne solche Visionen für die Zukunft läßt sich nichts in der Welt verändern. Das gilt auch für die revolutionären Erscheinungen von 1968. Das gilt auch, wenn solche Utopien sich später oft als allzu idealistisch erweisen. Solche »Aufbrüche« der Jugend in der Vergangenheit und Gegenwart verstehe ich als Notsignale. Sie werden häufig von der älteren Generation nicht verstanden, die sich oft durch Äußerlichkeiten von einer ernsthaften Auseinandersetzung abschrecken läßt, ohne danach zu fragen, was diese Notsignale ausgelöst hat. Ich halte es mit der Sartreschen Aussage, nach der »jede engagierte Jugend zugleich idealistisch und radikal ist«.

Ich denke bis heute, daß es schon 1945 nicht ausreichte, nur die alten, vor 1933 gezimmerten Konzeptionen der früheren Jugendverbände zu restaurieren. Der Trend zu einer solchen Restauration aber war vorhanden und hat die Entwicklung in der Bundesrepublik nach 1949 nicht unerheblich mitbestimmt.

Es war bei der Konzeption dieses Kapitels über den Jugendhof Vlotho für mich reizvoll, im besondern über die Eindrücke nachzudenken, die ich seinerzeit von den Gruppen gewonnen habe, die mir bis dato fremd waren.

Ich war ja als evangelischer Christ aus dem konservativen Pommern gekommen und als hochdekorierter Soldat aus dem Krieg. Vlotho gab mir eine einmalige Gelegenheit, einerseits etwas vom Wesen des Katholizismus und andererseits vom Wesen des Sozialismus und der Arbeiterbewegung verstehen zu lernen. Beides war neu für mich. Bei den Sozialisten entdeckte ich mit Sympathie, wie kräftig und glaubwürdig ihr humanistischer Ansatz war. Aber auch wenn sie mich als Menschen persönlich annahmen, blieb ich für sie von Namen und Herkommen doch in der Nähe des »Klassenfeindes«. Bei den Katholiken war mir ihre oft weltoffene Fröhlichkeit ebenso sympathisch wie ihre selbstverständliche und vitale

Verwurzelung in ihrer Kirche. Bei vielen ihrer leitenden Persönlichkeiten, die gelegentlich auch in Vlotho waren, war mir oft das christlich-machtpolitische Blockdenken fremd, als müßten wir, Katholiken und Protestanten, nach dem Krieg besonders darauf aus sein, dem »christlichen Abendland« wieder kraftvoll zum Siege zu verhelfen.

Da die in Vlotho auftretenden Vertreter der verschiedenen Jugendorganisationen bzw. -traditionen selten taktisch verhüllt argumentierten, wurde ihr Denken und Fühlen wie auch deren Wurzeln für mich und andere deutlich. Diese Einsichten über das Wesen »Anderer« ist eine entscheidende Erfahrung vieler junger und älterer Menschen in Vlotho gewesen. Hier wurde praktische Toleranz vermittelt: »We agree to differ.«

Ich will einige Personen nennen, die mir in Vlotho durch ihren Charakter, ihre Haltung und ihren Lebensweg geholfen haben, einen Zugang zum Verständnis der sozialistischen Weltanschauung zu finden. Da waren Hans Alfken und Maria Madlung. Beide kamen aus Bremen. Hans Alfken als Pädagoge war später in einer führenden Position im Kultusministerium in Niedersachsen tätig. Beide waren lange in der KP engagiert, haben sich aber aufgrund ihrer Erfahrungen, die sie mit der Starrheit der kommunistischen Kader machten, schon kurz vor 1945 von der KP gelöst und sich dann innerhalb der Sozialdemokratie engagiert. Hans Alfken war ein differenziert denkender Lehrertyp, Maria Madlung eine kluge, kraftvolle Frau mit Herz und »common sense«. Beide starke Persönlichkeiten, haben sie für meine Einsichten in das Wesen des sozialistischen »Glaubens« viel bedeutet.

Dann waren da Erich Lindsted und Hans Leyding, führend tätig in der sozialistischen Jugendorganisation »Die Falken«, und Abi Kahn, dieser gütige Mensch aus der »Sozialistischen Kinderfreunde-Bewegung«. Abi Kahn saß ab dem Beginn des nationalsozialistischen Regimes fast durchgehend in irgendwelchen Straflagern der Nazis, und während des Krieges mußte er in einem Strafbataillon seinen Militärdienst ableisten. Er hat mir und anderen viel von dem humanen Idealismus der sozialistischen Bewegung vermittelt und spielte im internen Leben des Jugendhofes eine zentrale Rolle. Auch die »Naturfreunde« waren durch eindrucksvolle Persönlichkeiten in Vlotho vertreten.

In der Begegnung mit diesen Vertretern der sozialistischen Jugendorganisationen begriff ich auch, wie stark nicht nur die sozialistische Jugend, sondern auch die gesamte sozialistische Arbeiterbewegung von den nachwirkenden Impulsen der Jugendbewegung geprägt war und partiell heute noch ist. Das zeigt sich nicht nur am Liedgut (»Wenn wir schreiten Seit an Seit / Und die alten Lieder singen...«), sondern in vielen Wunschvorstellungen. Ihre Sehnsucht, ja mehr: die geglaubte Hoffnung auf eine im Sozialismus mögliche heile, friedliche, humane Welt, machte mir klar, wie viele Vertreter der sozialistischen Bewegung den »Hohen Meißner«, den heiligen Berg der deutschen Jugendbewegung vor dem Ersten Weltkrieg, – bildlich gesprochen – nur »links« herunter gegangen sind, den »Zupfgeigenhansel« im Rucksack.

Es lag nahe, daß ich von Vlotho aus bald Kontakt zu der Zentrale der Deutschen katholischen Jugend in Haus Altenberg bei Köln suchte. Der würdige, alte Prälat Wolker war eine kraftvolle Persönlichkeit. Er war der Repräsentant der kirchlichen Hierarchie in der katholischen Jugendarbeit, und dennoch ging es sehr locker zu in Haus Altenberg. Unter seinem »Dach« hatten unterschiedlichste Gruppen Raum. Und es war viel Raum da für Jugendbewegtes und Musisches.

Mit Hilfe des Prälaten Wolker gelang es, einen führenden,

jüngeren Vertreter aus den Reihen der katholischen Jugend, Hans Mertens, auf Dauer für die Mitarbeit in Vlotho zu gewinnen. Auch mit anderen, wie z. B. Josef Rommerskirchen (später CDU-Abgeordneter) ergab sich eine enge Zusammenarbeit. Aus der Hierarchie der katholischen Kirche war ganz am Beginn von Vlotho der Domvikar Eink aus Köln ein wichtiger Partner.

Neu und beachtenswert war für mich zunächst die Einsicht, daß es innerhalb der katholischen Jugend kleine, lebendige, intellektuelle Gruppen gab, für deren Auseinandersetzungen damals die »Frankfurter Hefte« und Köpfe wie Walter Dirks, Eugen Kogon und Clemens Münster wichtig waren. Diese Gruppen waren für eine Jugendbegegnungsstätte wie Vlotho von großer Wichtigkeit. Eine vergleichbar intellektuelle Kultur fehlte damals bei der evangelischen Jugend. Sie war nach 1945 von ihrer Tradition der Bibelkreise her überwiegend von dem fundamentalistischen CVJM und den entsprechenden Organisationen der evangelischen Mädchen geprägt. Die jungen, vitaleren Katholiken hatten offensichtlich ein viel elementareres Interesse an der Begegnung mit »Anderen«, während die evangelische Jugend nach 1945 erhebliche Berührungsängste hatte. Die meisten dieser geistig lebendigen, katholischen Gruppen kamen aus dem Raum Köln–Bonn. Eine der weiblichen Gruppen hatte sich z. B. um Kaplan Vosspohl in Köln (St. Anna) geschart. Diese lebensfrohen Mädchen aus Köln waren für Vlotho erfrischend und anregend. Sie brachten Weiblichkeit und verkörperten eine fröhliche Gläubigkeit, die für ihre evangelischen Altergenossinnen anfangs recht befremdlich war. Im Vergleich zu ihnen wirkten viele der evangelischen Mädchen wie Diakonissen-Nachwuchs, allzu schuld- und pflichtbelastet.

In Vlotho traten bald auch die vitalen und von ihrem Weg

sehr überzeugten, uns auch anrührenden Vertreter der katholischen Jungarbeiter-Organisationen aus Frankreich (Jeunes Ouvriers Chrétiens) und aus England (Young Christian Workers) auf. In diesen beiden Ländern hatte die katholische Jugend offenbar sehr früh gewisse Entwicklungen der industriellen Arbeitswelt aufgenommen und damit der besonderen Bedeutung der Industrie-Arbeiterschaft Rechnung getragen. Ihre Präsenz trug gewiß dazu bei, daß es in Vlotho auch Debatten über »Christentum und Sozialismus« gab.

Die feste Einordnung dieser jungen katholischen Menschen in ihre Tradition und Kirche verlieh ihnen, im Vergleich zu ihren evangelischen Altersgenossen, für die Begegnungen mit »Anderen« viel mehr Selbstvertrauen. Die jungen Katholiken wagten sich fröhlich auch in Welten hinaus, die ihnen bisher unbekannt waren.

Vlotho war für mich eine Ermutigung zum Lernen, zum demokratischen Zusammenleben und zu einer fortlaufenden Ausweitung des eigenen Horizontes.

Als evangelischer Christ aus Pommern war ich natürlich stark von den preußischen Traditionen der Nüchternheit, der Leistung und Pflicht geprägt. Vlotho hat mich gelehrt, welche Bedeutung Emotionen und eine festlich unbekümmerte Atmosphäre haben, nicht nur um junge Menschen für Neues aufzuschließen, sondern auch, um sie zu ermutigen, sich zu engagieren. Ich habe viel für mich davon gelernt, und viele haben mit mir in Vlotho gelernt, ihre eigene Verwurzelung und die der anderen neu zu entdecken, sie anzunehmen und so standzuhalten.

Die Menschen sind nun einmal so, daß sie erst nachdenken, wenn sie in ihrer eigenen Existenz durch bestimmte Erfahrungen tief erschüttert werden. Ich denke, in unseren Tagen kann für jüngere und ältere Menschen das Reaktorunglück in Tschernobyl oder der Golfkrieg eine solche Erschütterung auslösen. Ich nehme diese jüngsten Erfahrungen jedenfalls für mich so auf. Sie ließen mich auch an Vlotho denken, an den heilsamen Schock, den uns damals die Erfahrungen des Zusammenbruchs, des Krieges, des NS-Regimes bereitet haben. Es kam den Gegebenheiten und den Möglichkeiten im Jugendhof Vlotho zugute, daß dort von Beginn an eine politisch öffene Atmosphäre herrschte. Seinerzeit gab es in Vlotho keinen rechten, linken oder alternativen Block, vergleichbar unserer heutigen Parteienstruktur. Es gab damals in Vlotho weder einen ideologisch aufgeheizten Anti-Kommunismus noch eine moralische Verketzerung von Menschen, die sich zuvor in der Hitler-Jugend, im Arbeitsdienst oder ähnlichem engagiert hatten. Vielmehr war das Ergebnis gemeinsamen Nachdenkens über Vergangenheit und Zukunft, des Austauschens von sehr unterschiedlichen Erfahrungen, nicht nur eine spielerisch-fröhliche Gemeinschaft, sondern auch eine Ermutigung, die Andersartigkeit der »Anderen« anzunehmen. Das habe ich seither nicht wieder so erlebt.

Obgleich ich damals schon Familienvater war, habe ich im Jugendhof Vlotho ein Stück verpaßter Jugend nachgeholt.

Ich habe mir dort auch zum ersten Mal so etwas wie eine Höhle geschaffen. Das war ein winziger Raum, in den ich mich zum Nachdenken und Ausruhen zurückziehen konnte, in eine von anderen Menschen ungestörte Einsamkeit. So eine Höhle hatte ich dann auch in Haus Villigst, in Köln, und heute habe ich sie in München.

Wenn es in Vlotho Wochenende wurde, war ich, wenn möglich, bei meiner Familie in Oberbehme, das etwa fünfzehn Kilometer entfernt lag. Dort kribbelte und krabbelte eine sich schnell vermehrende Kinderschar. Es wird berichtet, daß mein kleiner Sohn auf das Wort »Vater« mit »Winke-Winke« reagiert hat. Vater, das war der Mann, der am Montag immer wieder fortfuhr und die Woche über nicht da war. Und vielleicht hat der Vater seine »Höhle« in Vlotho als Fluchtburg, auch vor dem Kribbel-Krabbel der eigenen Familie, gebraucht und die Kinder und seine Frau für einige Jahre ziemlich alleine gelassen.

Mein Engagement
in der Evangelischen Kirche

Neubeginn und Restauration

Haus Villigst

Ich bin als junger Mensch nicht so selbstverständlich in die christliche Kirche hineingewachsen wie meine Frau, in deren Familie es zur Tradition gehörte, am kirchlichen Leben aktiv teilzunehmen. Ihre Eltern waren in der liturgischen Bewegung der »Berneuchener« engagiert. Ihr ganzes Denken und Trachten war darauf ausgerichtet, die in ihrer Sicht erstarrte Evangelische Kirche wieder lebendiger zu machen. Ein Ausdruck dieses Engagements war, daß vorhandene Mittel in Pätzig nicht angelegt wurden, um die sehr altertümlichen hygienischen Anlagen des Gutshauses zu renovieren, sondern um die Pätziger Dorfkirche mit sehr viel Liebe renovieren zu lassen.

Bei mir tauchten mit Beginn der Pubertät zunehmend kritische Fragen und auch Zweifel an den Lehren der Kirche auf. Gewiß, schon vor der Konfirmation gab es Menschen in meiner Nähe, die mir als Christen glaubwürdig waren. Da war der Vater und die musikalische Kraft der Choräle, die er uns vorspielte. Allein schon die Atmosphäre, die dabei entstand, ließ mich seine Verwurzelung im Glauben an Gott spüren.

Und da war meine Mutter, deren hingebungsvolle Andachten und Gebete am Grabe meines Vaters zu den Todestagen einen tiefen Eindruck auf mich machten. Diese Andachten der Mutter zum Gedenken an den Vater waren mehr als stimmungsvoll, lösten aber nie bei mir eine rationale Rebellion aus; dazu liebte ich auch das leidenschaftliche und romantische Temperament meiner Mutter viel zu sehr. Meine Großmutter väterlicherseits allerdings, deren Frömmigkeit durch ihre hugenottische Herkunft geprägt war, fand die Glaubenshaltung ihrer Schwiegertochter mehr in ihrem Idealismus als in der Bibel begründet.

Dann war da noch Berta Volk, eine ältere Freundin meiner Mutter, die für uns Kinder eine Art Adoptiv-Großmutter war. Sie ist 1977 mit einhundertzwei Jahren in unserem Haus in Köln gestorben. Schon während der Flucht meiner Familie aus Pommern sorgte sie auch für meine Kinder. Sie war uns Kindern gegenüber eine gütige, aber auch konsequente Frau. Sie war gläubig und voll pädagogischer Weisheit und Humor. Ohne viel fromme Worte hat sie mich durch ihr Beispiel in dem Glauben gefestigt, daß auch äußerlich ganz unscheinbare Menschen Gefäße der Güte Gottes sein können.

Aber trotz dieser mir nahen Menschen wuchsen, mit dem größer werdenden Abstand zu den Geborgenheiten des Kindes im Glauben, meine rationalen Zweifel an den traditionellen Lehren der Kirche. So ärgerten mich gelegentlich einzelne Predigten und manche Gesangbuchverse, die die Weltflucht priesen und auf den Himmel vertrösteten.

Pastor Faisst, dem Dorfpfarrer in Jarchlin, war ich als Konfirmand dankbar, weil er auf meine rationalen Zweifel einging. In seiner Studierstube in Jarchlin hing über seinem Schreibtisch keine Darstellung der Kreuzigung oder eines anderen religiösen Themas, sondern dort hing eine japanische Graphik mit dem Titel »Pissender Hengst«. Ein solcher Pfarrer schien mir vertrauenswürdig.

Pastor Faisst stellte es allen Konfirmanden frei, sich ihren Konfirmationsspruch selbst zu wählen. Mein Bibelspruch, den ich mir aussuchte, lautet: »So sich aber jemand lässet dünken, er sei etwas, so er doch nichts ist, der betrüget sich selbst.« Dieser Spruch gibt ziemlich genau meine selbstquälerischen Zweifel wieder, ob ich mit dem von mir bei der Konfirmation erwarteten »Bekenntnis zum Glauben« nicht etwas verspreche, das ich möglicherweise nicht halten könnte. Noch heute frage ich mich – vielleicht immer noch als später Ausdruck meines frühen Zweifels –, warum Pastor Faisst es zugelassen hat, daß ich mir einen Bibelspruch wählte, der so wenig mit der »frohen Botschaft« des Evangeliums zu tun hat.

Ich erinnere mich nicht, daß ich während des Krieges an der Front um Bewahrung für mich oder für mein Vaterland gebetet hätte. Ich habe aber für meine Frau, die Kinder und einige mir sehr nahe Menschen gebetet, und ich meinte, in Augenblicken der Stille gespürt zu haben, daß meine Frau, meine Kinder und meine Mutter für mich beteten.

In den wenigen Tagen der Heimaturlaube während des Krieges habe ich in der Kirche beim Gottesdienst erlebt, wie der dicke, freundliche Dorfgendarm in der hintersten Bank saß und eifrig mitschrieb, was Pastor Wurms predigte und für welche verhafteten evangelischen Pfarrer der Bekennenden Kirche Fürbitte geleistet wurde. Da ging es um Martin Niemöller und einige andere Namen. Die Predigten von Wilhelm Wurms blieben mir so in Erinnerung, daß ich von einigen den Inhalt heute noch weiß. Er verkündigte das Evangelium für unsere Zeit in einer Weise, wie ich es zuvor nicht gehört hatte. Meine Mutter und der junge Pastor Wurms waren Mitglieder der Bekennenden Kirche. Auch die Familie meiner Frau stand ihr nahe. Vor dem Krieg hat mich die Großmutter meiner Frau, Ruth von Kleist-Retzow, gelegentlich eines Besuches bei ihr in Stettin, in das Predigerseminar nach Finkenwalde mitgenommen, wo ich Dietrich Bonhoeffer kennenlernte. Ich habe mit ihm und seinem Freund Eberhard Bethge leidenschaftlich Tischtennis gespielt, aber seine Bedeutung für den Widerstand der Evangelischen Kirche gegen Hitler war mir damals nicht klar.

Wenn ich die praktischen Konsequenzen bedenke, die Christsein für ein tägliches Leben bedeuten, und absehe von meiner traditionellen Zugehörigkeit zur Kirche, dann bin ich eigentlich erst nach Kriegsende zum Christen geworden. Gewiß hatte die Ehe mit meiner christlich verwurzelten Frau darauf Einfluß. Nicht in dem Sinne, daß ich als zweifelnder Sünder jetzt glaubte, einen liebenden Fürsprecher in Gestalt meiner Frau beim Jüngsten Gericht gefunden zu haben. Aber ich spürte schon bei unserer Heirat, daß ich nicht mehr der gleiche war, nachdem mich diese Frau in ihrem tiefen Glauben vor Gott am Altar als Partner ihres Lebens angenommen hatte. Auch für mich hat die Formel des Eheversprechens mehr bedeutet, als nur einer üblichen Form zu genügen.

Ich erinnere mich sehr genau an eine Entscheidung in einem bestimmten Augenblick im Spätsommer 1945. Ich war aus englischer Kriegsgefangenschaft entlassen worden und hatte meine Familie in Ostwestfalen im Kreis Herford wiedergefunden. Jener Augenblick ereignete sich nach einer Predigt von Ernst Wilm in Mennighüffen, wo er nach seiner Entlassung aus dem KZ Dachau wieder Dorfpastor war. Ernst Wilm hatte an diesem Sonntag keine Predigt gehalten, die mich außerordentlich aufgewühlt und deshalb veranlaßt hätte, vor mir selbst eine Art Gelübde abzulegen. Nein, ich hatte nur einen dieser hellen Augenblicke im Leben, in dem ich das Wunder

206

begriff, daß ich und meine Familie diesen Krieg leidlich heil überlebt hatten. Und es war der Augenblick, in dem es mir nicht mehr möglich schien, mein Leben als nur privat zu begreifen.

Nachdem ich zu den wenigen gehörte, die der Hölle des Krieges und auch des Nationalsozialismus entronnen waren, hätte ich mit einigem Recht denken können, zuallererst meiner Familie, meiner Frau und meinen Kindern zu gehören und auch nach all dem Kriegselend das Recht zu haben »durchzuatmen«, um mich dann auf eine möglichst solide wirtschaftliche Sicherung meiner damals noch kleinen Familie zu konzentrieren und meine persönlichen Interessen. Statt dessen machte mir der Augenblick in Mennighüffen klar, daß ich nicht mehr völlig mir selber gehörte.

Erst heute fällt mir dazu ein Vers ein, der meinem Soldatenherzen durchaus gefallen hatte:

»Denn wer auf die preußische Fahne schwört, hat nichts mehr, was ihm selber gehört.«

Im Krieg hatte ich den Irrtum vieler traditionell preußisch gesinnter Offiziere erlebt, die ohne nachzudenken meinten, daß die Nazi-Fahne für die preußische Fahne mit ihrer Ethik stehen könnte. Die Sache mit den Fahnen war für mich ohnehin entwürdigt. Aber daß man sich nicht mehr ganz selber gehört, wenn man als Bürger und Christ einige Herausforderungen der Zeit zu erkennen meint, das spürte ich jetzt erst. Weil ich mit mehr Glück als Verstand überlebt hatte, durfte ich mich jetzt der Aufgabe nicht entziehen, meine Erfahrungen aus der Vergangenheit aufzuarbeiten und am Aufbau einer demokratischen Gesellschaft mitzuwirken.

Während der Jahre 1945 bis 1949, in denen mir die Leitung des Jugendamtes übertragen worden war und dann die des Jugendhofes Vlotho, stand ich schon in engem Kontakt zu einigen Persönlichkeiten der Evangelischen Kirche im Kreis Herford und wurde durch diese Tätigkeit zu einem Engagement im Rahmen der Evangelischen Kirche ermutigt.

Als Leiter des Jugendamtes in Herford schien es mir geboten, bei einigen bekannten Autoritäten des Landkreises einen Antrittsbesuch zu machen. Mir war eindrucksvoll von der Persönlichkeit des Superintendenten Hermann Kunst von der Stiftsberg-Kirche in Herford erzählt worden. Da Hermann Kunst sich noch in Kriegsgefangenschaft befand, beschloß ich, seinem Stellvertreter, Pastor Voss, meinen Antrittsbesuch zu machen. Er empfing mich freundlich, und nachdem ich ihm dargelegt hatte, welche Position mir jetzt vom Landkreis mit Zustimmung der britischen Militärregierung übertragen worden war, erklärte er mir: Da sich der zuständige Superintendent Kunst noch in Kriegsgefangenschaft befinde, würden keinerlei Entscheidungen in Herford getroffen, bevor der Superintendent nicht zurück sei. Dabei ginge es im besonderen um die Beziehung des Kirchenkreises und der evangelischen Gemeinden zur britischen Besatzungsmacht und zu den neu installierten demokratischen Institutionen wie der Kreisverwaltung etc. Ich war erstaunt über seine abwehrende Reaktion. Ich hatte ihn ja gar nicht um eine offizielle Stellungnahme zu meinem Amt gebeten. Und Pastor Voss war erstaunt, daß ich über seine aufschiebende Antwort als Stellvertreter des Superintendenten lachen mußte. Sie paßte meines Erachtens so gar nicht in der Situation eines demokratischen gesellschaftlichen Neubeginns. Aber auch Superintendent Hermann Kunst konnte, als er zurückgekehrt war, über die Antwort seines Stellvertreters Voss nicht lachen, sondern fand sie ganz in seinem Sinne.

Aber bald erlebte ich Hermann Kunst als eine beachtliche

Persönlichkeit. Als er Bischof und Bevollmächtigter der Evangelischen Kirche in Deutschland bei der Bundesregierung in Bonn war, hatte ich häufig mit ihm zu tun. Obwohl seine konservativen, eckigen Charakterzüge mit der Zeit eher noch mehr hervortraten, habe ich ihn im Laufe der Jahre immer mehr achten, ja schätzen gelernt, weil er sein Amt geistlich verstand und nicht nur als geschickter und kluger Diplomat der Evangelischen Kirche bei der Bundesregierung.

Ich habe es bedauert, daß er später zu diesem Amt auch das des Militärbischofs wahrgenommen hat. Ohne Zweifel war Bischof Kunst auch für dieses Amt nicht nur besonders geeignet, sondern er füllte es nachgerade leidenschaftlich aus. Nach meiner Beurteilung hätte er auch einen eindrucksvollen General oder Truppenführer an der Front abgegeben. Aber nach dem Zweiten Weltkrieg war es meines Erachtens mit Blick auf die jüngere Generation zumindest ein psychologischer Fehler, das Amt des Botschafters der Evangelischen Kirche in Bonn mit dem des Militärbischofs zu verbinden.

Einen sehr ähnlichen Fehler hat nach meiner Meinung auch die Katholische Kirche gemacht, als sie mit Bischof Hengsbach das Amt des Ruhr-Bischofs nicht nur mit dem des Militärbischofs verquickte, sondern Hengsbach als Kirchenführer auch noch beauftragte, mit der Organisation »Adveniat« die Beziehungen der Katholischen Kirche zur Dritten Welt und die zu Polen wahrzunehmen.

Alle diese Ämter verlangen von dem, der sie ausfüllt, ein gutes Maß an Vertrauenskredit von den unterschiedlichen Gruppen der Gesellschaft als auch die Solidarität mit ihnen. Zweifellos besaßen beide Bischöfe in hohem Maße Charisma und Kontaktfähigkeit, aber allein das Amt eines Botschafters der Kirche bei Regierung und Parlament erfordert mehr, als das eines verhandlungsgeschickten Diplomaten. Es erfordert der politischen Macht gegenüber ein erhebliches Maß an Unabhängigkeit vice versa gegenüber den Erwartungen sehr verschiedenartiger Interessengruppen. Die Bewahrung dieser notwendigen Unabhängigkeit wird durch die Ämterhäufung auf eine Person zumindest erschwert.

In meiner Eigenschaft als Leiter des Jugendhofes Vlotho machte ich einige Erfahrungen, die mir für mein späteres Engagement in der Evangelischen Kirche wichtig erscheinen.

Ich erinnere ein Gespräch mit Johannes Busch, einem über Westfalen hinaus sehr bekannten evangelischen Jugendpfarrer. Er war einer der beiden Busch-Brüder, beide Pfarrer, der eine in Essen, der andere in Witten an der Ruhr. Beide waren sie führende Persönlichkeiten im CVJM und fest verwurzelt im westfälischen Pietismus. In dem Gespräch versuchte Johannes Busch mich davon zu überzeugen, das Unternehmen Vlotho fahrenzulassen. Für einen evangelischen Christen wie mich sei es wichtig, in Westfalen innerhalb des CVJM tätig zu sein. Bei den Vlotho-Treffen kämen, so argumentierte er, ein bunter Haufen von Vertretern aller möglichen Jugendorganisationen zusammen. Es sei idealistisch und utopisch von mir zu glauben, ich könne vereinzelt oder mit einem Häuflein vereinzelter evangelischer Christen für die Sache Jesu Christi oder die Sache der Evangelisation in einem Unternehmen wie dem Jugendhof Vlotho etwas ausrichten.

Ich war dagegen der Meinung, daß sich gerade nach 1945 viele Christen aktiv wie Sauerteig zwischen den »Anderen« engagieren sollten. Mir erschien es abwegig, wenn sich junge evangelische Christen in ihren Organisationen abschotteten, um dann mit der Bibel in der Hand anzutreten und die anderen zu bekehren.

Wir redeten aneinander vorbei, aber die Gebrüder Busch

hatten meinen Respekt. Sie waren als westfälische Pietisten kompromißlos in ihrer Hingabe, jungen Menschen das Evangelium nahezubringen, und in ihrer Aufopferung für den CVJM. Aber ihr Weg konnte der meine nicht sein.

In diesem Zusammenhang wurden zwei Gemeindepfarrer der Evangelischen Kirche in Westfalen zunächst für mich persönlich und dann für Vlotho wichtig. Es waren Ernst Wilm aus Mennighüffen und Hans Thimme aus Spenge. Sie waren auf meine Bitte oft in Vlotho und unterstützten mich ohne lange grundsätzliche Aussprachen, wenn ich mehr aus Instinkt als aus grundsätzlich theologischen Überlegungen der Meinung war, in einer Einrichtung wie dem Jugendhof Vlotho sei der Platz evangelischer Christen zwischen und mit den »Anderen«.

Von katholischer Seite war es die Gruppe katholischer Studentinnen aus Köln, die sich um den Kaplan Vosspohl zusammengefunden hatte und die meine Absicht unterstützte. Sie waren nicht nur auf eine intellektuelle Weise neugierig, wie die »Anderen« dachten und lebten, sondern sie sahen es darüber hinaus als ihre christliche, mitmenschliche Pflicht an, sich in der Solidarität des Mischverbundes auch für die Nicht-Christen zu interessieren.

Zudem ergab es sich oft am Abend in meinem Arbeitszimmer, daß ein kleines Häuflein von evangelischen und katholischen Christen sich zur Complet oder zu einem anderen Abendgebet zusammenfand. Meine Erfahrungen aus der Arbeit und dem gemeinsamen Leben auf dem Jugendhof Vlotho führten bei mir zu der Einsicht, daß wir uns, angesichts der Fülle gemeinsamer Aufgaben und als christliche Minderheit in der heutigen Gesellschaft, nicht unnötig von den anderen als die »Gläubigen« absetzen dürfen. Diese Einsicht bestimmte dann auch später meine Arbeit in der Evangelischen Kirche.

Nach drei Jahren Jugendhof Vlotho wurde mir klar, daß ich mich nicht mehr lange als »Jugendfreund« unter anderen »Jugendfreunden« tummeln wollte. Ich war siebenunddreißig Jahre alt und hatte mich – nach sechs Jahren Krieg – als Lernender unter den jungen Menschen wohlgefühlt. Obwohl die Beteiligung an Tagungen des Jugendhofes nicht nachließ und sich immer wieder interessante Aufgaben stellten, sah ich mich nach einer neuen Herausforderung um.

In dieser Situation fragten mich meine beiden Theologenfreunde aus Westfalen, Ernst Wilm und Hans Thimme, ob ich nicht das neugegründete »Sozialamt der Evangelischen Kirche in Westfalen« übernehmen wolle. Ernst Wilm war inzwischen Präses und Hans Thimme, der spätere Präses und Leiter des Predigerseminars, Oberkirchenrat in der Leitung der Evangelischen Kirche, die ihren Sitz in Bielefeld hatte.

Auf meine Frage, was die Aufgaben des Sozialamtes sind, bekam ich Antworten, die mich wenig befriedigten. Was das Gehalt angeht, war diese Position wie die eines Gemeindepfarrers eingestuft. Der Inhalt der Aufgabe ließ sich noch am ehesten daran ablesen, daß einige Persönlichkeiten im Landeskirchenamt den Pastor Siegmund-Schultze zum Leiter des Sozialamtes berufen wollten. Siegmund-Schultze hatte sich in den Zeiten der Weimarer Republik als sozialdemokratisch gesinnter Pfarrer im Osten Berlins einen Namen gemacht, weil er unterernährte Proletarierkinder und auch deren Eltern zur Erholung für ein paar Wochen aufs Land nach Pommern oder anderswohin vermittelte. Siegmund Schultze hatte dort christlich gesinnte Gutsbesitzer von der sozialen Notwendigkeit dieser Aufgabe überzeugt. Unter diesen Gastgebern waren damals auch meine Eltern und die Großmutter meiner Frau.

Ich erinnere, wie meine Mutter einmal mit einem kleinen

Mädchen aus Berlin-Wedding an der Hand durch den Garten ging, in dem ein leuchtender Forsythienstrauch in voller Blüte stand. Meine Mutter machte die Göre darauf aufmerksam: »Sieh mal dort, der schöne Forsythienstrauch.« Mit nüchternen, mißtrauischen Augen fragte das kleine Mädchen meine Mutter: »Un wat sitzt da unter?«

Es gibt einen »Klassenunterschied« zwischen denen, die behütet aufgewachsen sind, und denen, die von klein auf auch hinter dem scheinbar Schönen ein Ungeheuer oder eine Falle wittern. Solche Kinder haben früh in ihrem Milieu gelernt, daß sie nur mit einem handfesten Dauermißtrauen gegen alles überleben können.

Ich weiß nicht, woran es lag, daß der Vorschlag für Siegmund Schultze in Westfalen nicht durchkam. Aber er zeigte, daß man sich neu für die industrielle Arbeitswelt interessierte und vor der Berufung eines bekannten Sozialdemokraten nicht zurückschreckte. Das war für die Evangelische Kirche in Westfalen seinerzeit keineswegs selbstverständlich.

Präses Wilm erklärte mir, als seinem Kandidaten, die Aufgabe des Sozialamtes, das ja außer einer freien Pastorenplanstelle noch gar nicht existierte, lapidar etwa so: Die Evangelische Kirche in Westfalen wolle mich gleichsam »als einen Boten ihres Sozialverständnisses und als Laien in das Ruhrgebiet vorschicken«. Ich fand das reichlich unklar.

Aber dann entdeckte ich, daß es für mich eine reizvolle Herausforderung sein könnte, Inhalt und Profil dieser Aufgabe Schritt für Schritt selber zu finden und wachsen zu lassen. Seitens der Kirchenleitung gab es allerdings die Vorgabe, daß ich mich besonders um den Steinkohlenbergbau zu kümmern habe, der von der Tradition her im westfälischen Ruhrgebiet eine dominierende Rolle spielt.

Die Kirchenleitung bat den Bergwerksdirektor Hugo Krüger, ein Mitglied der Kirchenleitung, mit mir den damaligen Verantwortlichen der Kohlenbergbauleitung, Heinrich Kost, in Essen aufzusuchen, um mich mit meinem neuen Auftrag bei ihm einzuführen. Mir war dabei nicht ganz wohl, weil ich Sorge hatte, Heinrich Kost als leitender Persönlichkeit der Arbeitgeber im Bergbau eine noch so unausgegorene Konzeption des beabsichtigten Sozialamtes vortragen zu müssen. Kost aber war sofort dabei, und seine Augen blitzten. Ohne lange Vorrede nannte er als drängendstes Sozialproblem im Steinkohlebergbau den Nachwuchs für die Arbeit unter Tage. Man habe, zumal unter den Flüchtlingen und Vertriebenen aus Ostdeutschland, durchaus Erfolg mit der Anwerbung kräftiger junger Männer, habe auch seitens der Zechen viele neue Berglehrlingsheime gebaut und werde dabei vom Land Nordrhein-Westfalen mit beträchtlichen Beträgen unterstützt, aber aus Gründen, die der Kohlenbergbauleitung nicht verständlich seien, blieben diese Jungbergleute, obwohl sie gut verdienten, nicht lange in diesem Beruf. Es gebe eine laufende Fluktuation, die für die Zechen ärgerlich und kostspielig sei. Die Energiewirtschaft der eben aus der Taufe gehoben Bundesrepublik sei zudem existentiell auf ausreichenden Nachwuchs für die Arbeit im Steinkohlebergbau angewiesen.

Nach dem Besuch bei Heinrich Kost hatte ich nun meine erste inhaltliche Aufgabe, aber noch kein Budget und auch noch Probleme mit meinem »Amtssitz«.

Es war ein Glücksfall, daß die Evangelische Kirche in Westfalen genau zu dem Zeitpunkt bei Schwerte an der Ruhr ein baulich ziemlich verwahrlostes Gutshaus angemietet hatte, um das ebenfalls neu gegründete »Evangelische Studienwerk«

dort unterzubringen. Dieses in einem großen Park gelegene Gutshaus hieß »Haus Villigst«. Die Leitung des Studienwerkes war von der Bielefelder Kirchenleitung Hellmut Keusen anvertraut worden.

Als mir mitgeteilt wurde, daß auch das Sozialamt der Evangelischen Kirche in Haus Villigst untergebracht werden sollte, da gab es noch keine klaren Vorstellungen, wer denn nun die Leitung von Gesamt-Haus Villigst übernehmen sollte. Mit der Einquartierung des »Katechetischen Amtes der Evangelischen Kirche in Westfalen« als drittes Unternehmen in Haus Villigst wurde die Notwendigkeit einer koordinierenden Leitung des Hauses drängender, blieb aber offen.

In Haus Villigst konnte ich meiner Familie wieder eine eigene Heimat geben. Zwölf Jahre sollten wir hier auf dem Lande leben. Die Kinder wuchsen in einer großen lebendigen Hausgemeinschaft auf. Meine Frau fand ein Stück menschliche Mitverantwortung in meinem beruflichen Umfeld.

Mein Amt bestand zunächst nur aus einer Sekretärin und mir und einem winzigen Büro. Mit der mir zugestandenen kreativen Freiheit (deren Ausmaß man sich heute nur noch schwer vorstellen kann) und dem sich langsam aufbauenden Mitarbeiterstab fanden wir in einem größeren Organismus Geborgenheit, Herausforderung und Begrenzung.

Als ich zum ersten Mal zusammen mit meiner Frau Haus Villigst sah, empfing uns Hellmut Keusen und an seiner Seite die Hausdame Baronin Reißwitz. Sie hatte in der »Rotunde«, einem originellen ovalen Raum im ersten Stock des Gutshauses, ein Frühstück bereitet. »Die Baronin«, wie sie später allgemein und liebevoll hieß, zeigte uns von dort oben den weiten Blick über Fluß und Wiesen, bis zu der fernen Silhouette der kleinen Stadt Schwerte, die gerade zwischen Ruhrgebiet und Sauerland liegt. Mit diesem Blick öffnete sich uns der Horizont einer neuen Heimat.

Anders als die meisten Gutshöfe im Osten hatte »Haus Villigst« ein riesiges Wohnhaus und kleine Wirtschaftsgebäude. Scheune, Ställe und Wagenremise wurden nach und nach für Wohnungen ausgebaut. Hellmut Keusen führte uns bei diesem ersten Besuch in einen kleinen zweistöckigen Kornspeicher. In der Tür war noch das Katzenloch. Von einem zum anderen Boden konnte man nur mit einer Leiter gelangen. Auf den alten Eichendielen legten wir Holzlatten aus, wo wir uns die Wände unserer neuen Wohnung wünschten.

Keusen hatte den Umbau des Hauses zu einem Projekt des Evangelischen Studienwerks gemacht. Er hatte eine Leidenschaft fürs Bauen. Und den Werkstudenten, die 1949 für ein Stipendium vorgeschlagen waren, konnte nichts Besseres passieren, als Kelle und Zollstock in die Hand zu nehmen und für sich und andere Wohnraum zu bauen. Diese dreißig bis fünfzig Studenten, die in jedem Semester wechselten, prägten das Leben des Hauses. Sie machten es zu einem jungen Haus.

Als wir mit unserer, nunmehr auf fünf Kinder angewachsenen Familie in Haus Villigst eintrafen, brachten wir außer unserer Ziege und einem Minimum an Hausrat ein großes hölzernes Kruzifix mit.

Im Keller des Gutshauses gab es einen Raum mit einem Tonnengewölbe, das von starken schmiedeeisernen Trägern zusammengehalten wurde. Da das Haus am Hang lag, waren zur Ruhr hin sehr schön geformte Fenster durch die dicke Mauer gebrochen worden. Der Raum bot sich als Hauskapelle an. Und darauf schien unser Kreuz gewartet zu haben.

Das Kruzifix hatte eine Geschichte.

In einer der letzten Kurland-Schlachten im Herbst 1944 hatte eine sowjetische Panzergranate den Fußpunkt eines sehr hohen Wegkreuzes getroffen. Es war umgestürzt, und die Teile des Korpus Christi lagen verstreut im aufgewühlten Sand und Schlamm einer breiten Straße, auf der ich zu Fuß unterwegs war zu den drei Bataillonen des Regiments. Nach tagelangem Trommelfeuer mit Salvengeschützen und Artillerie waren alle Nachrichtenverbindungen ausgefallen. Rechts und links von uns brachen auf breiter Front die Sowjets durch. Es blieb keine andere Möglichkeit, als den Bataillonen anhand der Karten des Kommandeurs zu zeigen, wohin sie versuchen sollten, sich auf eigene Faust durchzuschlagen.

Auf dem Rückweg sammelte ich nach kurzem Zögern die Holzstücke des Korpus ein. Ich verstand es als ein Zeichen und wollte nicht, daß dieser gebrochene Leib auf der Straße von russischen Panzern vollends zermalmt wird. Beim Regimentsstab packte ich die Teile in einen Karton und gab sie einem Verwundeten mit, der die Chance hatte, noch ausgeflogen zu werden, weil er dringend operiert werden mußte.

Der Karton kam an, und der Stellmacher des Gutes restaurierte das Kreuz. Unter diesem Kreuz hielt dann jeden Abend meine Mutter den durchströmenden Flüchtlingen eine Andacht. Meine Mutter floh als letzte – mit dem Holzkreuz im Arm.

Nun versammelte es die Villigster Hausgemeinde.

Wir waren wie ein zusammengewehter Haufen Blätter. Menschen, die der Krieg übriggelassen hatte. Entwurzelte, Verletzte, Schuldige. (Vielleicht waren die Schuldigen die wichtigsten.) »Normalerweise« hätte sich kaum einer von ihnen für eine kirchliche Arbeit interessiert. Viele fanden wie ich den Entschluß, weil sie etwas Gravierendes erlebt hatten und neu anfangen wollten. Es war kein konfliktfreies Leben, das wir führten. Aber nun war uns eine gemeinsame Aufgabe anvertraut für die Menschen, die ins Haus kamen. So wurde für viele von uns die Kapelle zum Mittelpunkt, zum Herzen des Hauses. Hier konnten wir die persönliche und die geschichtliche Vergangenheit abladen. Hier erneuerte sich die Gemeinschaft.

Die Abendandacht wurde von Studenten des Werksemesters und von im Haus verantwortlichen Laien und Theologen gehalten. Es gab keine Rangunterschiede. Jeder – auch ich – konnte die Erfahrung machen, daß man die Bibel selber besser versteht, wenn man sie anderen sagen muß. Das Wort wurde gebraucht und blieb lebendig.

Die Unterschiede in der Vorbildung führten später zur Idee einer »Hausleitungsbibelstunde«, in die auch die Ehefrauen einbezogen waren (das war wichtig für den Frieden). Sie war mit Frühstück verbunden und fand reihum in den Häusern statt. Die Geistlichen des Katechetischen Amts führten uns in das Alte Testament ein. Die Vikarin Gertrud Grimme – eine kluge Frau mit analytischem Verstand und Ernst Klessmann, ein tief in der Frömmigkeit der Minden-Ravensberger Erweckungsbewegung verwurzelter Geistlicher, ergänzten einander gut. Nie vorher hatte ich etwas Ähnliches erlebt. Im Hören auf die Bibel kamen oft die unterbewußt in uns lauernden Spannungen heraus – verloren aber dadurch von ihrer Bedrohlichkeit. Unsere Grundverschiedenheit bewährte sich aber auch im Aufleuchten neuer Erkenntnisse.

Hellmut Keusen gehörte in besonderer Weise zu den Menschen, deren Leben der Krieg total umgewandelt hatte. Starke Erlebnisse hatten aus dem rheinischen Katholiken und Verwaltungsleiter eines großen Krankenhauses einen evangelischen Christen gemacht, der einen Dienst in der Kirche suchte. Die Idee des Evangelischen Studienwerks ging von ihm aus. Er fand, daß für ein Stipendium der Kirche eine intellektuelle Qualifizierung nicht ausreichend sei. Wenn einer als christlicher Akademiker der Gesellschaft dienen wollte, brauchte er auch eine gesellschaftliche Bewährungsprobe. Das Werksemester bot dafür Gelegenheit unter den Arbeitern in fordernder Schichtarbeit im Ruhrgebiet. Zugleich wurde auch erwartet, die Gemeinschaft untereinander zu gestalten. Als ein charismatischer Pädagoge bekam er es fertig, diese Gestaltung zwar zu fordern, die Form aber völlig offen zu lassen. So erlebten wir die herrlichsten Feste, Theateraufführungen und sonstigen »Happenings«, in die auch herzhafte Streiche mit eingeschlossen waren. Wie jeder Mensch, der Visionen hat und das Recht empfindet, sie auch zu realisieren, war er wie ein Pferd, das eigentlich nur nach »vorne« gehen kann. Aber die Realisierung der Visionen machte ihn ergänzungsbedürftig. Er brauchte einen Akademiker an seiner Seite.

Ich hatte Keusen als administrativen Leiter von Haus Villigst akzeptiert. Wir waren beide dynamisch und ehrgeizig, also nicht schnell bereit, uns dem anderen unterzuordnen. Und Hellmut Keusen hatte berechtigterweise in Haus Villigst das Bewußtsein des »Erstgeborenen«. Er war mir mit seinen rheinischen, manchmal kaufmännisch »schlitzohrigen« Methoden fremd. Als ich langsam die Geschichte und das Wesen dieses so überaus engagierten Mannes besser begriff, wurde er mir vertrauter. Dazu trug auch der Frühstückstisch in der Atmosphäre seiner liebenswerten mecklenburgischen Frau bei. Später, als ich selber im Rheinland lebte, half mir die Erinnerung an ihn.

Als akademischer Leiter des Studienwerks trat der Ost-

219

preuße Dr. Willy Kramp an seine Seite und in unseren Kreis. Er kam direkt aus russischer Kriegsgefangenschaft. Ursprünglich Psychologe, Lehrer und Dichter war er in den schweren Jahren in russischen Lagern zum Verkündiger des Evangeliums geworden, hatte aber seine geistige Weite nicht verloren. Er und seine masurische Frau Lenchen zogen bald in ein Haus am Wald, um Keusen das Feld in Haus Villigst zu überlassen. Das verstärkte ihre Ausstrahlung auch über das Studienwerk hinaus. Bei diesem Ehepaar in seiner farbigen Nähe zu allem Kreatürlichen und der östlichen Tiefe der Frömmigkeit fallen mir Bilder von Chagall ein.

Willy Kramp konnte einen Vortrag folgendermaßen beginnen: »Auf meinem Herweg in der Bahn habe ich mein Horoskop gelesen, da stand: ›Wenn Sie heute schweigen, kann noch alles gut werden!‹« Wie viele Situationen hat sein Humor gelöst! Ein Kern des verlorenen Ostpreußen war in dem kleinen bescheidenen Haus am Wald anwesend und für alle offen.

Dr. Heinz Eduard Tödt kam als nächster Studienleiter – und so einer nach dem anderen. Die Aufgaben weiteten sich aus, und das Haus wurde zu klein. Nur einen möchte ich noch nennen, stellvertretend für alle, die sich für das Ganze verantwortlich fühlten: Herrn Frey und seine Frau.

Er hieß so und war es auch. Er blieb trotz Vertreibung ein westpreußischer Bauer, der nicht nur das Gemüse und die Schweine fürs Haus zog, sondern sich auch auf das menschliche Herz verstand.

Als die Baronin einmal lange Zeit krank lag und sich nicht erholen konnte, hatte er verstanden, daß hier nicht nur körperliche, sondern auch seelische Gründe mitspielten. Er trat eines Morgens an ihr Bett und sagte ihr, sie könne jetzt aufstehen. Und sie tat's.

Zwei, drei Jahre nach Gründung des Sozialamtes hatten sich seine inhaltlichen Schwerpunkte und das Profil seiner Aktivitäten entwickelt. Ein Ausgangspunkt für die Arbeit war die Feststellung gewesen, daß das traditionelle Sozialverständnis der Evangelischen Kirche bisher rein karitativ bestimmt war. In Theorie und Praxis stellte sich bald heraus, daß das Sozialverständnis des Sozialamtes über die traditionelle christliche Opfer-Ethik der kirchlichen Hilfswerke hinausgehen mußte. Ausgangspunkt für die Arbeit des Sozialamtes mußte die gesellschaftspolitische Frage sein, wie das Verhältnis des Einzelnen zu den verschiedenen Interessengruppen der Industriegesellschaft humaner gestaltet werden kann, und wie diese Aufgabe konkret unter den gegebenen Bedingungen der industriellen Leistungsgesellschaft umsetzbar ist.

Der zweite wichtige Ausgangspunkt für die Aktivitäten des Sozialamtes war die Feststellung, daß das traditionelle evangelische Gemeindeleben im wesentlichen von Angehörigen der bürgerlichen und kleinbürgerlichen Schichten bestimmt wurde. Es gab einen Bergwerksdirektor in der Kirchenleitung, aber in vielen Selbstverwaltungskörperschaften der einzelnen Gemeinden, den Presbyterien, kaum einen Bergmann oder gar einen engagierten Kollegen der Industrie-Gewerkschaft Bergbau, der sich als praktizierender Christ zur Evangelischen Kirche bekannte.

Für das Sozialamt konnte es nicht darum gehen, evangelische Christen im Bergbau zu sammeln und sie im Glauben zu stärken. Viele aus der Arbeiterschaft, die rein formal der Evangelischen Kirche noch angehörten, waren der Botschaft dieser Kirche längst entfremdet. Die Schlußfolgerung war, daß das Sozialamt als Institution der »Kirche für die Welt« gerade für die den christlichen Kirchen längst entfremdeten Menschen der industriellen Arbeitswelt da sein mußte. Dazu gehörten

221

nicht nur die Bergarbeiter, sondern auch große Teile der Mittelschicht, die im Bergbau in technischen Funktionen tätig war.

Ich machte mich daran »durchzuforsten«, was es für die Aufgabe des Sozialamtes an brauchbarer evangelischer Sozialethik gab. Was ich da fand, war mager. Es bestätigte sich, daß in der Evangelischen Kirche aufgrund ihrer traditionellen Struktur auf dem Gebiet der Sozialethik wenig vorhanden war, was für die Probleme der modernen industriellen Arbeitswelt brauchbar gewesen wäre. Für das Sozialamt begann also zunächst ein Lernprozeß. In diesem Lernprozeß war für mich das wissenschaftliche Werk von Max Weber, der die Sozialentwicklung der industriellen Arbeitswelt in so klassischer Klarheit dargestellt hat, eine wichtige Quelle. Natürlich stieß ich bei meinen Nachforschungen auch auf die Sozialenzykliken des Papstes und wurde auf den Jesuitenprofessor Oswald von Nell-Breuning aufmerksam, der an einigen Enzykliken maßgeblich mitgearbeitet hatte. Ich beschaffte mir einige seiner Schriften und suchte ihn auch bald in Frankfurt auf. In ihm fand ich einen überzeugenden Lehrer bei der Suche nach Antworten auf die vielen Fragen, die die industrielle Arbeitswelt dem Christen stellt.

Für den praktischen Einstieg des Sozialamtes hatte mir Heinrich Kost den wichtigen Hinweis gegeben, daß es den Arbeitgebern trotz Mühe und Aufwand bisher nur unbefriedigend gelungen war, geeigneten Nachwuchs für den Bergbau zu finden, und vor allem in den Zechen zu halten. Die Fluktuation war erschreckend.

Nach den drei Jahren in Vlotho fühlte ich mich leidlich darüber informiert, was junge Menschen um die Zwanzig nach 1945 dachten und empfanden. Selbst Flüchtling aus dem

Osten, konnte ich mich in die Situation von jungen Menschen versetzen, die aus Ostpreußen, Pommern, Schlesien kommend, in irgendwelchen Flüchtlingslagern in Niedersachsen oder Schleswig-Holstein einige Zeit beschäftigungslos verbracht hatten und dann von Anwerbern des Bergbaus ins Ruhrrevier verpflichtet worden waren. Also holte ich mir mit Hilfe von Heinrich Kost eine Genehmigung der Zechen zum Besuch der Berglehrlingsheime. Damals gab es etwa fünfzig im Ruhrrevier.

Von Beginn an war ich als Leiter des neuen Sozialamtes daran interessiert, beide Sozialpartner einzubeziehen, also auch die Gewerkschaft. Bei August Schmidt, dem damaligen Vorsitzenden der IG-Bergbau, fand ich aufrichtiges Interesse, das Sozialamt in seiner Arbeit zu unterstützen.

Nachdem ich alle Berglehrlingsheime besucht und meinen Bericht verfaßt hatte, wurde mir noch einmal klar, wie sehr ich mich im Steinkohlebergbau in Westfalen und im Rheinland auf preußischem Sozialgelände befand. Fast alle diese Bergbaubetriebe waren einst in preußischem Staatsbesitz gewesen. Nicht nur Heinrich Kost mit seinem Tempo und seinem Selbstbewußtsein, an der Spitze der Hierarchie im Bergbau zu stehen, hatte mir den Eindruck eines couragierten Husarengenerals vermittelt, sondern die gesamte Hierarchie im Bergbau war sehr von preußisch-militärischen Befehlstrukturen geprägt.

In meinem Bericht über die Berglehrlingsheime schrieb ich nicht nur, daß die architektonische Struktur dieser Heime, deren Bau vom Land Nordrhein-Westfalen mit ein paar tausend Mark pro Bett gefördert worden war, Kasernen sehr ähnelte, sondern auch, daß eine Reihe von Heimleitern ihre Aufgabe mit der Akribie und den Rechts- und Ordnungsvorstellungen eines preußischen Feldwebels wahrnahmen, aber ohne ein notwendiges Feingefühl für die psychologische Situation der aus Ost-Deutschland vertriebenen Bewohner dieser Heime, die sich als Arbeitskräfte »eingefangen« fühlten.

Mein Gutachten über die sozialen oder besser, menschlichen Bedingungen in den meisten dieser Heime wurde von beiden Tarifpartnern im Bergbau wach und interessiert aufgenommen. Am deutlichsten und schnellsten reagierte das Sozialministerium des Landes Nordrhein-Westfalen in Düsseldorf: Es knüpfte sofort an seine finanzielle Unterstützung beim Bau dieser Lehrlingsheime die Garantie, daß die Heime ab sofort von Personen geleitet werden, die für den Umgang mit jungen Menschen geeignet sind. Die Zechen hatten bisher häufig die Leitung eines Heimes einem unter Tage bewährten, aber durch Invalidität vor Ort nicht mehr einsetzbaren Hauer oder Steiger anvertraut, der ohne jede pädagogische Qualifikation lediglich für Zucht und Ordnung in den Heimen zu sorgen hatte.

Es lag nahe, daß das Sozialamt alsbald einen vierwöchigen Heimleiterkursus in Haus Villigst anbot. Das lebhafte Interesse der Zechen sorgte für viele Anmeldungen. In Kooperation mit beiden Tarifpartnern wurden Experten, Psychologen und Pädagogen, zu Rate gezogen.

Meine Bestandsaufnahme der Lehrlingsheime hatte zudem ergeben, daß allein schon ihre architektonische Struktur eine entscheidende Voraussetzung für die mehr oder weniger menschliche Unterbringung der Berglehrlinge gesetzt hatte. Einige dieser Heime nannte der Volksmund im Ruhrrevier »Bullenkloster«. In der Tat gab es Heime, die nur aus kasernenartigen Schlafräumen mit zweistöckigen Bettgestellen bestanden. Entsprechend kahl und öde sahen die Flure aus. Da gab es weder einen Gemeinschaftsraum noch eine Tischtennisplatte oder ähnliches; die Pförtnerloge unterschied sich kaum von der Wache am Eingang einer Kaserne.

224

Mit Hilfe des Sozialministeriums gelang es, an einer Universität des Landes einen architektonischen Wettbewerb auszuschreiben, um Beispiele für eine humanere Raumgestaltung zu entwickeln, die mit wenig Mehrkosten zu verwirklichen waren.

Zu helfen, humanere Wohn- und Lebensbedingungen in den Berglehrlingsheimen zu schaffen, war der Beginn der Aktivitäten des Sozialamtes nach außen und schaffte ein erstes Vertrauen bei den Partnern im Bergbau, und auch einiges Erstaunen darüber, daß das soziale Engagement der Kirche sich nicht im Spendensammeln und im Missionieren der Seelen erschöpfte.

Es ging dem Sozialamt aber auch darum, Einfluß zu nehmen auf die Humanisierung der Arbeitswelt selber. Dabei war uns klar, daß das Verhältnis von Produktionsbedingungen und Leistungsprinzip unausweichliche Härten mit sich bringt, die nicht einfach wegzudiskutieren sind. Im Rahmen dieser sozialpädagogischen Aktivität des Sozialamtes wurden verschiedene Gruppen der hierarchisch gegliederten Bergbaubetriebe zu verlängerten Wochenend-Seminaren ins Haus Villigst eingeladen. Das waren beispielsweise Betriebsräte, Hauer oder die Steiger, aber auch die Betriebsleiter. Wir vermieden es, diesen Praktikern der Betriebe belehrend mit sozialen oder gar mit christlichen Parolen zu kommen. Vielmehr wurde in kleinen Gruppen beraten, welche Gegebenheiten des Leistungsbetriebes unter als auch über Tage menschliche oder soziale Verwundungen zur Folge haben und welche Veränderungen in der Betriebs- und Leistungsstruktur zu humaneren Arbeitsbedingungen führen könnten. Niemand in dem sich langsam vervollständigenden Team des Sozialamtes war ein pädagogisch-psychologisch ausgebildeter Experte. Die pädagogische Praxis entwickelte sich in einem gegenseitigen Lernprozeß, an dem die Bergleute intensiv beteiligt waren.

Natürlich endeten unsere Wochenendkurse nicht mit schnellen Empfehlungen an die Adresse der Verantwortlichen im Bergbau, aber die erarbeiteten Anregungen halfen, einen Umdenkungsprozeß auf beiden Seiten in Gang zu setzen. Den Zechen war es zunehmend das Geld wert, solche Kurse zu bezahlen.

Es war mir für Haus Villigst wichtig, nie einseitig mit den Unternehmern zu kooperieren. Immer wurde zugleich der Kontakt zu dem anderen Tarifpartner, den Gewerkschaften, gesucht und gehalten. Ich hielt das auch deshalb für wichtig, weil wir uns – nicht nur den Betriebsräten gegenüber – der historisch nicht unbegründeten Skepsis in der Arbeitnehmerschaft gewahr sein mußten, daß beide christliche Kirchen es seit Beginn der industriellen Revolution im vorigen Jahrhundert vernehmlich mit den Unternehmern und der konservativen Obrigkeit gehalten haben.

Im Landeskirchenamt in Bielefeld war gelegentlich in Form von ärgerlichen Anmerkungen zu hören, wieviel Geld Pastor Döhring mit seiner charismatischen Gabe als Redner und Prediger aus dem westfälischen Ruhrrevier an die Evangelische Akademie in Loccum zog. Die Gabe von Bischof Lilje als Abt von Loccum, leitenden Unternehmern des Ruhrgebietes ab und an einen ebenso konservativ wie liberal gesinnten evangelischen Kirchenfürsten zu präsentieren, trug das ihre dazu bei. Die Loccumer Leitung war deutlich unternehmerfreundlich. Unter den jungen Theologen und Sozialsekretären profilierte sich in der Loccumer Mitarbeiterschaft ein Flügel, der mehr an Solidarität mit den Gewerkschaften dachte. Eine solche Aufspaltung der Mitarbeiterschaft hat es bis heute im Haus Villigst nie gegeben.

Das Mitarbeiter-Team im Sozialamt war nicht nach einem vorher theoretisch bedachten Plan zusammengestellt worden, vielmehr hatten sich über die Entwicklung der Aufgaben des Sozialamtes Persönlichkeiten zusammengefunden, deren Fachausbildung wir gut gebrauchen konnten und die persönlich gut zueinander paßten.

Da waren als Theologen im Team Pastor Phillipps und später Pastor Brandt. Beide gewannen nicht nur als Theologen, sondern auch als Menschen schnell Vertrauen bei den Partnern in der industriellen Arbeitswelt. Sie hatten unter anderem die besondere Aufgabe, den jungen Pfarrern zur Seite zu stehen, die als eine Art Arbeiterpfarrer für einen bestimmten Zeitraum in der Industrie praktisch als Kollegen mitarbeiteten. Solche Pioniereinsätze einer lernenden Kirche schufen deutlich Vertrauen im säkularen Umfeld.

Für die Aufarbeitung der Anregungen und Probleme aus den Gruppengesprächen mit den Bergleuten und den Textilarbeiterinnen aus dem Münsterland brauchten wir einen qualifizierten Soziologen. Er fand und bewährte sich in Fritz Rudolf, einem Assistenten von Prof. Schelsky in Hamburg.

Da es idealistisch und abwegig gewesen wäre, von einer christlichen Sozialethik her Postulate für Bergbau- oder Textilbetriebe aufzustellen, die aus Gründen der wirtschaftlichen Gegebenheiten keine Aussicht auf Verwirklichung hatten, brauchten wir einen Volkswirt, der die Fähigkeit hatte, wirtschaftlich nüchtern zu denken und dabei sensibel auf die sozialen Zielvorstellungen des Sozialamtes zu reagieren. In Dr. Harry Nodorf fanden wir einen solchen Mitarbeiter.

Weiter gehörten zum Team drei beachtliche Frauen. Dr. Sybille Banke übernahm die Verantwortung für die schnell wachsenden Sozialseminare im Lande Westfalen. Mit diesen Seminaren begann ein ganz neues Experiment der Evangelischen Kirche: Unter Leitung eines jeweils lokalen Kuratoriums sollte die Geschichte der Entwicklung der industriellen Arbeitswelt des jeweiligen Ortes ans Tageslicht geholt werden. Methodisch geschah das im Stil einer Volkshochschule. Es gelang meist ohne Schwierigkeiten, geeignete Experten am Ort zu finden, die bereit waren, als Studienleiter oder Fachleute aktiv mitzuwirken. Dr. Sybille Banke gelang es, an vielen Orten solche Sozialseminare in Gang zu bringen und lebendig zu erhalten.

Christa Springe entwickelte sich schnell als eine sozialethische und theologische Expertin für Frauenfragen in der Industrie.

Die dritte Frau im Team war die Vikarin Elma Waubke. Sie wurde dem Leiter des Sozialamtes als Lehrvikarin zugeteilt. Ihr war die besondere Aufgabe des Kontaktes zu den Mitarbeiterinnen der Textilbetriebe anvertraut. Über ihre theologische Ausbildung hinaus, hatte sie die Gabe, sensibel auf die Situation der weiblichen Beschäftigten in diesen Betrieben einzugehen.

Die ökumenische Ausweitung des Sozialamt-Teams ergab sich aus den Aufgaben, die sich in der täglichen Praxis als wichtig erwiesen. So zeigte sich z. B., daß die Bergleute, die sich für ein paar Tage in der lockeren, menschlichen Atmosphäre in Haus Villigst versammelten, ein viel größeres Bedürfnis nach fast seelsorgerlichem Gespräch über ihre persönlichen Angelegenheiten hatten, als wir das jemals angenommen haben.

Da die Theologen des Sozialamtes Familie hatten, konnte von ihnen auf die Dauer nicht erwartet werden, daß sie immer

wieder bis lange nach Mitternacht für solche Gespräche zur
Verfügung standen. Wir brauchten also Mitarbeiter, die nicht
am »Wohnwagen« einer Familie hingen. Haus Villigst hatte
durch das Evangelische Studienwerk eine vertrauensvolle Beziehung zu dem evangelischen Kloster in Taizée bei Cluny in
Frankreich. Es gelang, drei junge Brüder, Frères mit guten
deutschen Sprachkenntnissen, dafür zu gewinnen, als Christen den Bergleuten durch »simple présence« für solche Gespräche zur Verfügung zu stehen. Natürlich waren diese
Frères aus Taizée sensible Jünglinge, und wir waren uns nicht
sicher, ob sie von den robusten Bergleuten als Gesprächspartner angenommen würden. Aber solche zweifelnde Fragen erwiesen sich in der Praxis als völlig unbegründet. Offenbar war
die »anima candida« eines jungen Mönches gerade für die
Bergleute so überzeugend, daß sie diesem »Fremden« gegenüber nicht zögerten, ihre persönlichsten Probleme auszubrei-
ten.

Der amerikanische Pastor John Healy und seine Frau äußer-
ten zu einem Zeitpunkt den Wunsch, im Verbund des Sozialamtes arbeiten zu wollen, als wir im Team zu dem Schluß
gekommen waren, daß es nicht nur einem, in der engeren Region gegebenen Bedarf entspräche, wenn das Sozialamt in
Haus Villigst als »Nebenbetrieb« ein Lehrlingsheim einrichten
würde, sondern auch dem Bedürfnis nach praxisnahen Lern-
möglichkeit für die Mitarbeiter des Sozialamtes. Die Räum-
lichkeiten waren damals in Haus Villigst noch vorhanden, und
die finanzielle Förderung durch öffentliche Mittel gewährleistet. So wurde die Leitung des Heimes dem sozial engagierten
amerikanischen Ehepaar Healy anvertraut.

Unsere Ziege, die wir bei dem Umzug nach Haus Villigst
mitgebracht hatten, um den Milchbedarf meiner kinderrei-
chen Familie ausreichend zu decken, war im großen Park von

Haus Villigst angepflockt. Wir wußten ziemlich genau, welche Milchmenge wir jeden Tag von der Ziege erwarten konnten. Aber eines Tages gab sie morgens kaum noch Milch. Wir wollten das nicht glauben und »lernten« mit kriminalistischen Mitteln herauszufinden, daß einige pfiffige Lehrlinge unseres Heimes »gelernt« hatten, jeden Morgen unsere Ziege schon einmal »vorzumelken«. Diese Art voneinander »Lernen« war nicht die Regel.

Jeden Abend nach dem Abendbrot wurde in der Kellerkapelle eine Hausandacht gehalten. Es gab keinerlei Erwartung oder gar sanften Druck auf die Seminarteilnehmer, sich an diesen Andachten zu beteiligen. Um so überraschter waren wir, wieviele Bergleute und Textilarbeiterinnen abends oft nachdenklich unter uns saßen. Viele von ihnen hatten sicher seit langem an »so was« nicht mehr teilgenommen.

Der Freitag war in der Kapelle mein Tag, an dem ich für die Gestaltung der Andacht, die kurze Auslegung des Bibeltextes und das Gebet verantwortlich war. Gerade als Laie nahm ich es als Herausforderung dankbar an, dieser Hausgemeinde aus Arbeitern und Studenten einen Bibeltext auszulegen. Ich lernte auch bei diesem oder jenem Losungstext offen zuzugeben, daß mir seine Auslegung Schwierigkeiten bereitet oder auch meinen heftigen Widerspruch herausfordert.

Seit der Gründung des Sozialamtes sind unzählige soziale Beratungsfirmen wie Pilze aus dem Boden geschossen. Die Mitarbeiter dieser Firmen sind oft psychotherapeutisch gut geschult. Sie machen sich mit deutlichem Erfolg anheischig, den Mitarbeitern von Industriefirmen beizubringen, wie man es trotz gegebenen Leistungsdrucks des Wettbewerbs hinbekommen kann, in den Betrieben ein kooperatives soziales

Klima zu schaffen. Das theoretische Konzept dieser Mitarbei-
terschulungen aber beruht oft auf der, von uns schon in Vlotho
so bezeichneten »Kuh-Soziologie«. Sie besagt, daß es sich aus-
zahlt, den Kühen im Stall mit einigem Kostenaufwand Beethoven vorzuspielen und im Stall die Fensterscheiben blau an-
zumalen, wenn damit zu bewirken ist, daß die Kühe mehr
Milch geben.

Natürlich mußte auch das Sozialamt Verständnis für das lei-
stungsorientierte Denken und Handeln der Industriebetriebe
haben. Aber als christlich orientierte Sozialeinrichtung haben
wir unseren säkularen Partnern auch unmißverständlich klar-
gemacht, daß unsere Arbeit von dem Streben nach möglichst
viel Menschlichkeit und sozialer Gerechtigkeit in Betrieb und
Gesellschaft bestimmt ist und nicht primär vom Prinzip der
Leistungssteigerung in der Produktion.

Allein die praktische, sozialpädagogische Aufgabe des Sozialamtes im Bergbau und in der Textilindustrie gebot es, daß ein
qualifizierter Ausschuß diese Arbeit kritisch und beratend begleitete.

Der herausragende theologische Berater in diesem Sozial-
ausschuß war Prof. H. D. Wendlandt, der den Lehrstuhl für
Sozialethik an der theologischen Fakultät der Universität
Münster innehatte.

Prof. Kraut vom Max-Planck-Institut in Dortmund engagierte sich als Mitglied des Ausschusses für die Sozialaufgaben
der Kirche in der industriellen Arbeitswelt.

Für diesen Ausschuß fand sich schließlich auch ein jüngerer
Mann, der als engagiertes Mitglied der IG-Bergbau bereit war,
in dem Ausschuß mitzuarbeiten, wenn kein Anstoß daran genommen würde, daß er nicht getauft sei. Es wurde kein Anstoß daran genommen.

Zum Ausschuß gehörte unter anderen auch Liselotte Funke, deren sachlich fundiertes Engagement in vielen Sozialfragen auch in der Öffentlichkeit und Politik soviel Anerkennung fand, daß sie viele Jahre in Bonn als Ausländerbeauftragte verschiedener Regierungen wirkte.

Mit dem Sozialausschuß der Evangelischen Kirche im Rheinland kam es zu einer engen kollegialen Zusammenarbeit. Der Vorsitzende dieses Ausschusses, Dr. Friedrich Karrenberg, war ein Unternehmer aus Velbert. Ich verdanke ihm und der wissenschaftlichen Akribie seines sozialethischen Nachdenkens viele gute Ratschläge. Ihm ist vor allem die Herausgabe des Evangelischen Soziallexikons zu danken, an dem ich und mehrere Mitarbeiter des Sozialamtes in Haus Villigst mitgearbeitet haben. Außerdem gaben Dr. Karrenberg und ich gemeinsam die Schriftenreihe »Kirche im Volk« heraus.

Der Deutsche Evangelische Kirchentag

Im Symbol des Kirchentages sind vier kleine Kreuze in das Kreuz Christi eingefügt. Die ihr Eintreten für die Menschlichkeit mit dem Leben bezahlt hatten, sind darin anwesend.

»Rettet den Menschen« stand als Losung über dem Kirchentag in Essen 1950. Es war der erste, den ich mitverantwortlich erlebte.

Deutschland war durch den von ihm verschuldeten Krieg geteilt. Die DDR hatte den ungleich größeren Anteil dafür zu sühnen. Aber im Kirchentag waren Ost und West noch verbunden. Das erlebten wir als Gnade und Glück.

Die Losung sprach es aus: Es gab sehr viel zu tun auf allen Gebieten gesellschaftlichen Lebens. Aber wir hatten auch Grund zu großer Freude. Schon der Kirchentag ein Jahr zuvor in Hannover war zugleich Fest und Arbeitstagung gewesen.

Die Idee eines Deutschen Evangelischen Kirchentages kam von Reinold von Thadden aus Trieglaff in Hinterpommern. Thadden hatte erkannt, daß die verfaßte Kirche mit ihren hierarchischen Strukturen ein von Laien und Theologen gemeinsam getragenes Gegenüber braucht und einen Freiraum für die Fragestellung der Welt.

233

In Essen stand über der Schlußversammlung im großen Stadion ein hohes verbeultes Eisenkreuz. Rotglühend hatten es die Essener in einer Bombennacht plötzlich oben in einer brennenden Kirche leuchten sehen.

Reinold von Thadden begrüßte die Versammlung mit der ganzen Wärme unserer pommerschen Heimat in seiner Stimme. Diese Wärme schloß die Christen aus Ost und West fest zusammen. Als er später durch Kehlkopfkrebs seine Stimme fast verlor, spürte man sie immer noch.

An seiner Seite stand als erster Kirchentagspfarrer Heinrich Giesen. Er verband mit der rheinischen Fröhlichkeit eines echten Gotteskindes die Fähigkeit, mit Massen umzugehen. Das brauchte man damals noch.

Noch wenige Jahre zuvor waren in diesem Stadion Nazilieder gesungen worden. Der Vergleich, der noch frisch in der Erinnerung stand, machte den Unterschied fühlbar, als wir jetzt Lieder von Paul Gerhardt und Luther, Verse von Jochen Klepper und Rudolf Alexander Schröder sangen, an denen wir uns im Kriege festgehalten hatten. Und wir hörten gar nicht wieder auf. In Straßenbahnen, Autobussen, auf Straßen und Plätzen wurde einfach weitergesungen. Essen schien sich mit Gesang zu füllen.

Nach evangelischer Tradition war die Bibelarbeit das Zentrum des Kirchentages. Drei Tage lang begann man jeden Morgen damit in allen Hallen. Noch nie war das in so großer Öffentlichkeit geschehen. In den Bibeltexten entfaltete sich die Losung.

Und dann ging man in den Arbeitsgruppen zu den verschiedensten gesellschaftlichen Themen daran, den Schutt einer alle Bereiche des Lebens vergiftenden Ideologie beiseitezuräumen.

Die Kirche hatte ihr eigenes Versagen in der Nazizeit noch genau genug in Erinnerung, um demütig zu sein. Das ganze

234

Volk mußte eingedenk sein, daß es sich nicht selbst befreit hatte. So konnte der Kirchentag nicht *die* kirchliche oder christliche Meinung verkünden. Seine Stärke bestand im Fragen! Die Ideologisierung war nur zu überwinden durch offene Aussprache zwischen kontroversen Stellungnahmen. Das waren Schritte zum Mündigwerden der Christen.

Dafür einen Freiraum zu schaffen und zu schützen, erschien mir als lohnende Aufgabe.

So haben für mich die vierzig Jahre Mitarbeit im Evangelischen Kirchentag eine Heimat und mancherlei befreienden Aufbruch bedeutet. Es brachte mir auch eine Zurechtsetzung in der mir naheliegenden Versuchung, von meinem eigenen Engagement zu sehr gebannt zu sein.

Der Zielsetzung entsprechend, mußte das Kirchentagspräsidium so kontrovers wie möglich zusammengesetzt sein und war es auch. Ich habe im kirchlichen und weltlichen Bereich kein Gremium kennengelernt, wo, auch zu Zeiten erheblicher Meinungsverschiedenheiten, eine so gute Atmosphäre des Miteinander-Streitens gegeben war.

Man brauchte für die immer umfangreicher werdende Organisation einen hauptamtlichen Stab in Fulda. Hans Herrmann Wals als erster Generalsekretär stand diesem Stab mit nüchternem Kopf und überzeugendem Glauben vor. Von ihm stammt die prägende Charakterisierung des Kirchentages als »Zeitansage des Protestantismus«. Christian Krause ist ein ebenso überzeugender Nachfolger. Die Aufgabenstellung dieses Stabes wuchs, denn nicht nur der Umfang des Kirchentages nahm zu. Die Vorbereitungsprozesse der Arbeitsgruppen, die Beteiligung der Basis, die der gastgebenden Landeskirche und die Gastfreundschaft der Gemeinden wurden wichtiger.

Die Partizipation der Basis soll in der Präsidialversammlung stattfinden. Sie wird von vielen noch als unzureichend empfunden. Da es einigen selbstbewußten Basisgruppen gelegentlich an Engagement für die Gesamtaufgabe des Kirchentages fehlt, bleibt ein ausreichend souveränes Präsidium wichtig.

Mich selbst erreichte der Ruf zum Kirchentag durch Reinold von Thadden.

Die pommersche Heimat verband uns. Trieglaff und Kniephof waren nur zwanzig Kilometer voneinander entfernt und Reinold und seine Frau mit meinen Eltern befreundet. Er und mein Vater waren sich in ihrem Suchen nach neuen Horizonten und auch in einer gewissen Outsiderrolle innerhalb der Nachbarschaft verwandt. Jetzt verband ihn und mich die Frage nach einem Dienst für das Ganze. Wir hatten beide eine gewisse Führungserfahrung und waren uns auch darin einig, uns, wenn es ein kirchlicher Dienst sein sollte, nicht irgendwie »kirchlich« verbiegen zu wollen. Er hatte so treffende Formulierungen wie: »Erst kam Adam, dann kam Christus« oder »Christus war kein Theologe«.

Reinold hatte seine Heimat und drei Söhne im Krieg verloren. Seine Schwester Elisabeth war von den Nazis ermordet worden. Er brachte sein persönliches Schicksal und seine preußische Tradition in den Kirchentag ein. Durch die Glaubensflüchtlinge, von den Hugenotten über die Pietisten bis hin zu den Juden, auf die Preußen für sein Erstarken im slawischen Kulturraum angewiesen war, hatte sich der evangelische Glaube fest mit der preußischen Staatsidee verbunden. Darüber hinaus war Trieglaff ein Zentrum der kleinen pommerschen Erweckungsbewegung im 19. Jahrhundert geworden, aus dem sich auch einst Otto von Bismarck seine Frau Johanna von Puttkamer geholt hatte. Reinold verband diese Frömmigkeitstradition mit starkem politischen Interesse (Doktorarbeit 1920 über »Völkermord und Völkerrecht«) und einem Aufbruch in die Ökumene. Er gehörte dem christlichen Welt-

Studentenbund an. Er war ein erdhafter Mensch, der spontan auf Menschen und Probleme zuging, und war tief verwurzelt im Alten Testament.

Sein sarkastisch herzlicher Humor berührte mich pommersch.

Ich habe ihn sehr verehrt und väterliche Freundschaft von ihm erfahren, obgleich wir uns durchaus nicht immer einig waren.

Ein Vergleich mit Richard von Weizsäcker, der in einer schon demokratischer geprägten Phase ab 1964 sein Nachfolger wurde, macht vielleicht das unterschiedliche Profil deutlich. Von Weizsäcker ist viel mehr der Repräsentant eines akademisch geschliffenen liberalen Bildungsbürgertums. Er ist durch seine Fähigkeit des sensiblen disziplinierten Nachdenkens und besonnenen Formulierens vorsichtiger. Nach der wissenschaftlichen Tradition seiner Familie ist er auch – im Gegensatz zu Thadden – ausgesprochen theologisch interessiert. Beide sind Integrationsfiguren. Das hängt wohl auch damit zusammen, daß sie unterschiedliche Traditionen in sich selber haben und deshalb gerne unterschiedliche Elemente zusammenführen. Der Kirchentag hat eine tiefe Freundschaft zwischen Richard von Weizsäcker und mir begründet. – Ich glaube, daß sein Amt als Kirchentagspräsident eine gute Vorbereitung für sein großes Staatsamt war.

Auch als der Kirchentag nur noch alle zweiJahre stattfand, und auch als die Mauer gebaut wurde und gemeinsame Kirchentage mit der DDR nicht mehr möglich waren, blieb seine Geschichte dramatisch. Die Kirchentagsverbindung zur DDR hat übrigens Carola Wolf, die Presseverantwortliche und zunächst einzige Frau im Stab in Fulda lange Zeit verantwortlich gehalten und sich bei den Kirchentagsrepräsentanten »drüben« großes Vertrauen erworben. Auch Richard von Weizsäcker hat sich immer besonders für diese Verbindung eingesetzt.

Ganz sicher ist der Beitrag der Kirche zur Befreiung der DDR wesentlich durch die Vorarbeit der Kirchentage gewachsen. Alle Spannungen, die es in der Evangelischen Kirche gab, von den Evangelikalen bis zur Friedensbewegung, von den lithurgischen Gruppen bis zu der Anti-Apartheidsbewegung und der Theologie der Befreiung, von der Frauenemanzipation bis zu den Esoterikern, machten es immer wieder deutlich: Ein Raum der Freiheit ist notwendig, braucht aber auch eine Grenze, die durch entsprechende Entscheidungen geschützt werden muß. Dafür habe ich oft meinen Buckel mit hingehalten.

Beispielsweise mußte eine Zeitlang die Freiheit des Kirchentages gegen die evangelikalen Gruppen geschützt werden, die keine Äußerung von »unchristlichen Meinungen« zulassen wollten. Sie drohten mit Auszug, und ihre Spitzen taten es schließlich auch und gründeten einen eigenen Tag.

Beim Nürnberger Kirchentag verlangte z. B. die bayerische Kirchenleitung, die liberale und kirchenkritische Theologin Dorothee Sölle wieder auszuladen. Ich habe verantwortet, es nicht zu tun. Ähnlich war es mit einer Gruppe von christlichen Homosexuellen, die unter dem Dach des Kirchentages Schutz suchten.

In späteren Jahren kam der Druck von den Friedensgruppen. Die »Frauen gegen Apartheid« verlangten vom Kirchentag, seine Konten bei der Deutschen Bank zu kündigen, da sie intensiv mit der Regierung in Südafrika zusammenarbeitete. Mit Mehrheit von einer Stimme wurde im Präsidium beschlossen, diesem Ansinnen zu entsprechen. Ich war mir mit Richard von Weizsäcker darin einig, daß es unserem Verständnis der Tradition des Kirchentages nicht entsprach, sich diesem Druck zu beugen.

Dem großen Entwicklungsprozeß der Christenheit zu ihrer notwendigen Aufgabe in der Welt können wir Gastfreundschaft und Engagement geben, steuern können wir ihn nicht.

Es gibt eine Stelle im Korintherbrief:

»Wir haben aber solchen Schatz in irdenen Gefäßen, auf daß die überlegene Kraft sei Gottes und nicht von uns.«
(2. Kor. 4,V. 7).

Mitarbeit in der Synode der EKD

Der Synode der EKD habe ich als berufenes Mitglied von 1955 bis 1965 angehört. Ich hatte zum Zeitpunkt meiner Berufung bereits in den Landessynoden von Westfalen und des Rheinlandes Erfahrungen als Synodaler gemacht und im Zentralausschuß des Weltkirchenrates mitgearbeitet, wußte also schon einiges über die politische und kulturelle Buntheit der Evangelischen Kirche in Deutschland und der christlichen Kirchen in der Welt.

In der Zeit meiner Zugehörigkeit zur Synode der EKD habe ich nacheinander Gustav Heinemann, Ludwig Raiser und Cornibert von Heyl als Vorsitzende der Synode erlebt. Es waren drei äußerst verschiedene Persönlichkeiten, aber sie hatten nicht nur gemeinsam, daß sie alle drei Juristen waren, sondern auch, daß sie die Beratungen der Synode mit besonnener Festigkeit steuerten und ihre Aufgabe mit Niveau und persönlichem Charme erfüllten.

Bei Gustav Heinemann gefiel mir seine disziplinierte Trockenheit und wohltuende Sachlichkeit.

Ludwig Raiser kannte ich aus unserer Zusammenarbeit bei der Formulierung des »Memorandums der Göttinger Acht«, kannte sein präzises Denken und die Weite seines Horizontes.

240

Als Vorsitzender hielt er sich, ähnlich vorbildlich wie Gustav Heinemann, mit eigenen Beiträgen sehr zurück, obwohl alle wußten, wieviel er zu sagen hatte. Cornibert von Heyl war der jüngste und eigenwilligste Vorsitzende der Synode, den ich kennenlernte. Auch ihn kannte ich lange, bevor ich ihm als Vorsitzenden der Synode begegnete. Er verzichtete keinesfalls auf persönliche Zwischenbemerkungen zur Sache. Er war ein theologisch hochgebildeter Laie, und seine Anmerkungen waren immer so fundiert, daß die Synode die Aperçus ihres Vorsitzenden oft schmunzelnd hinnahm.

Unter den wichtigen und zentralen Themen der Synode sind mir vor allem zwei in Erinnerung, die bis heute wenig an Aktualität eingebüßt haben.
Die eine betraf die Militärseelsorge. Die Bundeswehr war, auch auf Betreiben der westlichen Alliierten hin, gegründet worden und die allgemeine Wehrpflicht eingeführt. Darauf mußte die Evangelische Kirche reagieren.
Aufgrund der gegensätzlichen Positionen in der Evangelischen Kirche kam es innerhalb der Synode zu einer »großen Feldschlacht« der verschiedenen theologischen und politischen Lager.
Auf der einen Seite stand Eberhard Müller als ein Wortführer der Streiter für die Militärseelsorge. Als CDU-nahestehender Lutheraner focht er für die Zustimmung der Synode zur Wiedereinführung von beamteten Militärseelsorgern. Die Kirche, so war seine Argumentation, dürfe die zu ihr stehenden Soldaten in der Seelsorge nicht sich selbst oder der Bundeswehr allein überlassen. Die Soldaten wollte er von Seelsorgern in Uniform betreut wissen, die von der Bundeswehr bezahlt und von einem Militärbischof eingesetzt werden. Dabei

sollte allerdings die Evangelische Kirche, in Sachen der theologischen Zurüstung der uniformierten Seelsorger, der geistliche Vorgesetzte bleiben.

Für die Gegenposition schlug sich als Wortführer der Theologieprofessor Heinrich Vogel aus der damaligen DDR. Er war ein Dichter und ein hochbegabter, feuerköpfiger Redner. Seine spärlichen Haare flammten bei seinen feurigen Reden ohnehin über seinem Haupt wie die Feuerflammen über den Köpfen der Zeitzeugen des Pfingst-Ereignisses. Ich weiß nicht, ob Heinrich Vogel als Christ und Theologe ein radikaler Pazifist war. Auf jeden Fall stand er den führenden Köpfen der Prager Friedenskonferenz wie Prof. Hromodka nahe.

Seine Gedichte entsprechen durchaus seiner Haltung in dieser Auseinandersetzung.

Die Kirche hat zu dieser Zeit
ein klares Wort vermieden.
War untertan der Obrigkeit
und hat sich nicht entschieden.

Sie baut am Dom,
platzt auch das Atom.
Das macht ihr doch nichts,
sie spielt das Kind des Lichts
und wurstelt ruhig weiter.

. . .

Die Kirche wird Museum,
wir werden restauriert
und dann zum Jubiläum
noch einmal vorgeführt.

Laßt uns die Segel streichen,
wir sind vom Kampfe matt
und setzen lauter Eichen
fürs deutsche Pfarrerblatt.

Die Polarisation, wie sie sich seinerzeit in der Synode zum
Thema der Militärseelsorge zwischen Rednern vom Schlage
Eberhard Müllers und Heinrich Vogels für mich darstellte, ist
bis heute charakteristisch für die Entwicklung der Evangelischen Kirche nach 1945 geblieben. Damals gewann in der Synode die »Truppe« von Eberhard Müller die theologisch-politische »Feldschlacht«.

Obwohl ich später in der »Evangelischen Arbeitsgemeinschaft für Arbeitnehmerfragen« Eberhard Müller, mit all seinen Neigungen zur Streitbarkeit, als Christen und aufrechten Menschen in seiner Kantigkeit schätzenlernte, blieb mir eine Sympathie für die leidenschaftliche Position von Heinrich Vogel. Ich teile bis heute seine Sorge vor restaurativen Tendenzen im Apparat auch unserer Evangelischen Kirche.

Die Synode der EKD im Jahre 1976 in Braunschweig wollte sich zentral mit der Frage beschäftigen, welche Aufgaben auf die Evangelische Kirche zukommen, wenn Umsiedler aus den osteuropäischen Ländern in wachsender Zahl in die Bundesrepublik kämen. Es kamen seinerzeit bereits viele Deutschstämmige aus dem Osten in die Bundesrepublik, und es war abzusehen, daß immer mehr von ihnen bei ihren Regierungen Anträge auf Ausreise stellen würden.

Aus Polen kamen sie vornehmlich aus den Gebieten Allenstein und Oppeln; aus der Sowjetunion hauptsächlich aus Kasachstan, wohin viele Deutschstämmige während des Zweiten

Weltkrieges zwangsweise von der Sowjetregierung umgesiedelt worden waren. Die Deutschstämmigen in Siebenbürgen wurden von der rumänischen Regierung zunehmend drangsaliert, so daß auch hier die Wünsche, das Land in Richtung Bundesrepublik zu verlassen, drängender wurden.

Mir wurde das Hauptreferat für diese Synode anvertraut. Da ich im Frühjahr 1976 meine Tätigkeit als WDR-Intendant beendigt hatte, war ich frei, mich sehr sorgfältig mit dem Thema zu befassen und mich auch in den Herkunftsländern der deutschen Umsiedler umzusehen. Ich machte mehrwöchige Reisen ins Ausland und hielt mich tagelang in den Aufnahmelagern Friedland bei Göttingen und Unna-Massen in Nordrhein-Westfalen auf.

In Polen fand ich zu meinem Erstaunen heraus, daß es den deutschstämmigen Bauern um Allenstein und den Handwerkern in Oppeln oft wirtschaftlich viel besser ging als ihren polnischen Nachbarn. Sie berichteten fast übereinstimmend, daß sie und ihre Kinder weder von ihren polnischen Nachbarn noch von der Partei oder den Regierungsstellen schikaniert worden seien. Das änderte sich jedoch in dem Augenblick, wenn sie einen Umsiedlungsantrag gestellt hatten. Diese Anträge wurden immer wieder abgelehnt. Nach meinem Eindruck deshalb, weil die polnischen Partei- und Behördenspitzen diese vitalen Arbeiter in Landwirtschaft, Handel und Handwerk nicht freigeben wollten. Aber auch die polnischen Nachbarn sahen in ihren ausreisewilligen deutschen Nachbarn plötzlich die »falschen Fuffziger«, die jahrzehntelang friedlich und problemlos mit ihnen gelebt hatten und jetzt nur aus wirtschaftlichen Vorteilen wieder Volksdeutsche sein wollten. Bei den jüngeren Deutschen waren es nach meinen Recherchen im wesentlichen tatsächlich die erhofften wirtschaftlichen Vorteile in der Bundesrepublik, die sie die ökonomische Situation im kommunistisch regierten Polen als hoffnungslos sehen ließen. Viele protestantische Deutschstämmige in Polen beklagten sich jedoch mir gegenüber bitter, daß die Katholische Kirche die kleinen Häuflein evangelischer Christen fast überall unterdrücke. Aus der Sicht des polnischen Klerus seien die protestantischen Minderheiten in Polen nur eine ärgerliche Erinnerung an die deutschen Nazis.

Viele deutschstämmige Alte wollten Polen aus dem fast rührenden Grund verlassen, in deutscher Erde begraben zu werden.

Auch in der Sowjetunion spielte bei den nach Kasachstan umgesiedelten Deutschstämmigen der Mangel an Religionsfreiheit eine entscheidende Rolle für den dringlichen Wunsch, die Sowjetunion sobald wie möglich zu verlassen und nach Deutschland zurückzukehren. Das kommunistische Regime in der Sowjetunion hatte sich während und nach dem Zweiten Weltkrieg weitgehend mit der russisch-orthodoxen Kirche ausgesöhnt. Aber andere christliche Glaubensgemeinschaften wurden nach wie vor verfolgt und besonders grimmig die der Deutschstämmigen in Kasachstan. Das hatte zum Ergebnis, daß sich die fundamentalistisch christlichen Glaubensgemeinschaften in den einzelnen Häusern, Höfen und Dörfern nur noch mehr gefestigt hatten.

Die Verfolgung und Drangsalierung der Deutschen in Siebenbürgen durch das Ceauşescu-System war bei uns schon bekannt. Der evangelische Bischof Klein widerstand dort, aus christlichen Beweggründen der Mitverantwortlichkeit für die rumänischen Nachbarn und das Land, lange dem ständig zunehmenden Trend unter den Deutschstämmigen, Rumänien mit Hilfe der Bundesregierung möglichst bald zu verlassen. Aber die Verhältnisse in Siebenbürgen und Bukarest wurden für die Deutschen immer unerträglicher.

Mein Vortrag vor der Braunschweiger Synode der EKD war eine Bestandsaufnahme und mußte sich der Aufgabe stellen, daß Hunderttausende von deutschstämmigen Christen in Zukunft in die Bundesrepublik kämen und damit auch auf die Evangelische Kirche zu. Diese Christen würden eine starke religiöse, und zwar überwiegend fundamentalistische Glaubensprägung mitbringen, und es war vorauszusehen, daß sie in der kalten Strenge vieler evangelischen Kirchen bei uns frieren würden. Die Synode in Braunschweig nahm diese Feststellung gespalten, aber doch betroffen auf. Die Evangelikalen unter den Synodalen sahen in meinem Urteil eine Bestätigung ihrer allgemeinen Sorgen um die Evangelische Kirche in Deutschland. Bei den anderen überwog die Verlegenheit und auch die selbstkritische Einsicht, daß es in vielen traditionell evangelischen Gemeinden in der Tat an Wärme und Offenheit fehlt, solche »Fremdlinge« offen aufzunehmen.

Meine Erfahrungen als Intendant des WDR

Das Medium wieder ein Objekt
politischer Begierde?

I

Erste Einblicke in die Medienwelt des öffentlich-rechtlichen
Rundfunks in der Bundesrepublik hatte ich schon vor 1961.
Das waren Einblicke aus der Froschperspektive. Als freier
Mitarbeiter hatte ich einzelne Sendungen für verschiedene
Rundfunkanstalten verfaßt. Da ging es um Themen der industriellen Arbeitswelt, der christlichen Sozialethik und auch der
Ökumene. Der Antrieb für eine solche Tätigkeit als freier Mitarbeiter im Hörfunk war einerseits die Freude am Formulie-
ren, andererseits ein finanzieller. Das Pastorengehalt, das ich
als Leiter des Sozialamtes in Haus Villigst von der Evangelischen Kirche erhielt, war für die Ernährung meiner, mit den
Jahren recht angewachsenen Familie zwar ausreichend, aber
knapp. Für Extras, wie Urlaub oder ein schönes Kleid für
meine Frau, brauchte ich die Zusatzeinnahmen als freier Mitarbeiter im Hörfunk. So lernte ich nicht nur einige Redakteure
und Aufnahmestudios kennen, sondern bekam auch etwas
vom unterschiedlichen politischen Klima in den einzelnen
Landesrundfunkanstalten mit. Die Rundfunkgesetze der Länder, die den NWDR (Nordwestdeutscher Rundfunk) in der

249

britischen Zone trugen – Hamburg, Schleswig-Holstein, Niedersachsen und Nordrhein-Westfalen – räumten den Parteien durch ihre Vertreter in den Aufsichtsgremien größeren Einfluß ein als in den anderen Ländern, wo die Repräsentanten der sogenannten gesellschaftlich relevanten Gruppen mehr Einfluß hatten.

Beim NWDR wurde das Gerangel um die Macht in den Aufsichtsgremien von Anfang an wesentlich zwischen der CDU und der SPD ausgetragen. Ob ich nun als Partei-Unabhängiger für den siebenköpfigen Verwaltungsrat des NWDR vorgeschlagen wurde oder als Protestant, um ein konfessionelles Gleichgewicht zu wahren, darüber kann ich bis heute nur spekulieren. Ich wurde jedenfalls im Januar 1953 in den Verwaltungsrat des NWDR gewählt und verstand mich dort als Unabhängiger.

Ich war damals auch überzeugt, daß ich gewählt worden war, weil eine Mehrheit im Hauptausschuß (Vorläufer des Rundfunkrates) einen unabhängigen Kandidaten wünschte, zudem war ich immer der Meinung, daß meine Kirche sich nicht als Pressure-group zur Durchsetzung evangelischer Kandidaten engagieren sollte. Einige Jahre nach meiner Wahl erhielt ich allerdings Informationen, die mich in meiner Vermutung, als nur Unabhängiger in das Gremium gewählt worden zu sein, unsicher machten.

Bald nach meiner Wahl erfuhr ich, daß der nordrhein-westfälische Ministerpräsident Arnold einen anderen Kandidaten favorisiert hatte: Josef Hermann Dufhues, den Innenminister von Nordrhein-Westfalen. Arnold, hieß es, sei über meine Wahl sehr verärgert gewesen, weil mit mir weder ein CDU-Parteigänger noch ein Katholik in den Verwaltungsrat einrückte. Aber das kümmerte mich wenig. Außer mir als Parteilosem gehörten dem Verwaltungsrat des NWDR bei meinem

Eintritt zwei Mitglieder der CDU und vier Mitglieder der SPD an; einige von ihnen waren Abgeordnete ihrer Parteien in einem Landesparlament oder im Bundestag.

Aus der Medienlandschaft des NWDR ragte hinter den Hügeln und Tälern vieler Debatten und Probleme, die uns damals im Verwaltungsrat beschäftigten, die Gestalt von Sir Hugh Carlton Greene wie ein hoher Turm hervor. Er war von der britischen Besatzungsmacht eingesetzt, um die Aktivitäten der neu gegründeten Medien in der britischen Zone zu lenken und kontrollierend zu begleiten. Die Erfahrungen und die Struktur der BBC sollten für den demokratischen Neubeginn der Medien in der britischen Zone Pate stehen. Hugh Carlton Greene war von dem Modell der BBC in Großbritannien überzeugt, und das hieß: »audiatur et altera pars«, auch die gegensätzliche Ansicht muß gehört werden, und hieß weiter, »we agree to differ«, die Pluralität der Meinungen zu bejahen, und eine möglichst saubere Trennung zwischen Nachricht, Information und Kommentar. Diese Grundsätze für eine demokratische Handhabung der Medien hat uns Hugh Carlton Greene nicht als »Gessler-Hut« der Besatzungsmacht in die Studios gepflanzt. Er hat sie uns mit viel und oft ironischem Humor kollegial nahegebracht.

Weil das englische Verständnis einer demokratischen Gesellschaft davon ausging, daß die notwendige Opposition nicht allein durch die Parteien garantiert ist, die gerade im Parlament die Rolle der Opposition innehaben, vertrat Hugh Carlton Greene im NWDR das Konzept eines von Staat und Parteien möglichst unabhängigen Rundfunks, der sich als eigenständig kritische Instanz der Öffentlichkeit versteht. Diese Unabhängigkeit sollte die öffentlich-rechtliche Struktur der Rundfunkanstalten garantieren und in den Gesetzen der Länder der britischen Zone festgeschrieben werden. Die Aufsichtsgremien sollten deshalb nicht überwiegend aus Vertretern der Parteien zusammengesetzt sein. Diese Konzeption setzte sich in den Ländern der britischen Zone nicht durch.

Beim NWDR hatten zwar Sir Hugh Carlton Greene und das BBC-Modell Pate gestanden, aber bald stellte sich heraus, daß fast ausschließlich die Vertreter der Parteien die Geschicke des NWDR bestimmten. Das eindeutige Interesse der Parteien war von Anfang an, ihre politische Macht in landeseigenen Rundfunkanstalten über das hinaus geltend zu machen, was in der Konzeption von Hugh Carlton Greene zugunsten der Unabhängigkeit des NWDR eingeschränkt worden war.

Das Grundgesetz hatte den Ländern die »Kulturhoheit« zugesprochen, die auch die Verantwortung für den Rundfunk einschloß. Die logische Konsequenz war, daß jedes Bundesland sein eigenes Rundfunkgesetz verabschiedete. Da der NWDR zunächst der Sender der gesamten britischen Besatzungszone war, war er ein Sender für mehrere Länder. Einige Länder im Bereich des NWDR waren von Anfang an nicht mit seiner länderübergreifenden Stellung einverstanden. Sie bestanden auf ihrer Kulturhoheit.

Als ich im Jahre 1953 in den Verwaltungsrat des NWDR gewählt wurde, gab es vor allem in Nordrhein-Westfalen starke politische Kräfte, die auf die Teilung des NWDR aus waren. Die treibende Kraft in Nordrhein-Westfalen war von Düsseldorf aus der CDU-Ministerpräsident Arnold, unterstützt von Ministerialdirektor Dr. Karl Mohr, der gleichzeitig Vorsitzender im Verwaltungsrat des NWDR war. Hinter ihnen waren die CDU und die Katholische Kirche aufmarschiert. Man strebte einen Sender in Köln an, der politisch von der CDU dominiert und konfessionell von der Katholischen Kirche bestimmt werden könnte.

Im Nordosten der britischen Zone war der niedersächsische

Ministerpräsident Hinrich Kopf mit der SPD im Hintergrund das parteipolitische Pendant. Obwohl meines Erachtens das Interesse an einer Teilung des NWDR nicht vom Land Niedersachsen oder der SPD ausging, wollte man nicht zu kurz kommen, wenn die Teilung von Düsseldorf her durchgedrückt würde. Zum Gegenspieler von Mohr entwickelte sich in Hannover der Staatssekretär Danckwerts, ebenfalls Mitglied im Verwaltungsrat des NWDR. Ob es in Niedersachsen konfessionelle Kräfte gab, die den evangelischen Einfluß gestärkt sehen wollten, kann ich heute nur vermuten. Jedenfalls hat meine Wahl die politischen Schachzüge des katholischen Ministerpräsidenten von Nordrhein-Westfalen gestört. Möglicherweise hat sie sogar die politischen Kräfte im Rheinland gestärkt, die mit ihren Gesinnungsgenossen so bald wie möglich die Teilung des NWDR durchsetzen wollten, um – wie sie glaubten – in einem eigenen Sender in Köln mehr oder weniger unter sich zu sein. Hinter diesem politischen Interesse stand natürlich auch der ökonomische Fakt, daß Nordrhein-Westfalen als das bevölkerungsreichste Land in der Lage war, über die Rundfunkgebühren einen sehr potenten eigenen Sender betreiben zu können. Im Gegensatz zu West-Berlin, das auch von Beginn an eindeutig die Teilung medienpolitisch anstrebte. Im Verwaltungsrat des NWDR war Prof. Dovifat der Repräsentant für West-Berlin. Er war zwar CDU-Mann, aber als Mitglied des Verwaltungsrates kein »Parteipolitischer«. Er vertrat als Berliner das Interesse West-Berlins, durch die Teilung des NWDR einen eigenen, weitgehend unabhängigen Sender zu gewinnen. Mit der Fernsehentwicklung aber war vorauszusehen, daß die Beiträge der Bevölkerung West-Berlins nicht ausreichten, um einen autonomen Sender mit Hörfunk und Fernsehen aus eigener Kraft betreiben zu können. Vom Hintergrund dieses parteipolitischen Gerangels um das Ausmaß des Parteineinflusses in den Medien hob sich für mich neben Hugh Carlton Greene noch eine andere Persönlichkeit durch ihre souveräne Haltung ab: der Generaldirektor Adolf Grimme. Eine Vokabel wie »Humanist« fällt mir bei ihm als erste ein. Er war vor 1933 als SPD-Politiker Kultusminister in Preußen gewesen, stand der Volksbildung seit jeher nahe, verfügte über eine profunde Bildung und hatte die leise, zuverlässige Akribie eines preußischen Beamten. Zudem hatte er aus der Zeit der Weimarer Republik politische Erfahrungen und das Selbstbewußtsein eines überzeugten Demokraten. Wegen seiner Verbindung zur Widerstandsgruppe um Schultze-Boysen war er 1942 zu drei Jahren Zuchthaus verurteilt worden.

Solange die Kontrolle der britischen Besatzungsmacht noch wirksam war, spielten sich die ziemlich rüden Kämpfe zwischen den Parteien und Ländern um das Ausmaß der Macht in den Rundfunkanstalten im wesentlichen hinter den Kulissen ab. Mit Beendigung der Kontrolle der Besatzungsmacht aber verloren sichtbar die Positionen an Einfluß, die der bildungsbegeisterte Adolf Grimme verkörpert hat, der bei dem demokratischen Idealisten Hugh Carlton Greene viel Rückhalt gefunden hatte.

Von Beginn an sträubten sich die Parteien in der Bundesrepublik dagegen, einer öffentlich-rechtlichen Institution, wie der des Rundfunks, in der neuverfaßten föderalistischen Bundesrepublik eine parteiunabhängige Selbstverwaltungskompetenz zuzuerkennen. Es wurde statt dessen mit den Jahren für die Parteien immer wichtiger, daß einer der ihren das Intendantamt, das eines Programmdirektors oder Chefredakteurs erhielt. Die parteipolitische »Farbe« mußte stimmen, zumindest was den Proporz betraf. Die CDU/CSU sah oft schon, wie in meinem Fall, bei einem Liberalen »rot«, um der

254

Öffentlichkeit bei den nächsten Wahlen ein vermeintliches Übergewicht der »Roten« als dringend korrekturbedürftig erscheinen zu lassen.

Auch wenn Ende 1955 die Teilung und damit die Auflösung des NWDR vorwiegend parteipolitischem Interesse entsprach, hat sich nach meiner Auffassung die im Grundgesetz festgelegte Kulturhoheit der Bundesländer und damit die föderalistische Struktur der Landesrundfunkanstalten sehr bewährt. Sie trug der unterschiedlichen Geschichte und der Vielfalt der Kulturen in den Bundesländern belebend Rechnung, und der Reichtum der Programme entstand nicht zuletzt aus der Notwendigkeit, sich miteinander immer wieder abzustimmen, zu einigen und zu ergänzen.

Eine solche Aufgabe stellt sich heute wieder für die fünf neuen Bundesländer.

II

Hanns Hartmann, Intendant des WDR von 1947 bis 1961, geriet aus irgendeinem Grunde mit dem Vorsitzenden des Verwaltungsrates des WDR derart in Widerspruch, daß ein Bruch unvermeidlich war. Vorsitzender des Verwaltungsrates war der katholische CDU-Politiker und Innenminister des Landes Nordrhein-Westfalen, J. H. Dufhues. Nach dem offenbar nicht mehr reparablen Bruch zwischen Dufhues und Hartmann suchte Dufhues nach einem geeigneten Nachfolger; zunächst natürlich nach einem Kandidaten mit dem Parteibuch seiner Partei. Er fand ihn in Dieter Sattler aus Bayern, den ich später als Leiter der Kulturabteilung des Auswärtigen Amtes kennen- und schätzenlernte. Dufhues gelang es nicht, diesen fraglos fähigen Kandidaten in beiden Gremien durchzusetzen. Nachdem Dufhues mit einem Parteikandidaten gescheitert war, entsann er sich meiner. Er hielt mich aus den Zeiten unserer gemeinsamen Tätigkeit im Verwaltungsrat des NWDR für einen erwägenswerten Kandidaten. Ich war überrascht, als Dufhues mich fragte. Ich hatte zwar Interesse, aber auch Zweifel hinsichtlich meiner Kenntnisse für diese Aufgabe. Außerdem suchte etwa zur gleichen Zeit das Präsidium des Deutschen Evangelischen Kirchentages nach einem Nachfolger für Reinold von Thadden, dem ersten Präsidenten und Gründer dieser evangelischen Laienorganisation. Einige Präsidiumsmitglieder des Kirchentages hatten mich gefragt. Ich hatte zwar Bedenken gegen die hauptamtliche Position eines Kirchentagspräsidenten, aber durchaus auch Neigung, dieses Amt unter bestimmten Voraussetzungen anzunehmen. Das letzte Wort war hier noch nicht gesprochen worden, als Dufhues seine Anfrage an mich richtete.

Ich war nun heftig im Zwiespalt. Meine Frau erinnert aus

dieser Zeit einen Spaziergang an den überschwemmten Wiesen der Werra bei Herford, bei dem ich gequält gesagt haben soll: Ich fühle mich wie ein Verlobter, der eine andere heiraten soll. Ich sah in dem Intendantenamt beim WDR eine persönliche politische Herausforderung, der ich mich stellen wollte. Bis dahin hatte ich seit 1945 in Bereichen, die mir soziale und humane Aufgaben stellten, Erfahrungen gesammelt. Diese Aufgaben hatten sich zwar nicht in einem unpolitischen Raum vollzogen, waren aber von den politischen Machtkämpfen der Parteien und Interessengruppen wenig berührt worden. Auch ein mehr oder weniger hauptamtliches Engagement für den Evangelischen Kirchentag hätte sich den politischen Spannungen stellen müssen, wäre aber immer noch eine vor der brutalen Machtpolitik geschützte Insel gewesen. Ich aber wollte für mich in diesem Augenblick die Herausforderung politischer Machtgefechte.

Und so war es dann auch.

Die Nachfolge von Reinold von Thadden als hauptamtlicher Präsident des Deutschen Evangelischen Kirchentages übernahm Richard von Weizsäcker.

Obwohl der nordrhein-westfälische CDU-Innenminister für mich eintrat, erhoben sich nicht nur wieder von seiten des Ministerpräsidenten Arnold Bedenken gegen meine Kandidatur beim WDR, sondern dieses Mal auch in der CDU von Nordrhein-Westfalen. Ich hatte mich als evangelischer Christ öffentlich gegen »christliche« Parteien und »christliche« Gewerkschaften ausgesprochen. Da mich aber inzwischen viele maßgebliche Persönlichkeiten der Katholischen Kirche durch die gemeinsame Sozialarbeit der Konfessionen im Bergbau und aus anderen Aktivitäten kannten, zerstreuten sich die Vorbehalte mir gegenüber.

Später erfuhr ich, daß es auch hinter den Kulissen der SPD

zu einem Murren gegen mich gekommen war. Dieser Bismarck möge sich als vernünftiger Partner im Ruhrgebiet bewährt haben, aber deshalb sei er noch lange kein bewährter »Genosse«. Das war aus meiner Sicht zweifellos richtig und sollte auch so bleiben. Zu meinen Gunsten sprachen sich führende Vertreter der IG-Bergbau und auch der IG-Textil aus, die mich in der Zusammenarbeit als sachlich handelnden Partner kennengelernt haben. Außerdem war der SPD klar, daß die Wahl eines »Genossen«, bei der gegebenen Zusammensetzung des Rundfunkrates, im Bereich der Utopie lag.

So wurde ich schließlich mit den Stimmen von CDU und SPD am 17. 12. 1960 zum Intendanten des WDR gewählt.

Ich erinnere sehr genau jenen Augenblick am Pult des großen Sendesaales, als ich mich als neuer Intendant anschickte, ein paar Worte an die versammelten Mitarbeiter zu richten. In den Gesichtern und in der Atmosphäre spürte ich kein Mißtrauen mir gegenüber, sondern kritische Neugierde und relative Offenheit. Ich freute mich über einen solchen Empfang und war auch erleichtert.

Mich interessierten die unzähligen, sehr unterschiedlichen Menschen, die in diesem Labyrinth am Wallraf-Platz und in den Außenstellen arbeiteten. Ich nutzte jede Gesprächsmöglichkeit auf den Fluren, in der Kantine und im langsam fahrenden Paternoster, um die Mitarbeiter kennenzulernen.

Natürlich hat es im Verlauf meiner fünfzehn Dienstjahre als Intendant auch heftige Konflikte mit Mitarbeitern gegeben, aber bis zum Ende meiner Amtszeit fand ich die Mischung aus unterschiedlichsten Persönlichkeiten im WDR faszinierend. Viele Mitarbeiter erwarben sich meine persönliche Achtung, auch wenn sie gelegentlich gegen die »Spielregeln« verstießen, die für eine öffentlich-rechtliche Rundfunkanstalt gesetzt sind und eingehalten werden mußten. Es hat mir oft Genugtuung bereitet, mich bei Angriffen aus den Gremien und der Öffentlichkeit vor die nicht genehmen und aufmüpfigen Mitarbeiter zu stellen, eben auch dann, wenn sie offensichtlich einen Fehler gemacht hatten. Mehr als der Fehler interessierte mich die Haltung, aus der heraus er begangen worden war. Ich weigerte mich grundsätzlich, einen Mitarbeiter auf ewig zu verdammen oder gar zu entlassen, der engagiert und verantwortlich einen »Bock geschossen« hatte. Es zahlte sich für die Qualität der Programme aus, das Risiko einzugehen, solchen Mitarbeitern die Zügel relativ lang zu lassen. Mit opportunistischen Leisetretern dagegen hatte ich nicht viel im Sinn.

Aus meiner »Lehrzeit« erinnere ich mein erstes Zusammentreffen mit den Intendanten der ARD im Funkhaus des Bayerischen Rundfunks. Lauernd-ironisch empfingen mich, der den größten und mächtigsten Sender der Bundesrepublik zu vertreten hatte, die »alten Hasen«. Einige Kollegen sahen in mir wahrscheinlich ein viel zu idealistisches Greenhorn, bei dem man darauf warten konnte, daß es in ein Gelände hineintappte, wo medienpolitische Minen verlegt worden waren. Vor unbedachten Schritten bewahrte mich oft der erfahrene und listige Finanz- und Verwaltungsdirektor des WDR, Prof. Brack. Er saß neben mir und liebte es, seine Karten, solange es ging, verdeckt zu halten. Aber im richtigen Moment spielte er dann voll aus. Ich lernte, daß ich mich auf seinen fachlichen Rat im Interesse des WDR verlassen konnte, obwohl er es bis zu seiner Pensionierung vermutlich nie ganz verwunden hat, daß man nicht ihn zum Nachfolger von Hanns Hartmann als Intendanten des WDR gewählt hatte.

Natürlich konnte ich viele Aufgaben an Prof. Brack und andere Mitarbeiter delegieren, aber ich mußte auch lernen, daß ich mir bestimmte Entscheidungen nicht aus der Hand nehmen lassen durfte, wenn ich das Profil des Senders mitprägen wollte. Und das wollte ich.

Mit dem engeren Verbund der Mitarbeiter der Intendanz, die ich vorfand oder hinzuholte, war ich bald vertraut und eingearbeitet. Ich war und blieb immer darauf angewiesen, daß zwischen den nächsten Mitarbeitern und mir eine vertrauensvolle, menschliche Atmosphäre herrschte.

Ich will Ursula von Welser als erste erwähnen – auch weil sie nicht mehr lebt. Obwohl sie mit einigen Sonderaufträgen nicht zu dem offiziellen Apparat der Intendanz mit seinen zahlreichen qualifizierten Mitarbeitern gehörte, verdanke ich es doch gerade dieser gebildeten Frau, daß ich als Intendant nicht völlig in den vielfältigen Managementaufgaben versank, sondern wach blieb für die aktuellen Fragen der Programmqualität des WDR und die kulturelle Entwicklung der Gesellschaft um uns herum. – Sie war nicht nur für die redaktionelle Durchsicht meiner Manuskripte und allerlei spezielle Hörer- und Zuschauer-Forschung des WDR (über die offiziellen Ergebnisse von Infratest und des Institutes Allensbach hinaus) verantwortlich. Ich übertrug ihr zusätzlich die Aufgabe, im WDR eine Untersuchung darüber anzustellen, wieweit in unserem Betrieb die Gleichberechtigung der bei uns beschäftigten Frauen gewährleistet oder nicht gewährleistet sei. – Nach einigen Einzelerfahrungen war ich unruhig mit der selbstkritischen Frage, ob nicht auch bei uns das Verhalten der männlichen Kollegen noch von gestrigen Vorurteilen bestimmt sei. – Das, was ich vor meinem freiwilligen Ausscheiden von den Ergebnissen der noch nicht abgeschlossenen Untersuchung wahrnahm, bestätigte durchaus, daß es auch beim WDR Fälle von aufgeplustertem patriarchalen Verhalten gab.

Heute höre ich zu meiner Freude – auch im Gedenken an Ursula von Welser –, daß es später weitere Frauen-Papiere im WDR gegeben hat, die an die Welser-Untersuchung anknüpften, und das vermittelt mir den Eindruck, daß die heute im WDR Verantwortlichen einer Aufgabe treu bleiben wollen, die noch nicht abgeschlossen sein kann, auch wenn inzwischen einige Fortschritte in Form von Einsichten und Maßnahmen zu verzeichnen sind.

Es hat in dem offiziellen Apparat der Intendanz in meinen fünfzehn Jahren als Intendant des WDR nacheinander für mich mehrere Assistenten gegeben, ohne deren Qualifikation in der Sache und ihr Engagement für den von mir vertretenen Kurs, ich mein Amt nicht hätte so führen können.

Hans Joachim Hamann, Ulrich Schaeffer und Helmuth Brück schulde ich Dank dafür, daß und wie sie mir bei der Bewältigung vieler Aufgaben zur Seite standen.

Durch die Sozialarbeit im Ruhrgebiet und die Kooperation mit großen Industrieapparaten war mir klar, daß das Modell einer militärischen oder behördlichen Hierarchie auf eine Unternehmung wie den WDR mit seinen vielen eigenwilligen Journalisten und sensiblen Intellektuellen nicht übertragbar ist. Dort haben Anordnungen von »oben« nur dann Sinn, wenn es dem Intendanten gelungen ist, in der Mitarbeiterschaft Vertrauen für seine Absichten zu gewinnen. Dieses Vertrauen gewinnt er nach meiner Erfahrung nur, indem er seinen Journalisten den Raum gibt, ihr journalistisches Engagement mit Phantasie, Risikobereitschaft und Freude am Experiment zu verbinden. Davon ist auch das Profil eines Senders weitgehend abhängig. Ich konnte mich dabei auf meine Menschenkenntnis recht gut verlassen und gab solange Vertrauenskre-

dit, bis mir jemand bewies, daß ich mich in ihm getäuscht
hatte. Das geschah, aber nur selten.

Im Bereich der komplizierten Technik machte ich anfangs den
Fehler, möglichst viel davon verstehen zu wollen. Ich hatte
eine humanistische Schule besucht, und meine technischen
Kenntnisse hielten sich in Grenzen. Aber ich dachte anfangs,
als Intendant sollte ich das alles wenigstens theoretisch verstehen. In jedem Studio, Sender, Ü-Wagen fragte ich: Wozu ist
dieses und jenes Gerät da? Wie funktioniert es? Was passiert,
wenn es ausfällt? Zu meinem Erstaunen konnte mir auch der
für die gesamte Technik verantwortliche technische Direktor
solche Fragen nicht immer beantworten; er holte dazu seine
Fachleute. Ich lernte, daß ich als Intendant nur wissen mußte,
welche technischen Spezialisten in diesem und jenem Falle auf
diese oder jene Frage präzise Auskunft geben konnten. Ich begriff es bald als Tugend, wenn ein Mitarbeiter, statt herumzu-
drucksen, auf eine Frage von mir antwortete: Davon verstehe
ich nichts, wenden Sie sich an...

Meine Besuche im technischen Bereich hatten aber auch den
Sinn, den technischen Mitarbeitern zu zeigen, daß der »Boss«
nicht nur im fünften Stock seines Kölner Büros in den Wolken
schwebt, sondern sich auch für das interessiert, was sie in der
technischen Welt des WDR zu verantworten hatten. So
machte ich auch Ausflüge zu Sendeanlagen und Umsetzern in
der Landschaft von Nordrhein-Westfalen.

Da ich relativ frei von Schwindelgefühlen bin, liebte ich es
bei diesen Besuchen, in einer Aufzugshülse bis in die Spitze der
Sendemasten zu fahren. Sie waren bis zu dreihundert Meter
hoch, und die Spitze schlug bei kräftigem Wind bis zu einem
halben Meter nach jeder Seite aus; eine Bewegung, die man
sehr wohl wahrnahm. Ich liebte diese abenteuerlichen Aus-

blicke über die Hügel des Sauerlandes, der Eifel, des Bergischen Landes und des Teutoburger Waldes. Einige Leiter dieser einsamen Sendestationen habe ich sicher mit meinem Höhendurst gequält, weil sie nicht frei von Schwindelgefühlen waren, aber meinten, sie müßten den Chef nach oben begleiten und mit technischen Informationen, Frequenzproblemen etc. versorgen, während ich mich von den Ausblicken über die schöne Landschaft Nordrhein-Westfalens faszinieren ließ.

III

Im Gesetz über den Westdeutschen Rundfunk vom 25.5.1954 ist die Aufgabe des Intendanten wie folgt beschrieben:

§ 21

(1) Der Intendant leitet die Anstalt unbeschadet der Rechte anderer Organe selbständig und unter eigener Verantwortung.

(2) Der Intendant bedarf der Zustimmung des Verwaltungsrates in allen wichtigen oder grundsätzlichen Angelegenheiten. Hierzu gehören insbesondere:

a) Erwerb, Veräußerung und Belastung von Grundstükken;

b) Erwerb und Veräußerung von Unternehmungen und Beteiligungen;

c) Aufnahme von Anleihen und Inanspruchnahme von Bankkrediten;

d) Beschaffung von Anlagen jeder Art und Abschluß von Verträgen, soweit der Gesamtaufwand 30000 DM im Einzelfall überschreitet;

e) Abschluß von Anstellungsverträgen mit leitenden Angestellten nach näherer Bestimmung der Satzung; ausgenommen ist die Bestimmung der Person leitender Angestellter mit ausschließlich künstlerischen Aufgaben.

(3) Der Intendant vertritt die Anstalt gerichtlich und außergerichtlich.

(4) Der Intendant legt dem Verwaltungsrat alljährlich vor:

a) den Haushaltsvoranschlag für das kommende Jahr zur Feststellung;

b) eine Abrechnung über die Einnahmen und Ausgaben des vergangenen Jahres (Jahresabschluß) zur Billigung.

Die Fristen für die Vorlage bestimmt die Finanzordnung.

(5) Der Intendant legt dem Rundfunkrat durch die Hand des Verwaltungsrates einen Jahresbericht über die Tätigkeit der Anstalt zusammen mit dem Jahresabschluß vor.

Als Herr Dufhues mich aufsuchte und mir die Intendanz des WDR antrug, kannte ich diesen Gesetzestext nicht. Er hätte mir aber auch nicht allzuviel zum besseren Verständnis der Aufgabe verholfen, um die es dann ging.

Es gab innerhalb der ARD Intendanten, denen ich mich bald verbunden fühlte und von denen ich vieles für meine Aufgabe im WDR gelernt habe. Es waren die Intendanten, die sich zu- allererst der Programmqualität verpflichtet fühlten und nicht irgendein Parteiinteresse zum wichtigsten Kriterium ihrer Entscheidungen machten.

Zu ihnen gehörte Hans Bausch, der Intendant des SDR (Süddeutscher Rundfunk). Er begann seine politische Karriere als CDU-Abgeordneter in Baden-Württemberg, setzte dann aber in seinem Intendantenamt mit Leidenschaft journalistische Prioritäten. Das hat er zäh und geschickt, auch gegen erhebliche Widerstände aus seiner eigenen Partei durchgehalten.

Persönlich befreundet war ich mit Walter Hilpert, der bis 1961 Intendant des NDR (Norddeutscher Rundfunk) war und dann von Gerhard Schröder abgelöst wurde. Dessen Stellvertreter war Ludwig von Hammerstein, ebenfalls ein CDU-Mann, der sich aber in seinem preußischen Amtsverständnis als nicht CDU-hörig erwies. Wenn es um die Interessen des Senders ging, scheute er sich nicht, auch SPD-konforme Positionen zu beziehen, wenn er von deren Richtigkeit überzeugt war.

Außer der gemeinsamen Mittelwelle gab es zwischen WDR

und NDR eine Reihe anderer Aufgaben, bei denen von Hammerstein für mich ein verläßlicher Partner war. Als die zwei größten Rundfunkanstalten trugen WDR und NDR die gemeinsame Verantwortung für einige Auslandskorrespondentenposten. Deren Aufteilung führte bald nach meinem Amtsantritt zu einem Streit. Die Kölner Gremien, damals mit leichter katholischer CDU-Mehrheit, wünschten, daß die westlichen Korrespondentenposten dem WDR zugeteilt würden. Die Posten in den sozialistischen Ländern Ost- und Südosteuropas sollten dagegen Sache des NDR sein, in dessen Gremien die SPD die Mehrheit besaß. Ich wandte mich leidenschaftlich gegen diese Ost-West-Fixierung der beiden Anstalten und setzte mich, nicht zuletzt aufgrund der größeren Finanzpotenz des WDR, durch. Auch in diesen Verhandlungen lernte ich von Hammerstein in seiner unbestechlichen Zuverlässigkeit als fairen Partner kennen. Die Verantwortung für die wichtigsten Posten der Auslandskorrespondenten in Ost-Europa lag dann beim WDR, für einige im Westen beim NDR. Für einige größere Posten, die in Ost und West bald immer wichtiger wurden, teilten wir uns Verantwortung und Kosten. Natürlich war in dieser Auseinandersetzung auch mein Interesse und meine persönliche Verbundenheit mit der Thematik Ost-Europas im Spiel gewesen, wie auch meine Sympathie für die Ostpolitik Willy Brandts. Während meiner ganzen Amtszeit nahm ich mich besonders der Besetzung der Auslandskorrespondenten in Osteuropa und der entsprechenden Programme an.

Es gab noch einen dritten Intendantenkollegen, von dem ich viel lernte und dem ich als Ratgeber vertraute. Hans Abich, Intendant von Radio Bremen. Er verfügte über handfeste Erfahrungen als Filmproduzent in Göttingen. Seine leise Intelligenz und nicht zuletzt sein oft spitzbübischer Humor verliehen ihm in der Runde der Intendanten eine unbestrittene Autorität. Möglich, daß er das für Bremen wichtige Parteibuch der SPD in der Tasche hatte, aber damit hat er in der ARD nie argumentiert oder votiert. Vielleicht war ihm dabei hilfreich, daß er nur eine der kleinsten Anstalten zu vertreten hatte.

Die Brutalität, mit der die Parteien den Machtkampf immer härter um die Leitung der Landesrundfunkanstalten führten, konnten wir seinerzeit am Beispiel des SWF (Südwestfunk) in Baden-Baden verfolgen.

Friedrich Bischoff, der langjährige Intendant des SWF, war ein sehr eleganter Kavalier. Er war schon in Breslau Intendant gewesen. Wenn die Jahreszeit es erlaubte, trug er eine rote Blume im Knopfloch seines hellen Anzuges, und er fuhr als einziger unter uns einen auffällig großen, weißen Mercedes. Trotz oder vielleicht auch wegen seines ihm eigenen Stils liebten und achteten wir ihn. Er war ein Musensohn, ein Dichter, stets fröhlich und fast jugendlich beschwingt inmitten unserer ARD-Runde. Mit oder ohne Parteibuch war er der CDU zuzurechnen und damit nach der Parteiarithmetik in Baden-Baden am richtigen Platze. In seiner vorletzten Amtsperiode aber setzte ein Alterungsprozeß bei ihm ein, der zur Folge hatte, daß er in unseren Sitzungen oft nicht mehr ganz bei der Sache war. Diese Alterserscheinungen steigerten sich merklich bis zum Ablauf seiner Amtsperiode. Es war allen in der ARD bekannt, daß der zweite Mann im SWF, Lothar Hartmann, ein allseits anerkannter Fachmann und geschätzter Kollege, eigentlich schon alle Fäden im SWF in der Hand hatte und das Vertrauen vieler Mitarbeiter besaß. Aber leider besaß er nicht das richtige Parteibuch, und weil sich kein geeigneter CDU-Kandidat fand, mußte der liebenswerte, aber altersschwache Friedrich Bischoff in seinem beklagenswerten Zustand die Partei-Fassade in Baden-Baden aufrechterhalten und noch eine weitere Periode als Intendant durchhalten. Es war oft peinlich für uns, wie wir, die ihn als Menschen schätzten, die Stationen seines altersbedingten Verfalls miterleben mußten. Sein Nachfolger wurde dann der Leiter der Staatskanzlei des damaligen Ministerpräsidenten Kohl, was natürlich nicht heißen soll, daß aus einem Verwaltungsjuristen mit dem richtigen Parteibuch und allerhöchstem politischen Rückhalt nicht auch ein guter Intendant werden kann. Die Regelung der Nachfolge in Baden-Baden machte nur deutlich, daß die Strategie der jeweiligen Mehrheitspartei in den Ländern auf die Machtübernahme in den Rundfunkanstalten durch die Staatskanzleien abzielte, womit die ursprünglich öffentlich rechtliche Intention eines von Staat und Parteien weitgehend unabhängigen Rundfunks aufs neue unterlaufen wurde.

Die Kontrollaufsicht der britischen Besatzungsmacht hatte seinerzeit mit voller Absicht bewirkt, daß die Staatskanzleien der Länder kaum in die weitgehende Selbstverwaltung des öffentlich-rechtlichen Rundfunks eingreifen konnten. Es gab nur eine legale Möglichkeit, das war die notwendige Zustimmung der Regierung und der Landtage zur Erhöhung der Rundfunkgebühren. Abgesehen von der Kostenerhöhung durch neue Aufgaben und die Ausweitung der Programme, erhöhten sich durch die steigenden Lebenshaltungskosten natürlich auch die Personal- und Sachkosten. Die Erhöhung der Rundfunkgebühren war für die Parteien in jedem Fall unpopulär und eine Möglichkeit, den allzu unabhängigen »Dackel« öffentlich-rechtliche Rundfunkanstalt straffer an die Leine zu nehmen. Darüber hinaus versuchten einige Staatskanzleien mit mehr oder weniger Erfolg, ihre Einflußmöglichkeiten zu verstärken, indem sie die Rechtsaufsicht über die Aktivitäten des Senders für sich reklamierten.

Was die Stellung des WDR innerhalb der ARD anging, so hat sich zweifellos mein engster Mitarbeiter, Prof. Brack, als Finanzexperte und Jurist mit viel Geschick bei den Verhandlungen über den Lastenausgleich im Interesse des WDR verdient gemacht. Die unterschiedlichen Interessen der Länder und ihrer Rundfunkanstalten prallten auch in der ARD gelegentlich heftig aufeinander. Die Kosten für Produktions- und Programmbetrieb des Fernsehens waren schon zu Beginn sehr viel höher gewesen, als die Experten geschätzt hatten.

Mit Aufkommen und Ausbau des Fernsehens wurde ein noch komplizierterer Lastenausgleich zwischen den Anstalten nötig, als das bisher allein für den Hörfunk schon der Fall war, denn die kleineren Anstalten, wie der SFB, Radio Bremen und der Saarländische Rundfunk, konnten sich aus eigener Kraft keine großen Fernsehproduktionen leisten. Die größeren und mittleren Anstalten, je nach ihren Einnahmen aus den Rundfunkgebühren, wurden für diesen Lastenausgleich empfindlich zur Ader gelassen. Obwohl der WDR als reichster Sender am meisten zur Ader gelassen wurde, verteidigte ich immer diesen Lastenausgleich unter den Rundfunkanstalten als notwendigen Preis des Föderalismus.

Prof. Brack ließ es sich kaum anmerken, daß er es als Finanzmann in der Tiefe seines Herzens oft bedauert hat, wieviel schönes Geld des WDR in Form von Programmen, von denen er meist nichts hielt, in die Luft gepulvert wurde, statt es zu einem guten Zinssatz irgendwo anzulegen oder zumindest in Form von »kulturellen Überschüssen« für Bildkäufe an Museen zu vergeben, was wenigstens rundfunkpolitisch dem Sender gegenüber den Politikern des Landes gut zu Gesicht stünde. In seltenen Augenblicken sprach er solche Gedanken mir gegenüber wie Stoßseufzer aus.

Das Thema »kulturelle Überschüsse« beschäftigte uns häufiger im Verwaltungsrat und führte dazu, daß ich gelegentlich mit den »Parteipolitikern« unter den Verwaltungsräten heftig aneinandergeriet. Im Rundfunkgesetz des Landes stand, daß Mittel, die nicht zur Produktion der Programme des Senders gebraucht wurden, als sogenannte »kulturelle Überschüsse« den Kultureinrichtungen des Landes zugute kommen sollen. Diese sogenannten »Überschüsse« kamen zunächst aus den Einnahmen der Rundfunkgebühr, später auch aus denen des WWF, dem Westdeutschen Werbefernsehen.

Der Konflikt zwischen Verwaltungsrat und mir ergab sich logisch aus unterschiedlichen Interessen. Da der WDR durch die hohe Bevölkerungsdichte Nordrhein-Westfalens aus den Rundfunkgebühren Mehreinnahmen hatte oder zuzeiten haben konnte, lag es durchaus im Interesse des WDR und seines Intendanten, kulturelle Einrichtungen des Landes zu fördern, wenn dies möglich war. Das Gesetz bot dafür eine klare Grundlage. Aber in dem ausgesprochen parteipolitisch besetzten Gremium gab es die Versuchung, den WDR als Selbstbedienungsladen zu benutzen, um die Subventionierung der kulturellen Einrichtungen im Lande aus öffentlichen Mitteln durch Regierung und Kommunen zu entlasten. Waren nämlich solche »Überschüsse« vom WDR ein paar Jahre geflossen, wurden sie hier und dort schon fast wie ein Anspruch eingefordert.

In Nordrhein-Westfalen wurden mit diesen »Überschüssen« beispielsweise die drei politischen Stiftungen der Parteien vom WDR jährlich mit stattlichen Beträgen unterstützt. Ich erinnere für die Konrad-Adenauer-Stiftung und die Friedrich-Ebert-Stiftung jährliche Beträge von je 250000.– DM und für die Friedrich-Naumann-Stiftung der FDP etwas weniger. Außerdem wurden die größeren Theater in Düsseldorf, in Köln usw. und Stiftungen, wie die Folkwang-Stiftung in Essen unterstützt, ebenso durch Ankäufe von Bildern das Wallraf-Richartz-Museum in Köln. Obwohl diese Zahlungen in Nordrhein-Westfalen eine einwandfreie gesetzliche Grundlage hatten, und so erfreulich es war, solche Einrichtungen aus Rundfunkmitteln unterstützen zu können, so schienen mir diese, vorweg vom Verwaltungsrat in ihrer Höhe beschlossenen »Überschüsse«, allein mit Blick auf die Bürger, von denen das Geld kam, nicht unproblematisch. Ich vermute, daß deshalb später die »Überschüsse« nur noch den Einnahmen des Westdeutschen Werbefernsehens entnommen wurden.

Das Verhältnis zwischen Prof. Brack und mir war für mich als »ungelernten« Intendanten auf der sachlichen Ebene sehr korrekt. Nach meiner Intendantenzeit haben mir Kenner der Szene berichtet, daß er von Anfang an unterschwellig von seiner Enttäuschung bestimmt war, nicht an meiner Stelle zum Intendanten gewählt worden zu sein. Ich habe das lange selbst nicht wahrgenommen.

Ich hatte es ihm nicht übelgenommen, daß er es in der Zeit des Interregnums zwischen dem Ausscheiden von Hartmann und meinem Dienstantritt gemanagt hatte, seine Bezüge als Finanzdirektor und Justitiar durch zusätzliche Bezüge als Verantwortlicher des Werbefernsehens mit Zustimmung der Gremien so zu erhöhen, daß sie erheblich über denen des Intendanten lagen. Ich wäre ein Narr gewesen, wenn ich als Intendant, der mit Verwaltungs- und Finanzfragen in solchen Dimensionen wie beim WDR zunächst wenig erfahren war, diese Aufgaben nicht an Prof. Brack delegiert hätte.

Zu einer völligen Veränderung der Situation kam es erst, als Prof. Brack – nach Sondierung bei Spitzenpolitikern der CDU und der SPD in Nordrhein-Westfalen – mir ernsthaft vorschlug, aus seinen bisherigen Ämtern im WDR freiwillig auszuscheiden, um als »Geschäftsführer der Gremien« die Verantwortung dafür zu übernehmen, daß die Beschlüsse des Rundfunk- und Verwaltungsrates in deren Sinne vom Intendanten und den Direktoren strikt durchgeführt werden. Sein Gehalt sollte den bisherigen Bezügen entsprechen. Die Verwirklichung dieses Planes wäre einer völligen Entmachtung des Intendanten gleichgekommen und hätte eine neue Über- oder Kontrollinstanz im WDR geschaffen. Ich lehnte das Ansinnen empört ab und legte sofort und entschieden Beschwerde bei den Spitzenpolitikern der CDU und SPD in den Gremien des WDR ein.

Sie reagierten betroffen. Es blieb zwar für mich unklar, zu welchen Ergebnissen die Vorgespräche zwischen ihnen und Prof. Brack gekommen waren, die er mir gegenüber erwähnt hatte, aber ich hatte den Eindruck, daß er mit seinem Vorhaben seine Beziehungen zu einzelnen Gremienmitgliedern überzogen hatte. Jedenfalls schied er 1970 aus seinen Ämtern aus.

Joseph Hermann Dufhues blieb für mich eine vertrauenswürdige Persönlichkeit, selbst wenn er gelegentlich im Verwaltungsrat einen großen Theaterdonner gegen mich im Auftrag seiner Partei inszenierte. Versteckt in Nebensätzen hat er mir einige Male vorher ironisch und privat angekündigt, daß er eben jetzt wieder einmal müsse... Unter vier Augen war er immer bereit, sich meinen Argumenten zu stellen.

In einer Auseinandersetzung mit Dufhues ging es z. B. darum, ob es nötig sei, das Studio Münster mit einem Fernsehstudio auszustatten. Natürlich strebten die sehr unterschiedlichen Regionen des Landes NRW mit der entsprechenden Partei im Rücken nach mehr Einfluß und Sendezeit im Programm. Das war so im Gerangel mit dem Studio Münster, in

dessen Region die CDU Oberhand hatte, wie mit dem Studio
Dortmund, wo die SPD »regierte«. In Münster focht die CDU
jedenfalls eifrig für das Fernsehstudio. Ich argumentierte, daß
für Münster eine technische Einrichtung sinnvoll sei, die aktuelle schnelle Einspielungen in das große Programm oder ein
regionales Landesprogramm ermöglichten. Die Vollausrü-
stung eines Fernsehstudios für eigene größere Produktionen
sei jedoch angesichts der Produktionsgegebenheiten in Köln
und vieler kleiner freier Produktionsfirmen wirtschaftlich un-
sinnig. Das Gespräch mit Dufhues ging hin und her. Er wußte
natürlich, daß meine Argumente unter dem ökonomischen
Gesichtspunkt unanfechtbar waren. Aber ich konnte mir auch
denken, daß er als CDU-Politiker in der Region Zusagen gegeben hatte, von denen er nur schwer wieder herunter konnte.
Schließlich einigten wir uns, beide leicht schmunzelnd, auf
den Kompromiß, daß das Studio Münster eine geräumige Ga-
rage bekommen sollte mit Kabelanschlüssen, die es ermöglichten, mit dem Ü-Wagen bei Bedarf eine Art Behelfs-Studio
zu installieren.

Ein anderer herausragender Mensch in den Kontrollgremien
war August Seeling, der Vorsitzende des Rundfunkrates. Er
war Unternehmer eines Baubetriebs in Duisburg und schon
lange der, auch von seinen parteipolitischen Gegnern geach-
tete Oberbürgermeister der Stadt. Unter den älteren Sozialdemokraten lernte ich einige relativ breit gebildete Persönlichkeiten kennen, deren menschliche Unbestechlichkeit und
Weisheit mich beeindruckten. August Seeling gehörte zu ihnen. Ich hatte niemals Anlaß, mich schutzsuchend bei August
Seeling anzulehnen, aber in vielerlei Sachkonflikten gab er mir
Halt, und wir vertrauten einander.
Als ich 1961 als Intendant die Verantwortung übernahm,

waren im WDR schon eintausendfünfundzwanzig Mitarbeiter
fest angestellt. Bei der Größenordnung dieses Unternehmens
wäre allein der Versuch absurd gewesen, als Intendant die Leitung »selbstherrlich« in den Griff bekommen zu wollen. Ich
war dabei nicht nur auf vertrauenswürdige Mitarbeiter angewiesen, sondern auch gelegentlich auf den Rat erfahrener Politiker wie August Seeling, von dem ich wußte, daß es ihm in
erster Linie um den WDR und dessen Programme ging und
nicht um seine Partei oder Karriere.

Glück hatte ich auch mit den beiden Direktoren, die 1961, als
ich antrat, verantwortlich für das Hörfunk- und Fernsehpro-
gramm des WDR waren. Mit Fritz Brühl und Hans Joachim
Lange lernte ich zwei sehr verschiedene Persönlichkeiten kennen und in ihrer sensiblen Intelligenz schätzen.

Ich nahm, wenn irgend möglich, täglich an den morgendli-
chen Schaltkonferenzen des Hörfunks teil, bei denen oft nicht
nur die Außenstudios in Nordrhein-Westfalen, sondern auch
die Studios in Washington und Moskau angeschlossen waren.
Nach Kenntnisnahme der aktuellen Morgennachrichten
wurde besprochen, welche Nachrichten wie in den Programm-
men und Kommentaren behandelt werden sollten. Diese Beratung leitete und entschied letztlich der Chefredakteur. Fritz
Brühl war Hörfunk-Direktor und Chefredakteur in einer
Person. 1963 wurde Paul Botta Chefredakteur. Aber auch
dann war Fritz Brühl als Hörfunkdirektor fast immer auf den
Morgenkonferenzen dabei. Und er war nicht nur dabei, sondern er war es, der im WDR aufmerksam und streng den
Sprachstil der Mitarbeiter überwachte und keine Sprach-
schludrigkeit durchgehen ließ. Ich lernte als Intendant auf
diese Weise viele wichtige Mitarbeiter des Hörfunks bald ganz
gut kennen.

Fritz Brühl lebt nicht mehr. Ich frage mich oft, ob es in den Funkhäusern heute noch eine so sorgsame Pflege der Sprachkultur gibt, wie sie im WDR mit der strengen Sprachschule von Fritz Brühl existierte. Dieser »Tschüß-Euer-Harry«-Stil, mit dem heute nicht nur die kommerziellen Hörfunksender ihre Programme so »locker vom Hocker« moderieren, weil es gut ankommt, taucht aus Konkurrenzgründen immer mehr auch in den Programmen der öffentlich-rechtlichen Anstalten auf. Immer größere Bereiche der Programme sinken damit auf flache »gängige« Unterhaltung ab. Natürlich gibt es bis heute Oasen einer gepflegten Sprache im Rundfunk, und wenn ich sie gelegentlich wahrnehme, so denke ich dankbar an Fritz Brühl, der sich auch nicht scheute, seinen Intendanten zu korrigieren, wenn dem bei öffentlichen Auftritten oder gar im Programm Sprachschludrigkeiten unterlaufen waren.

Der Fernsehdirektor Hans Joachim Lange war Anfang der sechziger Jahre einer der seinerzeit raren dünnhäutigen Intellektuellen, die sich viele verantwortliche Gedanken darüber gemacht haben, wie man das sich so überaus schnell entwickelnde Fernsehen qualifiziert in einer öffentlich-rechtlichen Anstalt nutzen könnte. Damals war der WDR noch nicht wegen der Werbeeinnahmen auf maximale Einschaltquoten angewiesen. Lange war literarisch sehr belesen und setzte im Bereich der Fernsehprogramme einen hohen Qualitätsanspruch durch. Er war mir bald ein wichtiger Berater. In der engen Zusammenarbeit mit Lange lernte ich auch seinen Assistenten Günther Rohrbach kennen, der heute Chef der Bavaria ist. Auch er verfügt über eine profunde Bildung, und als mir Lange vorschlug, ihn zum Leiter der Dramaturgie unseres Fernsehspiels zu machen, stimmte ich sofort zu. Diese Entscheidung bewährte sich sehr. Mein Anteil an der aus dieser

Zusammenarbeit entstehenden Reihe hervorragender Fernsehspiele war eigentlich nur, Lange und Rohrbach dafür eine Art Blankokredit gegeben zu haben. In der Ära Lange-Rohrbach wurden im WDR Fernsehspiele produziert, die bis heute Bestand haben, wie etwa:»Das Millionenspiel« (Buch: Wolfgang Menge. Regie: Tom Toelle);»Mord in Frankfurt« (Buch: Rolf Hädrich. Regie: Rolf Hädrich);»Rotmond« (Buch: Tankred Dorst. Regie: Peter Zadek);»Der Pott« (Buch: Sean O'Casey. Regie: Peter Zadek);»Wie eine Träne im Ozean« (Buch: Manès Sperber. Regie: Fritz Umgelter); »Brandstifter« (Buch: Klaus Lemke. Regie: Klaus Lemke).

Mir machte es Freude, den beiden in den Gremien den Rücken für ihre Experimente freizukämpfen. Wegen einiger dieser Fernsehspiele kam es zu heftigen Auseinandersetzungen in den Gremien. Ich erinnere, daß eine Frau im Rundfunkrat»Die Ehe der Maria Braun« schroff kritisierte und als unmoralisch ablehnte, weil die gezeigte Ehe nicht christlichen Maßstäben entspräche. Ich kam in die merkwürdige Lage, als Christ und Intendant einem zutiefst schockierten Gremienmitglied sagen zu müssen, daß der WDR laut Gesetz und seiner grundsätzlichen Konzeption kein christlicher Sender sei. Ich wies auch auf die Freiheit der künstlerischen Aussage hin und war zudem der persönlichen Auffassung,»Die Ehe der Maria Braun« sei nicht allein künstlerisch ein hochwertiger Film, sondern nach meinem Geschmack auch ethisch.

Als Intendant geriet ich häufiger in den Gremien in die Situation, einen bestimmten Film mit meinem Geschmack zu verteidigen, obwohl mir natürlich klar war, daß der nicht die Grundlage für Programmentscheidungen im WDR sein durfte. Genauso eine Lust aber war es mir, Programme, die in den Gremien scharf und oft moralisch angegriffen wurden, gerade dann zu verteidigen, wenn sie meinem Geschmack oder meiner politischen Überzeugung nicht entsprachen. Ich weigerte mich jedenfalls, nach dem Prinzip einer schematischen Ausgewogenheit vorzugehen, die nach dem Muster »Zwei-links-zwei-rechts-eins-fallenlassen« gestrickt war. Allerdings ist auch die öffentliche Erregung über ein Programm nicht in allen Fällen ein Gradmesser seiner Qualität. Es gibt meines Erachtens nur wenige verbindliche und zweifelsfreie Kriterien für das, was Programmqualität ist. Sie ist Ergebnis eines vielschichtigen und sich ergänzenden Prozesses von Machen und Beurteilen. Für mich steht aber bis heute außer Zweifel, daß die Chancen für ein qualitativ hochwertiges Programm am ehesten gegeben sind, wenn der Sender seinen Journalisten und Machern ein kreatives und freies Arbeiten ermöglicht.

Viele Jahre später freute ich mich als Präsident des Goethe-Institutes, daß viele vom WDR seinerzeit produzierte Fernsehspiele im Ausland immer wieder gefragt waren.

Andere Geister als Joachim Lange sahen die Qualität des Mediums Fernsehen fast ausschließlich unter dem Gesichtspunkt der Aktualität. Werner Höfer gehörte nicht nur mit seinem »Frühschoppen« zu diesen Geistern. In Nordrhein-Westfalen prägte er auch mit der schnellen, aktuellen Sendung »Hier und Heute« das politische Bewußtsein im Land erheblich. Bis heute denke ich, daß diese tägliche Regionalsendung mit ihrem bunten Mosaik aus Landesnachrichten vorbildlich war.

Der schnelle und auf Aktualität versessene Höfer und der sensible und nachdenkliche Lange, zwei so unterschiedliche und fähige Fernsehdirektoren, waren nacheinander während meiner Intendantenzeit für das Programm verantwortlich. Als Intendant sah ich es als meine Aufgabe, dafür zu sorgen, daß die Stärken und Schwächen eines Fernsehdirektors das Programm nicht völlig bestimmten. Dazu gehörte viel Einfühlungsvermögen. Lange war seinem Wesen nach ein Mann der Kultur mit hohem geistigem Anspruch. Sendungen wie »Dallas« oder »Denver« hätten ihm vermutlich ein fast körperliches Unbehagen verursacht. Er hatte dagegen viel Sinn für Kindersendungen wie »Pan Tau« und schätzte an der amerikanisierten Form der »Sesamstraße« die gediegene Psychologie. Zu Höfers Zeiten mußte ich gelegentlich als Schutzpatron für allerlei sensible Dokumentationen auftreten, für die Höfer in seinem fast manischen Aktualitätsanspruch wenig Sinn hatte.

Ich bin mit dem temperamentvollen und auch kräftig eitlen Fernsehdirektor und Frühschöppner Werner Höfer alles in allem gut ausgekommen. Er platzte fast vor journalistischer Leidenschaft und Ideen, und der WDR verdankt ihm in seiner Aufbauphase des Fernsehens viel.

Höfer pflegte gerne über die Bedeutung der »Fernsehpersönlichkeit« zu philosophieren und hielt sich zweifellos selbst dafür. Für mich gab es keine Zweifel an seiner Qualifikation als Fernsehdirektor, obwohl ich vorhersehen konnte, daß man ihn gelegentlich werde bremsen müssen, das gesamte Programm zu »verhöfern«. Aber ich hatte mit ihm, schon bevor er Fernsehdirektor wurde, die Erfahrung gemacht, daß er sich durchaus korrigieren ließ, wenn er das Gefühl hatte, daß ein Vorgesetzter ihn in seiner Dynamik grundsätzlich akzeptierte und nicht gängeln wollte.

Natürlich wußte ich, daß Werner Höfer mit Kriegsbeginn ein ehrgeiziger junger Kriegsberichterstatter war, der in seinen Berichten die Fanfaren so heroisch tönen ließ, wie es damals gewünscht war.

Vor seiner Berufung zum Fernsehdirektor hatte ich mit Höfer ein persönliches Gespräch über seine Vergangenheit. Ich fragte ihn damals, ob es nur sein Ehrgeiz als junger Journalist gewesen war, der ihn dazu brachte, das braune Lied so kräftig mitzusingen. Mir gegenüber bekannte er sich ohne Umschweife zu seiner Vergangenheit, sagte aber auch, daß es nicht mehr als dieser jugendliche Ehrgeiz gewesen sei. Ich wußte also bis kurz vor dem Eklat im Jahre 1987 nichts von Höfers Verwicklung in den Fall Karlrobert Kreiten, dem jungen Pianisten, der wegen einiger kritischer Bemerkungen, die er privat zum Kriegsverlauf gemacht hatte, verurteilt und am 7. September 1943 hingerichtet worden war. Am 28. November 1987 erschien in der FAZ ein Artikel von Peter Wapnewski, in dem er aus der »Hinrichtungshymne« zitiert, die am 20. September 1943 im »Zwölf-Uhr-Blatt« erschienen war, verfaßt von Werner Höfer. Es lag also doch mehr gegen Höfer vor, als er mir damals gesagt hatte.

Ich habe mit einem schnellen Urteil über Werner Höfer gezögert und zögere bis heute. Klar war, daß er für den WDR damit unhaltbar geworden war und gehen mußte.

Ich gehe davon aus, daß er mir damals »seine Wahrheit« gesagt hat und seine menschenverachtende, skrupellose Stellungnahme zur Hinrichtung Kreitens erfolgreich als pubertären Ehrgeiz verdrängt hatte. Ich kenne inzwischen eine ganze Reihe Fälle, in denen Personen ihre eigene Vergangenheit so vollendet verdrängt haben, daß sie selbst nicht mehr in der Lage sind wahrzunehmen, daß sie in einer früheren Phase ihres Lebens leibhaftig derselbe Mensch waren. Wie Höfer im Fall Kreiten, haben sie diesen Teil ihrer Existenz, dieses Wesen, das da so makaber agiert hat, in einen Kokon aus Verschleierungsfäden eingesponnen. Bei Höfer kommt für mich hinzu, daß er sich dann in seiner tatkräftigen Begeisterung für die neue demokratische Ordnung, mit seinen, auch schlitzohrigen Fähig-

keiten, mit seinem neuen »Ego« und seinem »dynamischen«
Einsatz den Nebel machte, in dem sich die vergangene Phase
verlor.

Obwohl ich die Verdrängung dessen, was er beweisbar angerichtet hat, nicht akzeptieren kann, halte ich Werner Höfer
als Menschen bis heute die Treue. Ich gehe davon aus, daß
noch immer in vielen Menschen West- und Ostdeutschlands
ein solcher Verdrängungskokon aus der Zeit des Dritten Reiches existiert, der ihnen die Sicht auf die eigene Geschichte
verstellt. Damit muß man leben als Teil der Geschichte, ohne
sich ihr zu entziehen. Ich selbst verdanke es vielleicht auch nur
meiner Herkunft und guten Freunden, daß mich mein Ehrgeiz
und meine Fähigkeiten nicht als junger Mann in diese Sackgas-
sen geführt haben.

IV

Von meinem Vorgänger, Hanns Hartmann, wurde mir berichtet, daß er wenig vom Fernsehen hielt und die Entwicklung und den Ausbau des neuen Mediums nur zögerlich behandelt hat. Ich fand im Sender auch keine einigermaßen ausgegorene Konzeption möglicher Entwicklungsstrategien für das Fernsehen vor, obwohl am 1.4.1961 im Sendebereich des WDR fast zwei Millionen Fernsehapparate registriert waren. Schon Ende 1961 hatte sich die Anzahl um mehr als eine Viertelmillion erhöht.

Es gab einzelne Pioniere, die durch ihre Programmarbeit und Vorschläge Möglichkeiten und Aufgaben des neuen Mediums aufzeigten. Solche Ausblicke waren z. B. die Filme der »Windrose« von Peter von Zahn. Sie öffneten, auch für ein Massenpublikum unterhaltsame Fenster in die westliche Welt; wie auch die farbigen Berichte von Hans Walter Berg Asien dem Zuschauer nähergebracht haben.

Für mich lag es nahe, den Programmvorhaben einen gewissen Vorrang zu geben, die sich mit der Aufarbeitung der braunen Vergangenheit beschäftigten oder mit wichtigen Fragen der Zukunft.

Mein Kollege Bausch vom Süddeutschen Rundfunk in Stuttgart war wie ich daran interessiert, eine groß angelegte Sendefolge über das Dritte Reich zu produzieren. Die wissenschaftliche Leitung wurde Prof. Besson anvertraut, die journalistische lag zum großen Teil bei Gerd Ruge. Für dieses Vorhaben wurden ungeheure Mengen authentischen Filmmaterials zusammengetragen. Es war auch gelungen, auf dem Schwarzmarkt in Japan private Filmdokumentationen zu kaufen, die Aktionen von polnischen Partisanen gegen die deutsche Wehrmacht zeigten.

Da wir von unserem Film sehr überzeugt waren und ihn für einen wichtigen kulturpolitischen Beitrag zur Aufarbeitung der deutschen Geschichte als auch zur Verständigung hielten, reisten wir nach Polen und führten ihn in Warschau und Breslau vor. Es war in Warschau leider nur sorgsam ausgewählten KP-Funktionären möglich, sich die Dokumentation anzusehen. In der apodiktisch offiziellen Sicht der polnischen KP waren damals in der Bundesrepublik außer Herrn Globke viele ehemalige Nazis wieder zu Macht und Einfluß gekommen. Ein deutscher Film, der unvoreingenommen und selbstkritisch sich mit der deutschen Geschichte auseinandersetzt und zudem in ganz Westdeutschland gezeigt worden war, durfte für die polnische Öffentlichkeit nicht existieren, weil er möglicherweise Zweifel an dem offiziellen Bild der Bundesrepublik geweckt hätte, das die KP der polnischen Bevölkerung vermittelt hatte.

In Breslau hatten die Warschauer KP-Funktionäre allerdings die Rechnung ohne die jungen KP-Funktionäre am Ort gemacht, die wider die Warschauer Zentrale lökten. Als sich der »Aufpasser« aus Warschau verabschiedet hatte und ich schon im Bett lag, wurde die Tür meines Zimmers einen Spalt geöffnet und gefragt, ob ich noch einmal aufstehen würde und bereit sei, den Film mitten in der Nacht einer größeren Gruppe von Interessierten zu zeigen. Nach dieser zweiten »illegalen« Vorführung kam es in einem Privathaus zu einer langen, sehr offenen und interessanten Diskussion.

Im Jahre 1961 wurde durch Beschluß der Ministerpräsidenten das Zweite Deutsche Fernsehen (ZDF) ins Leben gerufen. Ich habe diese, das ARD-Programm herausfordernde Konkurrenz begrüßt. Unter demokratischen Gesichtspunkten war es wünschenswert, daß die Monopolstellung des Ersten Programms der ARD aufgehoben wurde.

Da sich das ZDF ungefähr zu 60% aus Einnahmen der Werbung finanzieren mußte, war es ihm in die Wiege gelegt, auf die Einschaltquoten mehr Rücksicht zu nehmen. Gemessen am ZDF-Programm waren die Programme einiger Anstalten der ARD experimentierfreudiger und anspruchsvoller, zu bestimmten Zeiten nannte man das auch »linker«.

Selbstkritisch rückblickend denke ich heute, daß das ZDF die Bedeutung der Unterhaltung im Fernsehen höher und richtiger eingeschätzt hat als ich und einige meiner Gesinnungsgenossen. Ich selbst war doch nachhaltiger von den medienpädagogischen Ideen eines Hugh Carlton Greene und Adolf Grimme geprägt, als mir das damals bewußt war.

Während meiner gesamten Amtszeit wurde unterhalb und oberhalb des Verhandlungstisches ein Machtkampf mit dem Bundespostministerium ausgetragen. Die Regierung wollte über die bundesstaatliche Zentralmacht des Ministeriums mehr Einfluß auf die, aus Bonner Sicht, ärgerlich unabhängigen Landesrundfunkanstalten ausüben. Bei der Gründung des ZDFs übernahm das Bundespostministerium die gesamte Verantwortung für den technischen »Transport« der Sendungen des ZDFs, d. h. alle Sendeanlagen. Seit Jahren standen auf den geeigneten Höhen die Hörfunk- und Fernsehsendeanlagen der ARD. Die hohen Sendemasten mit ein paar kleinen Häuschen drum herum, oft sauber mit einem Zaun umgrenzt, standen dort als Außenposten ihrer Anstalt. Für den Wanderer durch die deutschen Mittelgebirge mußte es dann etwas Erstaunliches gehabt haben, als nun jeweils ein zweites genau so kleines Anwesen mit Mast und Häuschen und Zaun daneben gestellt wurde. Auch wenn sich die Spezialisten der Rundfunkanstalten mit denen der Post gut

vertrugen, vertrug sich der gebotene sparsame, wirtschaftliche Umgang mit öffentlichen Geldern nicht mit dem,
durch die Doppelbesetzung der Höhen so deutlich demon-
strierten Machtanspruch der Politik.

V

Während meiner Amtszeit als Intendant vergrößerte sich der WDR gewaltig. Im Jahr 1961 waren knapp zweitausend Mitarbeiter fest angestellt und am Ende meiner Amtszeit, 1976, fast doppelt so viele. So oder so wurde ein Bauprogramm für den WDR notwendig. Da der Beruf eines Architekten mich unter anderen Umständen auch gereizt hätte, verbindet sich bei mir die Bewältigung dieser Aufgabe mit überwiegend positiven Erinnerungen. Es machte mir Spaß, als Bauherr mitzudenken. Das begann schon bei der Suche nach einer Dienstwohnung für mich und meine Familie. Die Bauabteilung des WDR war beauftragt worden, eine Dienstwohnung für einen Intendanten mit acht Kindern zu finden. Das erwies sich als schwieriges Unterfangen.

Das erste Objekt, das mir zur Besichtigung vorgeführt wurde, lag auf der »Schälsick«, der Ostseite des Rheins.

Es war ein altes Gemäuer mit dicken Wänden, vielen Ratten und einer Art Burggraben drum herum, aber ohne moderne Heizung und ohne elektrisches Licht. Dafür gab es Pferdeställe und einen verwilderten Garten mit ein paar alten Obstbäumen. Das Anwesen gehörte der Stadt, die es gerne an den reichen WDR verkauft hätte, damit aus diesem Gemäuer eine repräsentative Behausung werde. Als ich das Gebäude sah, sah ich die Karikaturen und Kommentare schon vor mir, die erschienen wären, wenn sich der neue Intendant mit einer seiner ersten Entscheidungen und meinem Namen in diese »Burg« als Dienstwohnung gesetzt hätte.

Es gab im Prominentenviertel von Köln zwar zahlreiche Villen mit Säulen neben dem Eingang und Festsälen mit Marmorwänden im Innern, die mit einigen Hausangestellten und

Gärtnern sicher gut zu bewirtschaften gewesen wären. Aber meiner Frau und mir grauste es vor diesen musealen Gehäusen aus einer Buddenbrookswelt der ersten Generation. Schließlich fand sich ein Haus, das mit wenig Umbauten passend war. Es scheint mir zwar nach wie vor berechtigt, in Köln-Marienburg eine Art »Buddenbrookshausen« zu sehen, aber auf dem alten Kulturboden dieser Stadt war viel menschliche Kultur verwurzelt und gewachsen. Wir fanden viele gute Nachbarn und Freunde, die uns halfen, dem alt- und neureichen »Kölschen Klüngel« eine ganze Menge abzugewinnen.

Das zentrale Problem bei den Bauvorhaben des WDR bestand darin, ob der WDR mit seiner finanziellen Potenz dazu beitragen sollte oder mußte, die weitgehend zerstörte Innenstadt Kölns angemessen wieder aufzubauen, oder ob es ratsamer sei, den gesamten Baukomplex des WDR mit den großen Fernsehstudios an den Stadtrand zu verlegen. Die wirtschaftlichen und organisatorischen Aspekte sprachen für die zweite Möglichkeit. Die CDU-Regierung in Düsseldorf aber entschied anders, und damit mußten die Fernsehstudios in der Stadtmitte direkt neben dem Wallraf-Richartz-Museum achtzehn Meter tief in die Erde verlegt werden. Das förderte zwar unzählige Scherben, Tongefäße aus dem römisch-germanischen Untergrund zutage, war aber sehr teuer.

Nur die großen Flachbauten für den Bühnenbau wurden am Stadtrand in Bocklemünd errichtet. Die Bühnenwände für die unterirdischen Studios konnten aber nicht in ihrer ganzen Größe durch die engen Straßen von Ehrenfeld und anderer Viertel transportiert werden. Sie mußten vorher in Teilstücke zerlegt und auf besonderen Tiefladern zu den Studios unter der Erde gebracht und dort wieder zusammengesetzt werden.

Vor dem Bau des sogenannten Archivhauses in der Stadtmitte kam es zu einem großen Palaver zwischen der Stadt und dem WDR. Es ging um seine Höhe, die die überragende Position des Kölner Domes nicht gefährden sollte. Mit Hilfe eines großen Ballons wurden in der Stadtmitte Versuche gemacht, damit die Denkmalschutzbeauftragte Hanna Adenauer, eine Nichte des Kanzlers, entscheiden konnte, wie hoch das Archivhaus maximal sein dürfte.

Das Archivhaus überspannt heute die Nord-Süd-Fahrt. Nachträglich bin ich nicht glücklich über diesen Bau; nicht nur, weil damit die Stadtmitte von Köln mit WDR-Gebäuden überhäuft wurde, sondern auch, weil es dem Architekten, der Bauabteilung und mir nicht gelang, mit dem Baureferat der Stadt zu einer Übereinstimmung über die Farbe des Archivhauses zu gelangen.

Parallel zu den unterirdischen Filmstudios »An der Rechtschule« liegt das Wallraf-Richartz-Museum. Da ich mit den Direktoren befreundet war und vor der Erledigung langweiliger Korrespondenzen die bequeme Möglichkeit hatte, für eine halbe Stunde zum »Atemholen« ins Museum entweichen zu können, war das für mich eine sehr angenehme Nachbarschaft.

Der Erdgeschoßsockel der Studios »An der Rechtschule« ist aus weißem Marmor. Dieser über fünfundneunzig Meter lange Fläche liegen elf abstrakte Flachreliefs unterschiedlicher Größe auf, die Karl Hartung entworfen hat. Ich hatte sie als Bauherr mit ausgewählt und freute mich an ihnen. Wo ich »Kunst am Bau« sah, sahen andere die Ellbogen der übereifrigen Bauarbeiter durch die Wand kommen. Das erzählte mir mein Fahrer Boley von WDR-Mitarbeitern und Kölner Bürgern, die sich über das lahme Tempo der Bauarbeiten lustig machten. Heute heißen die Reliefs im Kölner Volksmund »Sahneteilchen«.

Bei dieser Außenwand der Studios kam es auch weiter oben zu einer tragischen Geschichte. Wir hatten geplant, die Wand ab der ersten Etage mit einer farbigen, glasartigen Fläche zu bedecken und luden die Nachbarn vom Wallraf-Richartz-Museum zur Besichtigung der Probeplatten ein. Sie waren wie wir sehr angetan von dem grünen Probestück. Der Auftrag wurde erteilt. Als dann die ganze Wand sehr schön grünleuchtend bedeckt war, hatten sämtliche Bilder in den gegenüberliegenden Räumen des Museums einen Grünstich. Die schönen Platten mußten wieder runter und durch andere ersetzt werden.

Farblich mehr Glück hatte ich mit anderen Gebäuden in der Nachbarschaft des WDR.

Von meinem Büro im fünften Stock des sogenannten Vier-Scheiben-Hauses gegenüber dem Amtsgericht blickte ich in ein kleines Gäßchen hinab. Dort standen sechs Häuser, von denen einige, wohl über hundert Jahre alt, von hier oben mit ihren Stuckverzierungen durchaus Charme hatten. Eines Tages beim Diktieren, ich ging dabei gewöhnlich auf und ab, warf ich einen Blick aus dem Fenster und hatte die Idee, meinen Sohn, der Architektur in Aachen studierte, zu bitten, mir eine maßstabsgerechte Skizze von dem Eckhaus zu machen, das dem WDR gehörte. Auf der Skizze malten wir dann das Haus in heiteren, poppigen Farben an, bis uns unser Werk gefiel. Dann gab ich der Bauabteilung einen entsprechenden Auftrag.

Neben dem nüchternen, sachlichen, grauweißen Vier-Scheiben-Haus gefiel das Ergebnis, und die Häuser des kleinen Gäßchens »schrien« nach mehr. Ich schlug dem Baureferat der Stadt Köln vor, die Besitzer mit einem angemessenen Betrag zu unterstützen, wenn sie die Fassade ihrer Häuser entspre-

288

chend gestalten würden. Das hatte mit einer Ausnahme Erfolg und brachte mir als »Möchte-gern-Architekten« den Architekturpreis 1971 der Stadt ein.

Natürlich kam es 1968 während der Studentenbewegung auch in unserem Hause zu einigen revolutionären Unruhen. Einige Redakteure polemisierten gegen die bestehende Hierarchie und gegen den Intendanten mit seinen angeblich »impotenten« Programmdirektoren, Chefredakteuren usw. In einer dieser Polemiken gegen mich als Intendanten las ich: »Der derzeitige Intendant des WDR regiert den WDR wie ein hinterpommersches Dorf-Postamt.«

Ich hatte tatsächlich wenig Neigung, mich im WDR auf psychotherapeutisch abgesicherte Theorien moderner Menschenführung in Großbetrieben zu beziehen. Es traf zu, daß ich mich im WDR, vor allem bei der Delegation von Aufgaben an Mitarbeiter und bei der Beurteilung von Verhaltensweisen schwieriger Gremienmitglieder, lieber auf meine Menschenkenntnis verließ. Das führte sicherlich auch zu Fehlurteilen, aber mehr oder weniger konnte ich meinem Instinkt trauen. Ich fühlte mich also gar nicht negativ kritisiert und bat den bekannten Grafiker Willy Fleckhaus mir ein Schild zu entwerfen, das dann im Labyrinth des Funkhauses den Weg zu meinem Büro groß und deutlich bezeichnete: »ZUM DORF-POSTAMT«.

VI

Während meiner Zeit im WDR kam es zu zwei Arten heftiger politischer Turbulenzen.

Einmal waren es die Studentenunruhen des Jahres 1968, die sich mit ihrer temperamentvollen, intellektuellen Aufsässigkeit kräftig in einer Rundfunkanstalt wie dem WDR bemerkbar machten, wo ein quantitativ und qualitativ beachtliches Potential von jungen und kritisch denkenden Mitarbeitern versammelt war. Wie jeder gesellschaftliche Apparat die Tendenz zur Verfestigung der Hierarchie in sich trägt, so natürlich auch der WDR. Hierarchien entstehen, wenn unterschiedliche Interessen unter »einen Hut« gebracht werden müssen.

Da sind einerseits die Journalisten, Redakteure und Programmverantwortlichen, von denen erwartet wird, daß sie ihre Arbeit selbstverantwortlich und mit Phantasie, Risikobereitschaft, Zivilcourage, sauberer Recherche und demokratischem Respekt vor der Meinung anderer machen.

Andererseits ist da der Bereich der Verwaltung, die gegenüber den Vorgesetzten und Mitarbeitern vertrauenswürdig und unbestechlich sein muß. Nicht nur im Personalbereich wird von diesen Mitarbeitern erwartet, daß sie gelassen und sachlich bleiben. Bei dem bunten und eigenwilligen Völkchen der Journalisten fällt es gelegentlich schwer, nicht in Versuchung zu kommen, mit der Macht im Personalbereich den Laden verwaltungstechnisch fest in den Griff bekommen zu wollen. Ein unbedachter Umgang mit der Verwaltungsmacht kann im Sozialgebilde eines großen Funkhauses ziemlich viel Unheil anrichten.

Und dann gibt es die große Zahl der Techniker, von denen in einer öffentlich-rechtlichen Anstalt erwartet werden muß, daß sie als gut bezahlte Experten nicht nur im Tarifschritt tätig

sind, sondern sich kollegial für das Ganze mitverantwortlich
fühlen.

Zwischen diesen so unterschiedlichen Bereichen und Interessen ist viel Raum für Widersprüche und hierarchische Strukturen. Die heftige Kritik und Infragestellung der gegebenen
Hierarchie, die im Hause von dem Redakteursausschuß vor-
getragen wurde, hielt ich grundsätzlich für einen heilsamen
Vorgang, auch wenn sie den Intendanten nicht aussparte. Es
konnte nicht ausbleiben, daß unter den aufmüpfigen Redakteuren beiderlei Geschlechts einige waren, die den Aufstand
nach der Melodie probten: »Die da oben müssen erst mal weg,
dann sehen wir weiter!«

Als nun der Intendant »sine ira et studio« zu prüfen suchte,
was an dieser oder jener Beschwerde dran war, stieß ich auf
einige leitende Mitarbeiter, die wenig kollegiale Fähigkeiten
im Gespräch mit ihren Untergebenen bewiesen und äußerst
empfindlich auf Kritik von oben und unten reagierten. Manche zogen in diesen Konflikten schnell ihr Parteibuch aus der
Tasche und suchten Rückhalt bei einem Gremiummitglied ihrer Couleur, das für solche »Zulieferungen« im eigenen politischen Interesse dankbar war.

Heute denke ich, daß einige heftige Auseinandersetzungen,
die ich in diesen Zeiten als Intendant mit dem Redakteursausschuß zu führen hatte, produktiv waren und zu einer positiven Veränderung verfestigter Strukturen geführt haben. Ich
glaube, viele Redakteure verstanden zu haben. Ich habe mich
jedenfalls bemüht, ihre Anliegen ernst zu nehmen, und mir
viel Zeit dafür genommen, um sie in Versammlungen wie
auch mit einzelnen zu diskutieren.

Zu einem scharfen Konflikt mit den Redakteuren kam es im
»Fall Lübke«. Es war wohl das einzige Mal, daß ich eine Sendung nach Prüfung des Manuskriptes abgesetzt habe. Ich weiß

nicht mehr, wie es im einzelnen dazu kam, daß die eigentlich zuständigen Entscheidungsträger – Programmdirektor, Chefredakteur, Hauptabteilungs- und Abteilungsleiter – die Entscheidung über diese brisante Sendung immer weiter nach oben schoben, bis sie schließlich und im letzten Augenblick auf meinem Schreibtisch landete.

Meine Entscheidung, die Sendung abzusetzen, hatte eine Vorgeschichte: Auf meine Initiative war es einmal im Jahr Brauch geworden, daß der ARD-Vorsitzende dem Bundespräsidenten alle wichtigen Auslandskorrespondenten der ARD in Bonn vorstellte. Bundespräsident Lübke war von seinem Wesen als Bauer mißtrauisch. Gegenüber Leuten aus dem »windigen« Journalistengewerbe war er besonders skeptisch, weil er meinte, ihnen in ihrer Sprachfähigkeit und Schlagfertigkeit relativ wehrlos ausgeliefert zu sein. Aus ähnlichen Gründen gab er auch nicht viel auf die Informationen des Auswärtigen Amtes vor seinen Staatsbesuchen.

Bei einem dieser jährlichen Treffen mit den ARD-Auslandskorrespondenten stand der Bundespräsident im Begriff, zu einem Staatsbesuch nach Pakistan aufzubrechen. Unter den anwesenden Korrespondenten waren mehrere, die aus eigener Erfahrung viel über dies Land wußten. Was tat der unglückliche Heinrich Lübke? Er hielt den erstaunten Korrespondenten einen längeren Vortrag, wie aus sauerländischer Sicht pakistanische Politik zu handhaben sei. Kurzum, es war peinlich, und die Mienen der Auslandskorrespondenten versteinerten.

Ich schämte mich verzweifelt über die Blamage des Staatsoberhauptes. Vielleicht aus einer preußischen Regung heraus, bat ich den Bundespräsidenten im folgenden Jahr um ein Vorgespräch unmittelbar vor dem Eintreffen der Korrespondenten. Ich erzählte ihm in dieser Stunde nichts über die Korrespondenten, sondern fragte ihn als ebenfalls gelernter Landwirt nach Agrar-Politik und seinen Erfahrungen als ehemaliger Landwirtschaftsminister. Wir führten eine solide Unterhaltung, und ich schlug ihm am Schluß vor, das Treffen mit den Korrespondenten zu moderieren. Er war einverstanden. Nach diesem Gespräch unter Landwirten hatte er offenbar keine Mißtrauen mehr, daß ihm unter meiner Leitung die Journalisten böse Fangfragen stellen könnten. Es bedurfte kaum meiner Moderation. Der Bundespräsident stellte verständige Fragen, und es kam zu einem lebhaften, offenen Meinungsaustausch. Die Korrespondenten lernten einen bescheidenen, würdigen alten Mann kennen, der wißbegierig die Gesprächsmöglichkeit mit den Auslandsexperten nutzte.

Der »Fall Lübke«, der nicht nur die Redakteure des WDR so erregte, basierte auf Unterlagen, die Ende der sechziger Jahre an die Öffentlichkeit kamen und wonach Heinrich Lübke am Bau von KZs beteiligt war. Die Fakten hielten der von mir sofort in Auftrag gegebenen Nachprüfung stand. Danach war Heinrich Lübke während des Krieges in ein Architekten-Büro dienstverpflichtet worden, das für die Organisation Todt mit der Planung von Wohnbaracken beauftragt worden war, aber nichts mit der Belegung dieser Baracken zu tun hatte. Es gehörte allerdings nicht viel Phantasie dazu, sich die praktische Verwendung dieser Baracken vorzustellen, weil es in diesen Zeiten ziemlich wahrscheinlich war, daß sie zu dubiosen Zwecken gebaut und genutzt wurden.

Diese, Heinrich Lübke belastende Information, war schon irgendwo publiziert worden, aber sie sollte nun in einer gut recherchierten Sendung des WDR noch einmal ausgebreitet werden.

In anderen Fällen hatte ich, ohne lange zu überlegen, entschieden, daß um prominente Abgeordnete, wie F. J. Strauß,

Helmut Schmidt usw. oder um Landes- und Bundesregierung im Programm des öffentlichen Rundfunks kein Schutzzaun gezogen werden dürfte. Nach meinem grundsätzlichen Verständnis von Demokratie muß jede öffentliche Kritik an gesellschaftlichen Institutionen und ihren Trägern möglich sein, einzige Voraussetzung dabei ist die saubere Recherche der Fakten.

Warum entschied ich mich dennoch im Fall Lübke für eine Absetzung der Sendung? Es war meine persönliche Auffassung, daß ein Staatsoberhaupt nicht wie alle anderen Politiker und Personen in öffentlichen Ämtern jeder öffentlichen Kritik ausgesetzt sein darf. Mir ging es in diesem Fall auch um den Schutz der Würde dieser Institution im Interesse der Gesamtgesellschaft. Gewiß sind Fälle denkbar, wo verdrängte oder zugeschaufelte Fakten im Lebenslauf auch des höchsten Repräsentanten eines Staates ans Tageslicht müssen. Die dienstverpflichtete Mitarbeit in der Organisation Todt erschien mir nicht als ein solcher Fall. Da kann man anderer Meinung sein, was ich auch den Redakteuren gegenüber, die meine Haltung hart kritisierten, einräumte. Ich war damals eine Zeitlang mit mir in Konflikt, habe mich dann aber aus Taktgründen diesem würdigen alten Mann gegenüber so entschieden. Es ist mir nicht gelungen, diese Meinung den Redakteuren des WDR verständlich zu machen. Heute bin ich mir nicht mehr sicher, ob ich noch einmal so entscheiden würde. Aber heute weiß ich mehr darüber, wie oft in den Medien Informationen unter den Tisch gekehrt werden, die politische Prominenz belasten. Ich schäme mich aber bis heute nicht, daß ein Landwirt aus Pommern in einer menschlichen Sympathie für einen Bauern aus dem Sauerland befangen war.

In meiner Beziehung zu den organisierten Redakteuren hatte ich zunächst in den Auseinandersetzungen eine überwiegend offene und gelassene Haltung. Einige Redakteure, die anerkannt hatten, daß ich mich ihnen und ihren Forderungen gegenüber als relativ liberaler Chef erwiesen hatte, mußte ich in dem Moment enttäuschen, in dem ich feststellte, daß in einigen Redaktionen im Bereich des Feuilletons und der Kultur nur noch »Gesinnungsgenossen« zum Zuge kamen. Ich war auch weiterhin bereit, einigen radikal »links« Gesinnten, die Möglichkeit zu geben, ihre Gedanken qualifiziert zu äußern, aber die Pluralität mußte in allen Redaktionen weiterhin gewährleistet sein.

Ungelöst blieb auch mein Konflikt mit einigen Redakteuren, die das Recht für sich beanspruchten, das Gesamtprogramm nach ihrem politischen Geschmack zu gestalten. Solchen Wunschvorstellungen mußte ich mit meinem Amtsverständnis widerstehen. Das wurde nicht einfacher dadurch, daß die Gremien in ihrer parteipolitischen Zusammensetzung immer mehr dazu neigten, in solchen Konflikten nach einem primitiven »Rechts-Links«-Raster zu urteilen.

Die zweite politische Turbulenz schlug zu Zeiten stürmisch ins Haus, als sich in den Jahren von 1970 an die Terroristenanschläge in der BRD steigerten.

Es wäre für einen Intendanten oder für andere Programmverantwortliche relativ einfach gewesen, einzelnen, radikal gesinnten jungen Menschen die Möglichkeit zu geben, ihre persönliche Meinung im Programm einer öffentlich-rechtlichen Anstalt zu äußern. Das hätte sowohl die Unterscheidung der Geister befördert als auch zu mehr Toleranz beigetragen. Meiner Ansicht nach gab es junge revolutionäre Geister, die »bona fide« das Beste für die Gesellschaft anzustreben glaubten. Sehr bald aber offenbarten ihre Aussagen, daß sie entweder die Grundregeln der demokratischen Gesellschaft nicht akzeptierten oder bereits im Untergrund in kriminelle Aktionen verwickelt waren. Damit gab es keinen Raum mehr für Toleranz.

Ich hatte nichts dagegen einzuwenden gehabt, daß z. B. das Hörspiel »Bambule« von Ulrike Meinhof im WDR gesendet wurde. Ich habe später ihre Kinder und gute persönliche Freunde von ihr kennengelernt. Ich stellte die Ernsthaftigkeit ihrer revolutionären Ideen nicht in Zweifel, auch wenn ich sie mit ihren Elementen evangelischer Sozialethik für überspannt und utopisch hielt. Als Ulrike Meinhof sich jedoch an der gewaltsamen Aktion zur Befreiung Andreas Baaders beteiligt hatte, bei der drei Menschen zum Teil schwer verletzt worden waren, war eine weitere Beschäftigung von ihr im WDR ausgeschlossen. Soweit, so klar für mich.

Der Fall R. zeigte aber, daß es doch nicht so klar war, wie ein Intendant in dieser Zeit des öffentlichen Aufgebrachtseins der Gesellschaft und der Gremien zu entscheiden hatte.

R., ein Redakteur des WDR, kannte Ulrike Meinhof als Kollegin persönlich aus der Zeit, als ihr Hörspiel im WDR gesendet wurde. Ulrike Meinhof war nach der kriminellen Befreiung von Andreas Baader untergetaucht. Sie und ihre Kumpane wurden von der Polizei gesucht. Es kam heraus, daß Ulrike Meinhof auf ihrer Flucht nachts in Köln an die Tür ihres früheren Kollegen R. geklopft und ihn gebeten hatte, für eine Nacht bleiben zu können. Sie versprach beim Morgengrauen wieder verschwunden zu sein. Der Kollege R. meinte aus menschlichen Gründen, ihrer Bitte entsprechen zu müssen. R. war nach meinem Eindruck ein gutmütiger, musischer Mensch. Ich konnte in ihm keinen zu allem entschlossenen Untergrundrevolutionär entdecken.

Die öffentliche Reaktion in den entsprechenden Blättern war erheblich: »Der rote WDR gab einer gefährlichen Terroristin Unterschlupf.« Eine Sondersitzung des WDR-Verwaltungsrates folgte.

Ich war sofort entschlossen, den Redakteur R. bis zur gerichtlichen Klärung des Falles zu beurlauben. Aber ich war nicht bereit, ihn fristlos zu entlassen. In diesem Sinne wirkte jedoch der gesamte Verwaltungsrat auf mich ein. Alle diese Parteipolitiker im Verwaltungsrat standen unter dem Druck ihrer Parteifreunde, jetzt im WDR einen Skalp zum Fenster hinauszuhängen.

R. wurde nicht fristlos entlassen, und mit der Zeit klang die öffentliche Erregung über seinen Fall ab. Als die gerichtliche Entscheidung ihn einige Zeit später von dem Vorwurf freisprach, durch sein Verhalten eine staatsfeindliche Organisation unterstützt zu haben, da nahm die Presse kaum noch Notiz von dieser Information.

VII

Die aktuelle Herausforderung als Intendant, über die Grenzen der Bundesrepublik hinauszudenken, ergab sich für mich durch die wachsende Anzahl der Gastarbeiter in der Bundesrepublik. Für Nordrhein-Westfalen lag es damals nahe, über Programme für Gastarbeiter aus der Türkei, aus Jugoslawien, Griechenland, Italien und Spanien nachzudenken. Sie waren in der BRD mit ihren Familien zumindest Mitbürger auf Zeit. Mir schien es politisch geboten und einer europäischen Entwicklung angemessen, in ihrer Sprache vor allem im Hörfunk, aber auch im Fernsehen etwas anzubieten, was ihnen den Aufenthalt in der BRD erleichterte und sie als Mitbürger ernst nahm. So begann der WDR damit, ab Dezember 1961 täglich vierzig Minuten Sendungen auf Italienisch, Anfang 1962 auf Spanisch, Ende 1964 auf Türkisch und ab Mitte 1970 auf Serbokroatisch auszustrahlen.

Unseren journalistischen Prinzipien getreu, übernahmen wir die politischen Nachrichten nicht von den Sendern der Heimatländer der Gastarbeiter, weil wir uns nicht mit deren Regierungspropaganda identifizieren konnten und wollten. In Griechenland war seinerzeit beispielsweise die undemokratische Junta der Obristen an der Macht. Wir berichteten sowohl über Verlautbarungen der Regierung als auch der Opposition. Was wir von den Heimatsendern der Gastabeiter übernahmen, waren Fußballnachrichten, Sport und allerlei Folklore.

Natürlich kam es dabei auch zu politischen Schwierigkeiten. Besonders schwierig war es, wenn versucht wurde, regierungstreue Mitarbeiter aus diesen Ländern in unsere fremdsprachlichen Redaktionen einzuschleusen. Um hier die Kontrolle zu haben, mußten alle Fremdsprachensendungen vorher ins Deutsche übersetzt werden. Es erwies sich als mühsam, aber möglich, sprachlich und politisch wachsame und zuverlässige Leute zu finden, die die täglichen vierzig Minuten überwachten.

Mir machte es immer besondere Freude, die ausländischen Familien zu den Folkloreveranstaltungen in den WDR-Sendesaal einzuladen, die live mit den Publikumsgeräuschen, Zwischenrufen und Kindergeschrei ausgestrahlt wurde.

Zu Beginn lehnten alle anderen ARD-Intendanten Sendungen für Gastarbeiter aus den verschiedensten Gründen ab. Erst einige Jahre später übernahmen sie Sendungen des WDR oder produzierten selbst.

Die Kooperation mit Rundfunkanstalten anderer europäischer Länder lief in meiner Sicht mühsam an. Im Jahre 1950 wurde die sogenannte EBU (European Broadcast Union) gegründet, in deren Hörfunkkommission ich mitarbeitete. Auf diese Weise lernte ich viele europäische Rundfunkstationen auch von innen und in ihrer Grundstruktur kennen. Die meisten Sender waren eng an den Staat bzw. die jeweiligen Regierungen gebunden. Die BBC blieb die unserem relativ staatsunabhängigen und liberalen System verwandteste Institution.

Der Austausch von Musik funktionierte innerhalb Europas bald gut. Auch in der Kooperation um ein möglichst einheitliches Urheberrecht kam man voran. Aber im allgemeinen hatte ich den Eindruck, daß in den meisten europäischen Ländern wenig Neigung bestand, die Position eines im wesentlichen national begrenzten Rundfunks aufzugeben.

Mein Engagement als Präsident des Goethe-Institutes

I

Als ich 1977 in München zum Präsidenten des Goethe-Instituts gewählt wurde, wußte ich relativ wenig über die Geschichte dieser Institution, ihre Aufgaben und aktuellen Probleme. Als WDR-Intendant habe ich einmal im Goethe-Institut in Paris und ein zweites Mal in Rom über die Entwicklung der Medien in Deutschland referiert. Beide Male hatte mich der Institutsleiter Marschall von Bieberstein dazu eingeladen, der von Rom nach Paris gewechselt hatte, und ich erinnere, daß er mich in beiden Städten einem sehr interessanten und interessierten Publikum vorgestellt hat.

Durch diese beiden Begegnungen mit dem Goethe-Institut kam ich nicht auf den Gedanken oder Wunsch, eines Tages Präsident dieser Institution zu werden.

Irgendwie und irgendwo war mir berichtet worden, daß die Amtszeit des Präsidenten J. von Herwarth auslaufe. Später hörte ich »hintenherum«, daß J. von Herwarth und Hildegard Hamm-Brücher mich gerne als seinen Nachfolger im Goethe-Institut sehen würden.

Ich war nach fünfzehn Jahren Intendant des WDR überhaupt

303

nicht gierig auf irgendeine neue offizielle Funktion. Ich wußte auch nichts über das politische Gerangel um die Nachfolge von J. von Herwarth, und hätte ich mehr gewußt, seinerzeit wenig Interesse gehabt, mich in dieses Tauziehen aktiv einzumischen. Ich wurde auf Initiative von J. von Herwarth in die Mitgliederversammlung des Goethe-Institutes gewählt und bald darauf von dort in das Präsidium. In die Sitzung des Präsidiums, das den neuen Präsidenten wählen sollte, ging ich mit der Überzeugung, daß es einen anderen wählen würde.

Die Wahl zum Präsidenten nahm ich hauptsächlich aus vier Gründen an.

Einmal überzeugte mich die von Dieter Sattler entworfene Grundkonzeption des Goethe-Institutes als relativ regierungsunabhängiger Mittler auswärtiger Kulturpolitik.

Zum zweiten ermutigte mich der Vertrauenskredit von Hildegard Hamm-Brücher und J. von Herwarth, mich auf eine Aufgabe einzulassen, die ich anfangs in keiner Weise übersah.

Drittens war ich angesichts der allgemeinen politischen Lage in der Welt von der Wichtigkeit einer internationalen Kommunikation auf kultureller Ebene überzeugt, sowohl was die Spannungen zwischen Ost und West betraf, wie die zwischen Nord und Süd.

Und viertens konnte ich mich mit dieser internationalen Aufgabe auch erstmals wieder ganz mit meinem Vaterland identifizieren. Wenn man so will, war es für mich auch eine Art persönlicher »Wiedergutmachung« der eigenen blinden, soldatischen Befangenheit in den Zeiten des Krieges.

»Dialog statt Propaganda« war der Grundgedanke der Konzeption von Dieter Sattler, auf der die auswärtige Kulturpolitik der Bundesrepublik bis heute basiert. Ich sah darin eine radikale Antwort auf die nationalistische Verengung der deutschen Kultur im Dritten Reich.

Dieter Sattler, damals Leiter der Kulturabteilung des Auswärtigen Amtes, hatte die geniale Idee, die auswärtige Kulturpolitik weitgehend an sogenannte Mittlerorganisationen zu delegieren, wie Goethe-Institut, DAAD (Deutscher Akademischer Austauschdienst), Alexander-von-Humboldt-Stiftung und anderen. In den meisten übrigen Staaten wird die auswärtige Kulturpolitik von Beamten der Regierung betrieben. Dieter Sattler ging von der Überlegung aus, daß es nicht nur dem Wesen der Kultur widerspricht, wenn ihre Vermittlung von regierungsabhängigen Institutionen betrieben würde, sondern war darüber hinaus der Meinung, daß die Vermittlung deutscher Kultur im Ausland den Interessen der Bundesrepublik um so mehr diene, je weniger die Mittler mit der Last befrachtet würden, PR-Instrumente der jeweiligen Regierung zu sein. Außerdem sah er ganz pragmatisch Schwierigkeiten für das Auswärtige Amt, das Management der entsprechenden Kulturinstitutionen im Ausland zu bewältigen.

Nach meiner Auffassung und Erfahrung in zwölf Jahren Tätigkeit als Präsident des Goethe-Institutes hat sich Dieter Sattlers Konzeption bewährt und bestätigt.

Mit mir wurde 1977 zum ersten Mal ein Präsident gewählt, der nicht zuvor Botschafter im auswärtigen Dienst der Bundesrepublik war. Es hatte sich zwar erwiesen, daß Persönlichkeiten wie Peter H. Pfeiffer und J. von Herwarth sich als Präsidenten des Goethe-Instituts keineswegs mehr als ehemalige Beamte des Auswärtigen Amtes leiten ließen. Und zweifellos gab es bei meinem Amtsantritt zahlreiche hohe Beamte des auswärtigen Dienstes, die es bedauerten, daß mit meiner Wahl die Präsidentschaft des Goethe-Instituts nicht mehr so selbstverständlich verdienten Botschaftern als eine angenehme Aufgabe der Repräsentation offenstand.

Ein weiterer Grund für mich, verhältnismäßig »blauäugig« die Präsidentschaft anzunehmen, war gewesen, daß das Goethe-Institut seit Jahren einen fähigen Generalsekretär in Gestalt von Dr. Horst Harnischfeger hatte. Von Anfang an ließ ich diesem erfahrenen Verwaltungsfachmann möglichst viel freie Hand. Meinerseits aber hatte ich keine Neigung, mein Amt auf freundliche Repräsentation zu begrenzen. Ich trachtete also danach herauszufinden, auf welchen Gebieten ein Präsident, der nicht nur repräsentieren wollte, aktiv werden konnte. Dafür ließ ich mir Zeit.

Rahmen und Inhalt der Aufgabe habe ich schrittweise erst durch die Besuche vieler Institute im Ausland verstanden.

Zum Erstaunen einiger Institutsleiter nahm ich mir bei meinen Besuchen viel Zeit, alle Mitarbeiter eines Institutes kennenzulernen. Unter ihnen traf ich sehr originelle Menschen, die mit viel Phantasie die Möglichkeiten des Goethe-Institutes für seine Aktivitäten am Ort ausloteten. Die Mehrzahl der Mitarbeiter fand ich hochmotiviert und meist am richtigen Platz.

Ich wußte bei Harnischfeger die Betriebsorganisation in guten Händen und auch, daß er sich verantwortlich um den Umgang mit den öffentlichen Mitteln kümmerte, die dem Goethe-Institut zur Verfügung standen. So lag es nahe, den möglichst persönlichen Kontakt zu den Mitarbeitern der einzelnen Institute zu meiner Aufgabe zu machen. Es sprach sich schnell herum, daß ich den Kontakt zur Basis suchte.

Anfangs kam es noch vor, daß die Institutsleiter zu meinem Empfang den deutschen Kulturattaché, den deutschen Lektor des DAAD, den Leiter der deutschen Schule und den ständigen

306

Vertreter der Lufthansa eingeladen hatten. Selbstverständlich war mir ein Kontakt mit diesen deutschen Repräsentanten im jeweiligen Land wichtig. Aber mir war es wichtiger, bei diesen Empfängen unsere Partner aus der kulturellen Szene des Gastlandes kennenzulernen, auch um die Beziehung zwischen ihnen und dem Goethe-Institut zu vertiefen.

Zu Hause im Vorstand und im Präsidium ging es mir bald darum, mich für eine möglichst große Eigenständigkeit der einzelnen Institutsleiter einzusetzen, weil die Voraussetzungen einer sinnvollen Arbeit in den einzelnen Instituten rund um den Globus so verschieden sind, daß letztlich nur die Institutsleiter vor Ort zu überblicken vermögen, was gerade in diesem Land und in dieser Region ratsam und möglich ist. Dabei hat sich bewährt, daß einzelne Institute in bestimmten Regionen der Welt untereinander kooperieren.

Die Vermittlung der deutschen Sprache, der kulturelle Dialog mit dem Gastland und Bibliotheksaktivitäten sind die grundsätzlichen Aufgaben der Goethe-Institute in der Welt.

Da der Generalsekretär angesichts seiner vielen aktuellen Aufgaben nicht genug Zeit aufwenden konnte, sich kontinuierlich mit den von Zeit zu Zeit neu zu diskutierenden Grundsatzfragen zu beschäftigen, machte ich auch das zu meiner Aufgabe und suchte und formulierte mögliche Antworten, um sie im Vorstand oder im Präsidium zur Diskussion zu stellen. Ebenso übernahm ich in enger Absprache und oft gemeinsam mit dem Generalsekretär den Kontakt zum amtierenden Außenminister und Auswärtigen Amt in Bonn und zu anderen führenden Politikern im Bundesparlament. Aber mir war nicht nur der Kontakt nach Bonn wichtig. Ich hatte den Eindruck, daß das Goethe-Institut bisher zu wenig die Verbindung zu den einzelnen Bundesländern wahrgenommen hatte.

Das schien mir einer der Gründe zu sein, weshalb besonders in Bayern und in Niedersachsen eine Abwehrhaltung gegen die kulturellen Aktivitäten des Goethe-Institutes entstanden war. Da das Goethe-Institut dem Auswärtigen Amt zugeordnet war, wurde es aus dem Blickwinkel dieser beiden Länder als Institution zentralistischer Kulturpolitik angesehen, die für sie im Widerspruch zur Kulturhoheit der Länder stand. Der Vertrag zwischen dem Goethe-Institut und dem Auswärtigen Amt hatte nicht ausdrücklich die Verbindung zu den Bundesländern hervorgehoben. Gerade weil ich die föderalistische Struktur der Bundesrepublik für einen wichtigen Grundpfeiler unserer Demokratie halte, war mir die Aufgabe besonders wichtig, eine kontinuierliche Kommunikation mit den Bundesländern zu pflegen.

Mein lebensgeschichtlich motiviertes Interesse an Osteuropa eröffnete mir auch als Präsident des Goethe-Institutes neue Aufgaben. Ich setzte mich für die Ausdehnung des Netzes der Goethe-Institute in den osteuropäischen Ländern ein. Heute existieren in Moskau, in Warschau und Krakau, in Belgrad und Zagreb, in Budapest, Bukarest, Sofia und Prag Goethe-Institute.

Seit Jahren gibt es innerhalb der derzeitigen Regierungskoalition nicht zu unterschätzende Kräfte, die den Auftrag des Goethe-Institutes am liebsten auf die Vermittlung der deutschen Sprache und die Förderung deutschen Volkstums im Ausland konzentrieren möchten. Sie neigen dazu, die Anstrengungen eines »internationalen« Kulturaustausches als idealistisch abzutun und als Spielwiese linker Intellektueller zu denunzieren. Als es z. B. um die Eröffnung eines Goethe-Institutes in Ungarn ging, wurde in der Regierungskoalition ernsthaft diskutiert, das Institut in Fünfkirchen (Pécs), dem Zentrum der deutschstämmigen Ungarn, anzusiedeln und nicht in Budapest. Nur durch die einmütige Haltung des Präsidiums und mit Rückhalt des Außenministers konnte verhindert werden, das Goethe-Institut in Ungarn zum Organ irgendwelcher deutscher Volkstumsförderung im Ausland umzufunktionieren. Auch für Polen kam in Bonn der politische Wunsch auf, daß sich die Goethe-Institute stärker engagieren sollten, deutschstämmige Minderheiten, vornehmlich in Oberschlesien, nicht nur in Sachen der deutschen Sprache zu fördern. Dem galt es zu widerstehen.

II

Innerhalb des Auswärtigen Amtes in Bonn ist in der Kulturabteilung das Referat 602 für die Kooperation mit dem Goethe-
Institut verantwortlich. In meiner Amtszeit waren die beiden
Diplomaten Dr. Annemarie Rheker, die zuletzt Botschafterin
in Belgrad war, und Werner Kilian, jetzt Botschafter in Harare,
unsere Partner. Zwischen Goethe-Institut und diesen beiden
Persönlichkeiten hat sich eine besonders erfreuliche Beziehung
entwickelt. Sie haben auf unbürokratische Art und ohne Gän-
gelversuche viel zu der vertrauensvollen Kooperation zwischen dem Auswärtigen Amt und dem Goethe-Institut beigetragen. Bei aller Unabhängigkeit des Goethe-Institutes, die
in dem Vertrag mit dem Auswärtigen Amt aus dem Jahre 1976
festgeschrieben wurde, mußten sich seine Aktivitäten natürlich im Rahmen der Außenpolitik unseres Landes bewegen.

Die zwölf Jahre meiner Zusammenarbeit mit dem Auswärtigen Amt gaben mir Einblicke in die Arbeit der Kulturabteilung in Bonn wie in die der Botschaften. Ich habe in dieser Zeit
achtundachtzig Goethe-Institute im Ausland besucht und in
jedem Falle Kontakt zum jeweiligen Botschafter und Kulturattaché gesucht.

Auf meinen Reisen traf ich einige Male jüngere Kulturatta-
chés, die sich zu meiner Verwunderung nicht wirklich für die
besondere Geschichte und Kultur des Landes interessierten
oder engagierten, in dem sie akkreditiert waren. Meines
Erachtens liegt das daran, daß die meisten Diplomaten im
Auslandsdienst oft schon nach drei oder vier Jahren den Ort
wieder wechseln. Da man etwa ein Jahr braucht, um sich kul-
turell in einem Land zurechtzufinden, ist so ein junger Kulturattaché erst im zweiten Jahr leidlich präsent. Im dritten Jahr

richten sich seine Interessen aber bereits auf die nächste, seiner Karriere nützliche Stelle. Hinzu kommt, daß Kultur im Vergleich zu Politik und Wirtschaft im Karrieredenken unserer Diplomaten keinen hohen Rang hat. Für das Goethe-Institut am Ort mußte es kein Nachteil sein, wenn ein solcher Kulturattaché keinen Kontakt zum Goethe-Institut suchte. Oft war der Ansprechpartner dann der Botschafter selbst oder der Gesandte, was manche Entscheidungswege verkürzte.

Es konnte dem »Wissenden« auch nicht entgehen, daß zunehmend mehr Botschafter im auswärtigen Dienst mit einem bestimmten parteipolitischen Karteireiter markiert waren. Sowohl zu Zeiten von Willy Brandt und Hans-Dietrich Genscher hat es parteiprotegierte Seiteneinsteiger in den auswärtigen Dienst gegeben wie unter Bundeskanzler Kohl. Mehrere von ihnen, die ich kennengelernt habe, haben sich bewährt. Aber einige, die den CDU/CSU-Karteireiter tragen, trugen hörbar die Vorurteile der Bonner Fraktion herum vom »überwiegend linken« Goethe-Institut. Ihnen paßte es auch nicht, daß das Institut nicht der Botschaft unterstellt war.

Es gab nicht viele, aber einige Botschafter, die versucht haben, das Goethe-Institut am Ort wie eine ihnen unterstellte Institution zu behandeln. Sie zogen ihm gegenüber die politische Relevanz jeglicher kulturellen Aktivität aus der Tasche, um ihre Zuständigkeit zu manifestieren. Ein Vetorecht hatte nicht nur das Auswärtige Amt in Bonn, sondern auch jeder Botschafter, wenn er ein Programmvorhaben des Goethe-Institutes im politischen Interesse der Bundesrepublik für problematisch hielt. Ein solches Vetorecht halte ich für völlig legitim. Während meiner Amtszeit wurde nur in einem Fall davon Gebrauch gemacht. Bei solchen Versuchen, die Unabhängigkeit des Goethe-Instituts in Frage zu stellen, mußte ich mich gelegentlich auf meine pommersche Herkunft besinnen. Aber in solchen Fällen ging es mir nicht nur darum, mit einer gewissen Sturheit die Position des Goethe-Institutes der Botschaft gegenüber klarzustellen, sondern auch um eine kommunikative Grundlage zwischen Goethe-Institut und Auslandsvertretung.

Es gab einige tragikomische Fälle, in denen sich der Leiter eines Instituts und der Kulturattaché am Ort heroische Zweikämpfe lieferten, denen von »Don Camillo und Pepone« nicht unähnlich. Für solche Dauergefechte waren die Voraussetzungen dann besonders günstig, wenn die beiden nicht nur unterschiedliche Parteisympathien hatten, sondern der Attaché beispielsweise die Meinung vertrat, daß er persönlich nach 1900 kaum noch beachtenswerte Kunstwerke in Deutschland ausmachen könne, während der Direktor des Goethe-Instituts von Kafka, Handke, Beuys und von Stockhausen überzeugt war.

In den meisten Ländern jedoch war die Zusammenarbeit zwischen Goethe-Institut und Botschaft kooperativ und ergänzend. Ich will das anhand eines Beispiels aus dem Jahr 1974 illustrieren, in dem der deutsche Rechtsanwalt Klaus Croissant den spektakulären Besuch von Jean-Paul Sartre in Stammheim inszenierte. Dort saßen im Sicherheitstrakt einige Mitglieder der RAF (Rote Armee Fraktion) ein, die unter anderem von Croissant auch juristisch vertreten wurden. Dieser Besuch hat viel Wirbel in den deutschen und französischen Medien hervorgerufen. Es war die Zeit einer allgemeinen Verunsicherung durch den Terrorismus. Nachdem Jean-Paul Sartre nach Paris zurückgekehrt war, entschied der damalige Botschafter, daß die deutsche Botschaft keinen Anlaß habe, sich zu diesem Rummel zu äußern. Die ganze intellektuelle Szene in Frankreich aber sah sich durch das Croissant-Sartre-Unternehmen herausgefordert. Darauf lud das Goethe-Institut herausragende Köpfe der intellektuellen Szene in Frankreich zu einer öffentlichen Diskussion ein. Unter ihnen waren bekannte Kommunisten, aber auch bürgerliche Intellektuelle wie Alfred Grosser und Joseph Rovan. Über diese Debatte im Goethe-Institut wurde ausführlich in »Le Monde« berichtet. Die große Mehrheit der anwesenden französischen Intellektuellen hatte sich sehr kritisch zu dem Sartre-Besuch in Stammheim geäußert.

Die Struktur der auswärtigen Kulturpolitik in Bonn veränderte sich mit der Gründung des Ministeriums für wirtschaftliche Zusammenarbeit (BMZ), das die außenpolitische Verantwortung für die Beziehungen zu den Entwicklungsländern übernahm. Der politische Grund für diese Teilung lag hauptsächlich darin, daß im Zuge von Koalitionsverhandlungen ein neues Ministerium geschaffen werden mußte. Diese Abtrennung verschmerzte das Auswärtige Amt nur sehr langsam. Umgekehrt reagierte das BMZ äußerst säuerlich, wenn sich z. B. vom Auswärtigen Amt die parlamentarische Staatsministerin Hildegard Hamm-Brücher in vielen Reden dafür engagierte, die Kulturpolitik in bezug auf Entwicklungsländer besonders wichtig zu nehmen. Ihre Appelle waren mehr als berechtigt. Aber in der Sicht des BMZ war diese leidenschaftliche Kämpferin für eine verstärkte und verständige Kulturpolitik in der Dritten Welt nicht zuständig. Angesichts dieser Spannungen zwischen dem Auswärtigen Amt und dem BMZ brauchte ich als Präsident eineinhalb Jahre, bis auf mein zähes Betreiben endlich ein Dreier-Gespräch zwischen Auswärtigem Amt, BMZ und Goethe-Institut zustande kam. Daß dies überhaupt gelang, war weitgehend dem damaligen Staatssekretär Sanne des BMZ zu verdanken.

Die Beziehungen zwischen Goethe-Institut und BMZ waren allein deshalb wichtig, weil es schon zu meinen Zeiten viele Goethe-Institute in Entwicklungsländern gab.

Zu Beginn meiner Amtszeit hatte ich Hans-Dietrich Genscher gegenüber das Vorurteil, ihn wie Konrad Adenauer für einen »Vater aller Füchse« zu halten. In vielen Situationen bestätigte er sich für mich auch in dieser Qualität. Ein guter Kenner des Auswärtigen Amtes verglich ihn einmal mir gegenüber mit einem Billard-Spieler, der die Fähigkeit hat, Auge und Queue, ja den gesamten Körper mit langen Zielübungen in eine Richtung zu konzentrieren, die dem Ziel entgegengesetzt zu sein scheint. Aber wenn er dann stößt, trifft die Kugel nach komplizierten Bandenberührungen spielerisch leicht und genau auf das Ziel.

Das Vorurteil über Hans-Dietrich Genscher, daß er ein gewiefter und oft schwer durchschaubarer Taktiker sei, habe ich revidiert. Genscher hat eine klare Vorstellung von einer geschichtlich wünschenswerten Entwicklung und verfolgt seine Ziele konsequent. Seine Haltung in der Ostpolitik ist dafür ein Beispiel. Ich weiß zwar bis heute nicht, ob dieser erfahrene Außenminister eine besondere Nähe oder Liebe zur Kultur hat, aber er war und ist einer der wenigen führenden Politiker unseres Landes, die die Bedeutung der kulturellen Beziehungen für die Außenpolitik richtig einschätzen. Gerade in der für mich so wichtigen Pflege der kulturellen Beziehungen zu den osteuropäischen Nachbarländern und meinem Betreiben, vordringlich dort Goethe-Institute zu gründen, war mir der Außenminister ein stabiler Bundesgenosse. Außerdem hat Hans-Dietrich Genscher im Gegensatz zu vielen Spitzenpolitikern der CDU/CSU-Fraktion sehr früh verstanden, daß die Konzeption von Dieter Sattler (CDU) weise war und es im

Interesse unseres Landes ist, wenn die Kulturinstitute nicht zu PR-Einrichtungen der jeweiligen Regierung degradiert werden. Auch gegen massiven Druck von F. J. Strauß aus München und Helmut Kohl aus Bonn hat dieser Außenminister die einst mit Theodor Eschenburg ausgehandelte, relative Selbständigkeit und liberale Grundstruktur des Goethe-Instituts stets beharrlich und wirksam verteidigt. Dabei hat mir der ironische Humor dieses Politikers ebenso gefallen wie die präzise Nüchternheit seiner Lagebeurteilungen.

III

Die Bemühungen seitens des Goethe-Instituts um einen stetigen Kontakt mit Parlamentariern in Bonn waren wichtig. Zum einen lag es nahe, den im Ausschuß für auswärtige Politik vertretenen Abgeordneten aller Parteien von Zeit zu Zeit für ein Gespräch zur Verfügung zu stehen. Zum anderen war das Goethe-Institut natürlich existentiell daran interessiert, die Mitglieder des Haushaltsausschusses im Parlament, die auch über unser Budget zu entscheiden hatten, so gut wie möglich zu informieren.

Die Bemühungen um Kontakt zu Abgeordneten der verschiedenen Parteien verliefen zunächst wenig glücklich. Eine Zeitlang haben wir versucht, Parlamentarier zu Informationsgesprächen in die Parlamentarische Gesellschaft in Bonn einzuladen. Aus allen Fraktionen hatten zahlreiche Abgeordnete ihr Interesse bekundet. Aber wenn dann vom Goethe-Institut der Generalsekretär, der Präsident und ein Vizepräsident wie Theodor Eschenburg aus München, Tübingen oder Berlin angereist waren, standen sie oft vor der Situation, daß ein Drittel der auf eigenen Wunsch eingeladenen Abgeordneten ohne Angabe von Gründen nicht kam, ein weiteres Drittel mit eineinhalb Stunden Verspätung eintraf und das letzte Drittel die Gesprächsrunde schon eine Stunde vor ihrem Ende verließ. In den Sitzungswochen des Parlaments herrscht offenbar ein so hektischer Betrieb, daß die von einem Termin zum anderen hetzenden Abgeordneten völlig überfordert sind. Weil wir Goethe-Repräsentanten auch besseres zu tun hatten, als uns mehr oder weniger in »splendid isolation« gegenüber zu sitzen, wurden diese »Treffen« nicht mehr weiter versucht.

Die große Mehrheit der Parlamentarier in Bonn und mehr noch in den Landtagen der Bundesländer ist an den auswärtigen Aktivitäten des Goethe-Institutes wenig interessiert. In ihrer Sicht zahlt sich derlei Engagement bei den nächsten Wahlen für ihre Partei oder für ihre persönliche Karriere kaum aus. So konzentrierten wir unser Bedürfnis nach Kommunikation mit Parlamentariern auf die Möglichkeiten der Verfassung des Goethe-Institutes. Sie sieht vor, daß in der Mitgliederversammlung je ein Delegierter der Bundestags-Fraktionen repräsentiert ist. Auf den Sitzungen dieses Gremiums, das normalerweise zweimal im Jahr tagt, gab es beiderseits nützliche Gelegenheiten sowohl zur offiziellen Information als zu persönlichen Gesprächen. Einzelne Persönlichkeiten unter diesen auf Zeit delegierten Abgeordneten aus Bonn, wie Prof. Karl-Heinz Hornhues von der CDU/CSU-Fraktion und Otto Schily, damals noch Delegierter der Grünen, und Ulrich Irmer von der FDP, haben sich um die Brücke zwischen Goethe-Institut und Bonner Parlament besondere Verdienste erworben. Sie haben sich nicht nur als wache Beobachter im Interesse ihrer Partei verstanden, sondern sich kooperativ und aktiv an der Arbeit des Gremiums beteiligt.

Noch eine weitere Möglichkeit zur Information der Abgeordneten bewährte sich. Wir ermutigten sie, bei ihren Auslandsreisen auch unangemeldet die ansässigen Goethe-Institute zu besuchen. Dieser Anregung leisteten erstaunlich viele Abgeordnete Folge.

Der junge CSU-Abgeordnete Klaus Rose war uns durch einen ausgesprochen polemischen Artikel im »Münchner Merkur« gegen das Goethe-Institut unangenehm aufgefallen. Für uns war das besonders ärgerlich, weil er zugleich der vom Parlament gewählte Berichterstatter im Bereich »Auswärtige Kulturpolitik« im Finanzausschuß des Bundestages war. Nach einer seiner Reisen, auf der er mehrere Goethe-Institute besucht hatte, teilte er mir mit, daß er einige Vorurteile zu berichtigen habe. Auf seine Offenheit reagierte ich mit Hochachtung und nicht nur, weil Klaus Rose sich dann mehrfach im Haushaltsausschuß für die Interessen des Goethe-Institutes eingesetzt hat. Durch Kooptation trat er dann sogar der Mitgliederversammlung des Goethe-Instituts bei. Ich habe es bedauert, daß er später nicht wiedergewählt wurde.

Ein anderer Fall trug sich in Ostasien zu. Der junge und von mir geschätzte Institutsdirektor am Ort war mit einer jungen Französin verheiratet. Nach dem Besuch von zwei Abgeordneten in seinem Institut war offenbar kein Anlaß geboten zu problematischen Auseinandersetzungen über die vermutete Linkslastigkeit dieses Institutes. Der Institutsleiter lud die beiden Abgeordneten zu sich in die Wohnung zum Abendessen ein. Da ich selbst einmal in seinem Hause eingeladen war, nahm ich an, daß der Charme der französischen Hausfrau wie auch ihre Kochkünste den Eindruck auf die Parlamentarier nicht verfehlten. Aber falsch vermutet. Als die beiden Abgeordneten nach Bonn zurückgekehrt waren, reichten sie eine Beschwerde beim Auswärtigen Amt ein: Es sei unglaublich, daß der Leiter des Goethe-Institutes in ..., verantwortlich für die Ausbreitung deutscher Kultur und Sprache im Ausland, in seiner Wohnung mit seiner Frau französisch spreche. Das Auswärtige Amt schickte die Beschwerde an mich mit der Bitte, Stellung zu nehmen. Ich versah das Schreiben des Auswärtigen Amtes mit der handschriftlichen Marginalie »Na und?« und sandte es an den Absender zurück. Ich habe keine Antwort erhalten.

Zwei andere Abgeordnete besuchten ein Goethe-Institut in Brasilien. Der Institutsleiter zeigte das Haus seinen Besuchern, die in angestrengter Wachsamkeit nach einem Beweis für die Linkslastigkeit dieses Goethe-Institutes suchten.

Plötzlich bemerkte der Direktor am starren Blick des einen Abgeordneten, daß er fündig geworden zu sein schien. Was hatte er entdeckt? Eine Videokassette mit dem Titel »Klassenfeind«. Wie denn »so was« in ein Goethe-Institut käme, wurde der Institutsleiter von den beiden streng gefragt. Als er den beiden erläuterte, daß es sich bei der Kassette nicht um ein marxistisches Lehrstück, sondern um die Berliner Schaubühnen-Inszenierung eines Theaterstücks von Nigel Williams in der Bearbeitung von Peter Stein, einem der bedeutendsten bundesdeutschen Theaterregisseure, handelte und zudem auf Wunsch der brasilianischen Partner angeschafft worden sei, breitete sich bei den Besuchern nur Verlegenheit aus.

IV

Als Präsident des Goethe-Institutes suchte ich in München von Anfang an einen persönlichen Kontakt zu dem bayerischen Ministerpräsidenten Franz Josef Strauß. Ich dachte und denke: Wir beiden »Dickschädel« aus Hinterpommern und Bayern, wir hätten ganz gut miteinander klarkommen können. Aber die Kamarilla der Bayerischen Staatskanzlei wußte das zu verhindern. Die »heiligen« Erzengel des CSU-Partei-Apparates und der Bayerischen Staatskanzlei, Stoiber und Tandler, schotteten jeden Zugang zu Franz Josef Strauß ab, den sie nicht für opportun hielten.

Bei offiziellen Anlässen hatte ich die Gelegenheit mit der Frau des Ministerpräsidenten und mit seiner Tochter Monika zu sprechen. Es waren anregende Unterhaltungen. Aber auch sie öffneten mir keinen direkten Zugang zu Franz Josef Strauß.

Es war eine verrückte Situation, daß es mir darum ging, die Kulturhoheit der Bundesländer ernsthaft auch auf das Goethe-Institut zu beziehen, und ich mit fast allen Länderchefs der Bundesrepublik bereits kontinuierlich einen offenen Kontakt pflegte, aber ausgerechnet an den Ministerpräsidenten des Landes, in dem die Zentralverwaltung des Goethe-Institutes angesiedelt ist, kam ich nicht heran. Ein prominenter Abgeordneter der CSU, den ich um Rat fragte, klagte über das gleiche Problem und empfahl mir, Franz Josef Strauß zu einem Vortrag ins Goethe-Institut einzuladen, der ihm Publicity verschaffe.

Ich folgte diesem Rat und erhielt innerhalb einer Woche eine positive Antwort: Der Ministerpräsident war bereit, seine Vorstellungen einer wünschenswerten Kulturpolitik der in München tagenden Mitglieder-Versammlung und den Regionalbeauftragten des Goethe-Institutes vorzutragen.

Franz Josef Strauß hielt seinen Vortrag am 12. Juni 1986. Es wurde eine Philippika.

Als erstes kritisierte er indirekt die Grundkonzeption des Goethe-Institutes, indem er das PR-Konzept der französischen Kulturpolitik als vorbildliches Beispiel einer auswärtigen Kulturpolitik herausstellte.

Zweitens pries der eingefleischte Antikommunist in pathetischen Worten die auswärtige Kulturpolitik der DDR, die es verstünde, ihr Land in leuchtenden Farben werbewirksam im Ausland darzustellen.

Drittens mißbilligte er mit starken Worten, daß Goethe-Institute im Ausland auch der kritischen Diskussion gesellschaftspolitischer Entwicklungen in der BRD Raum geben würden. Das gipfelte in der Bemerkung, daß die Goethe-Institute heute de facto »Günter-Grass-Institute« seien, die ihre kulturpolitische Aufgabe darin sähen, im Ausland einseitig für die Opposition in der Bundesrepublik zu werben. Was ihn, viertens, zu dem Schluß führe, daß die Aufgabe der deutschen Kulturinstitute im Ausland eine vom Staat zwar zu fördernde, aber auch zu kontrollierende Aufgabe sei.

In meiner Entgegnung sagte ich, daß ich einigen seiner kritischen Anmerkungen, die er über die vier genannten Punkte hinaus gemacht hatte, zustimme und sie für erwägenswert hielte. Seine grundsätzliche Kritik sei aber »ein Witz« und könne sich nur auf mangelhafte Recherche und Vorurteile gründen.

Danach äußerte ich ihm gegenüber in einem persönlichen Gespräch die Vermutung, daß sich sein aggressiver Vortrag nicht eigentlich gegen das linksverseuchte Goethe-Institut und seine Kulturpolitik gerichtet hätte, sondern im Grunde gegen die FDP und seinen Hauptgegner, Hans-Dietrich Genscher.

321

Franz Josef Strauß schlug mir mit den Worten: »Ja, so ist es!« lachend und krachend auf die Schulter. Seine grob-polternden Angriffe gegen das Goethe-Institut haben dem Goethe-Institut in der Öffentlichkeit alles in allem mehr genützt als geschadet. Vielleicht hat er das nicht bedacht. Seine Direktheit war mir auch sympathisch. Sie schuf eine klare Situation.

Das Psychogramm der Beziehung zwischen Helmut Kohl und dem Goethe-Institut ist viel komplizierter. Mit den Jahren gewann ich immer mehr den Eindruck, daß sich der Bundeskanzler von der liberalen Haltung des Goethe-Institutes und seines Präsidenten persönlich angegriffen fühlte. Es wäre vorstellbar, daß die CDU unter Führung von Helmut Kohl von Anfang an gegen einen Goethe-Präsidenten namens Klaus von Bismarck Vorbehalte hatte, weil in ihren Reihen über viele Jahre das Bild vom »roten Intendanten« des »WDRotfunks« an die Wand gemalt worden war. Ich habe mich allerdings auch gefragt, ob ich den gelegentlichen Theaterdonner führender CDU-Politiker gegen das Goethe-Institut zu ernst genommen habe. Es ist den politischen Gegnern des Goethe-Institutes schließlich in den zwölf Jahren meiner Amtszeit nicht gelungen, seine Unabhängigkeit und liberale Grundstruktur auf irgendeiner Ebene einzuschränken. Im Rückblick muß ich heute über manches lachen, was ich zuzeiten vielleicht zu ernst genommen habe. Schon im WDR hieß es von mir, daß ich eine überempfindliche »Witterung« habe, wenn die Gefahr drohte, daß man die »Öffentlich-rechtlichen« mal wieder in ihren Freiheiten beschneiden wollte. Es hieß, ich stünde schon mit dem Feuerlöscher in der Hand da, bevor es überhaupt brenne.

Bei einer Institution wie dem Goethe-Institut, die zweifellos auch eine gewisse politische Macht repräsentiert, ist es nicht erstaunlich, wenn sie häufiger und auch polemisch angegriffen wird. Bei solchen Attacken bemühten wir uns im Präsidium und Vorstand um Gelassenheit und prüften die einzelnen Vorwürfe sorgfältig, zumal wenn sie vom amtierenden Bundeskanzler ausgingen.

Zunächst war der Generalsekretär des Goethe-Institutes, Dr. Horst Harnischfeger, für die CDU zum Stein des Anstoßes geworden. Weil er vor vielen Jahren in Berlin Mitglied der SPD gewesen war, galt er der CDU als »Roter«, auch wenn seine Mitgliedschaft seit vielen Jahren ruhte. Der Bundeskanzler hat in einem persönlichen Gespräch mit mir klar gefordert, daß die CDU als stärkste Partei in der Regierung das Recht und den Anspruch habe, wenn schon nicht das Amt des Präsidenten, so doch zumindest das des Generalsekretärs mit einem Mann ihres Vertrauens zu besetzen. Insofern war ich zweifellos für die CDU ein Ärgernis. Den bisweiligen explosiven Äußerungen des Bundeskanzlers konnte ich entnehmen, daß ihm »die ganze Richtung nicht paßte«. Und weil das so war, schenkte er schnell und ungeprüft Informationen irgendwelcher Zuträger Glauben, die ihm Beweise für die skandalös »linken« Zustände in den Goethe-Instituten zu liefern schienen. Natürlich trug es nicht zur Verbesserung des Klimas bei, daß es ihm nicht gelang, mit Hilfe des Auswärtigen Amtes einen Mann seines persönlichen und politischen Vertrauens in das Goethe-Institut einzuschleusen. Es gab damals Bewerber, die ungleich bessere Voraussetzungen für die ausgeschriebene Stelle mitbrachten als der Bewerber aus Ludwigshafen.

Es gibt eine Reihe makabrer Geschichten aus der Beziehung zwischen dem Bundeskanzler Helmut Kohl und dem Goethe-Institut, die ich jedoch nicht ausgraben will. Beispielhaft ist jedoch für mich eine Begebenheit, die ein fast tragikomischer Höhepunkt dieser Beziehung ist. Es war mein letzter Besuch als Goethe-Präsident beim Bundeskanzler. Unter sechs Augen beschwerte er sich mit zunehmender Erregung bei mir über empörende Skandale in zwei Goethe-Instituten, die ihm zu Ohren gekommen seien und die er als Bundeskanzler dieses unseres Landes nicht mehr hinnehmen könne und wolle. Bei den Informationen, die ihm vorlägen – und dabei zog er einige Notizzettel aus seinem Jackett –, ginge es dieses Mal um die skandalöse »Linkslastigkeit« der Goethe-Institute in Wien und in Wuhan in der VR China. Während seines Monologes erhob er sich in seiner ganzen Größe und begann in seinem Büro hin und her zu laufen, wobei sich auch die Lautstärke seiner Stimme hob. Ich fragte den Bundeskanzler höflich und mit ruhiger Stimme nach den konkreten Vorwürfen, die ihn die skandalösen Zustände in Orten vermuten ließen, in denen es keine Goethe-Institute gäbe. Es gelang mir nicht, sie zu erfahren. Die Lautstärke und Erregung seiner Rede steigerten sich, während ich noch einige Male versuchte ihm mitzuteilen, daß weder in Wuhan noch in Wien ein Goethe-Institut existierte.

Der Bundeskanzler war von der »Linkslastigkeit« der Goethe-Institute offenbar so überzeugt, daß er alle verfügbare »Munition« ungeprüft darauf abschoß, wenn sie ihm geeignet schien, seine zementierte Meinung einmal mehr zu beweisen.

Von einem Beteiligten war mir erzählt worden, daß der Bundeskanzler in einem persönlichen Gespräch geäußert habe, die Tatsache, daß Deutschland heute in einigen Ländern der Welt immer noch so schlecht und so falsch angesehen sei, sei vornehmlich den Aktivitäten des Goethe-Instituts im Ausland und der Wochenzeitung »Die Zeit« zu verdanken.

Ich begrüße es, gemeinsam mit der »Zeit« auf der Anklage-

Piloten-Wechsel im Goethe-Institut 1989, gezeichnet von Ernst Maria Lang

bank des Bundeskanzlers zu sitzen, und muß zweifeln, ob sich die eingefleischten Urteile bei Helmut Kohl noch korrigieren lassen.

Daß es möglich war, in den zeitweise turbulenten Jahren meiner Amtszeit als Präsident des Goethe-Instituts so relativ regierungs- und proporzunabhängig durch die politischen Klippen und Untiefen zu steuern, lag weitgehend auch an der Zusammensetzung des Präsidiums und dem Rückhalt und den Korrekturen, die ich von dort erfuhr. Allein die beiden langjährigen Vizepräsidenten Prof. Theodor Eschenburg aus Tübingen und Prof. Peter Wapnewski aus Berlin waren nicht nur kritische Berater des Präsidenten, sondern standen wie steinerne Rolande für Liberalität des Goethe-Instituts, für die Qualität seiner Programme und für eine ständige Ausweitung seines internationalen Horizontes.

Die zwölf Jahre meiner Mitverantwortung für das Goethe-Institut sind die letzte Runde meines beruflichen Lebens – es war die zweifellos reichste und glücklichste. Sie hat mir eine ungewöhnliche Ausweitung meines geistigen Horizontes erschlossen und im Verbund der Mitarbeiter noch einmal eine vielschichtige Möglichkeit des Lernens.

Nachschrift

In meiner pommerschen Heimat standen in großen Acker-
schlägen und auf Weiden einzelne knorrige alte Bäume. Oft
waren es breit ausgefächerte Eichen, deren Silhouetten sich
scharf gegen den Himmel oder das Gelb eines Gerstenfeldes
abhoben. Eine dieser Eichen stand dicht am Gutshaus in
Kniephof, nicht weit vom Backofen an der Schmiede.
»Arabka« war eine kleine Schimmelstute mit viel Temperament. Sie war im Eisenbahnwaggon von Ägypten nach Polen
geboren worden. Mir und meinen Geschwistern war sie eine
geliebte Gefährtin, obwohl sie uns alle oft in den Sand gesetzt
hat. Während des Krieges bekam die alte Araberstute das
Gnadenbrot auf dem Sachs-Hof, einem Vorwerk zwischen
Kniephof und Lasbeck. Am Tage vor ihrem Tod entlief sie
vom Vorwerk, hin zu ihrem Heimatstall in Kniephof. Wir be-
gruben sie unter der Eiche am Gut.
  Ich liebe diese alten, einzelstehenden Bäume in meiner Heimat. Manche sind vom Blitz getroffen worden und haben
widerstanden. Raubvögel, die den hohen Ausblick suchen,
lassen sich gern in ihren Kronen nieder, wo sie sich nach
Beutezügen erleichtern und viel dabei fallenlassen. Die
Stämme der alten Bäume sehen oft wie weißgekalkt aus.

Es gibt Momente, da fühle ich mich solch einem einsamen knorrigen Baum ähnlich.

Mit fünfzehn Jahren habe ich mich für einen anderen Baum entschieden. Jeder von uns durfte sich zur Konfirmation einen Baum pflanzen. Noch heute sagen diese Bäume und ihre Plätze etwas über jeden von uns sechs Geschwistern aus. Philipp hatte sich damals die Eiche gewählt und ich eine Blautanne. Ich pflanzte sie am Rande des Parks auf einen grünen Hügel mit weitem Ausblick.

Als ich mir nach dem Krieg wünschte, die Heimat wiederzusehen, habe ich oft von den Bäumen unserer Landschaft gesprochen. Ich habe selber viele Bäume gepflanzt und noch während des Krieges an vielen Stellen Fichten und Buchen als Unterbau anschonen lassen. Ich wollte sie wiedersehen. 1964 war ich mit meiner Frau in Kniephof und Jarchlin. Wir gingen wie früher durch den Park und besuchten die Gräber.

Als wir aus dem Park heraustraten, stand meine Tanne groß und kräftig da. Aber bis in zweieinhalb Meter Höhe waren alle Zweige geplündert, und ein polnischer Familienvater hatte sich wohl die Spitze des Baumes als Weihnachtsbaum erkoren. Das mußte schon Jahre zurückliegen, denn die Tanne hatte inzwischen ein ganzes Bündel neuer Spitzen getrieben.

Meine Frau und ich mußten lachen und an unsere Kinder denken.

Heute denke ich bei diesem Bild schmerzlich an den Tod meines Sohnes Hans. Er starb vor einem Jahr.

Zwischen meinen zwei Bäumen also stehe ich. Sie drücken die Spanne meines Wesens aus und auch die Spannung meines Lebens, in dem ich immer auf Menschen angewiesen war.

Bei Bertolt Brecht heißt es »von den guten Menschen«:

1

Die guten Leute erkennt man daran
Daß sie besser werden
Wenn man sie erkennt. Die guten Leute
Laden ein, sie zu verbessern, denn
Wovon wird einer klüger? Indem er zuhört
Und indem man ihm etwas sagt.

2

Gleichzeitig aber
Verbessern sie den, der sie ansieht und den
Sie ansehen. Nicht indem sie einem helfen
Zu Futterplätzen oder Klarheit, sondern mehr noch
    dadurch
Daß wir wissen, diese leben und
Verändern die Welt, nützen sie uns.

. . .

4

Sie sind wie ein Haus, an dem wir mitgebaut haben
Sie zwingen uns nicht, darin zu wohnen
Manchmal erlauben sie es nicht.
Wir können jederzeit zu ihnen kommen in unserer
    kleinsten Größe, aber
Was wir mitbringen, müssen wir aussuchen.

. . .

7

Die guten Leute beschäftigen uns
Sie scheinen allein nichts fertigbringen zu können
Alle ihre Lösungen enthalten noch Aufgaben.
In den gefährlichen Augenblicken auf untergehenden
    Schiffen
Sehen wir plötzlich ihr Aug groß auf uns ruhen.
Wiewohl wir ihnen nicht recht sind, wie wir sind
Sind sie doch einverstanden mit uns.

Zu den Nächsten, die mich schon fast ein Leben lang begleiten, gehört mein Bruder Philipp, der nur anderthalb Jahre
nach mir geboren wurde. Als die beiden ältesten Söhne wuchsen wir in großer Nähe auf. Die jüngeren Brüder und Schwestern wurden erst mit der Zeit für mich wichtig.

Wir Geschwister haben zwar Herkunft und Heimat gemeinsam, mußten uns aber nach 1945 sehr unterschiedlichen
Herausforderungen stellen, auf die jeder in seiner Weise eine
Antwort gefunden hat. Das machte den Reichtum und die
Spannung unter uns bis heute aus, soweit wir noch am Leben
sind. Beide Schwestern starben leider schon vor über einem
Jahrzehnt. Bei dem Übergewicht von vier Brüdern waren sie
als weibliche Elemente sehr wichtig für mich. Besonders nahe
stand mir meine Schwester Lianne, die Musikerin. Mein Vet-
ter Ferdinand Bismarck-Osten aus Plathe ist mir mit seiner
Frau Margarete wie ein älterer Bruder.

Auch mit den Geschwistern meiner Frau bin ich im Laufe
der Jahre so zusammengewachsen, als wären es die eigenen.

Meine Frau Ruth-Alice ist jetzt seit über fünfzig Jahren neben mir und meine Nächste. Nicht nur, weil sie mir im christlichen und bürgerlichen Sinne angetraut ist. Auch nicht nur,

weil uns acht Kinder und bisher vierzehn Enkelkinder geboren wurden und wir damit in eine gemeinsame Verantwortung eingebunden sind. Sie hat mich ein Leben lang unterstützt und getragen. Schubweise habe ich mit Kopf und Herz erkannt, daß ich mich mit einer starken Frau verbunden habe. Gottlob, hat sie wie ich auch ihre Schwächen.

Die Stärke von Ruth-Alice von Wedemeyer hat ihre Wurzeln im Elternhaus von Pätzig in der Neumark und ruht in ihrem christlichen Glauben. Das hat viel für meine Einwurzelung in die christliche Kirche bedeutet.

Mein intensives öffentliches Engagement nach 1945 brachte mit sich, daß ich in diesen Jahren meine Frau mit den Kindern oft allein lassen mußte. In dieses Leben konnte ich sie nicht so selbstverständlich mit hineinnehmen, wie das als Landwirt und Erbe in Pommern der Fall gewesen wäre. Diese unfreiwillige, durch meine Arbeit bedingte, zeitweise Einsamkeit meiner Frau führte aber auch dazu, daß sie aus sich heraus die Ausweitung ihres Horizontes entwickelte und sich im Sinne der Entdeckung der ihr eigenen Gaben emanzipierte. So steht mir heute eine mich ergänzende, selbständige Frau zur Seite. Daß wir am 15. Juli 1989 noch mit allen Kindern und Enkelkindern unsere Goldene Hochzeit fröhlich und dankbar miteinander feiern konnten, war auch dem Einsatz einiger Schutzengel zu verdanken.

Vor wenigen Jahren saßen wir einmal mit einem anderen Ehepaar zusammen beim Essen in einem Münchner Restaurant. Während der Mahlzeit betrachtete die Frau plötzlich aufmerksam den Rücken meiner auf dem Tisch liegenden Hand. Ich wußte nicht, daß sie in der Kunst, aus den Handlinien zu lesen, ausgebildet war. Sie bat, sich meine Handinnenfläche ansehen zu dürfen. Ich zeigte sie ihr, und sie machte ein paar freundliche Bemerkungen dazu. Dann fragte sie meine Frau

331

und konzentrierte sich auf ihre Handlinien. Als sie aufsah, lachte sie uns beide an und sagte:»Na, bei Ihnen muß es aber ganz schön knistern!« – So ist es. Die Polarität zwischen uns war und ist Reichtum und Spannung. Sie gibt uns Gelegenheit, immer noch mit Überraschung zu lernen.

Die sieben noch lebenden Kinder und sechs Schwiegertöchter sind längst aus dem Schatten des Vaters und Schwiegervaters herausgetreten. Heute ermutigen sie mich nicht nur, sondern kritisieren den Patriarchen auch, wenn er in seiner allzu selbstsicheren Höhe nicht nur auf sie etwas komisch wirkt.

Als ich mich nach 1945 neuen Aufgaben stellte, für die die Kriterien eines Landwirtes aus Pommern und eines Soldaten in Frieden und Krieg in keiner Weise ausreichten, war ich auf Menschen neben mir angewiesen, die sich auf mich einließen, nicht nur, indem sie mir Sachkenntnis vermittelten, die ich nicht oder nicht ausreichend besaß, sondern mich auch korrigierten, wenn ich blinde Flecken im Auge hatte. Diese Hilfe und Korrektur habe ich immer wieder als Verbundenheit und Solidarität mit mir erlebt. Im Rückblick denke ich selbstkritisch, daß meine hinterpommersche Leidenschaftlichkeit und auch mein Ehrgeiz mich gelegentlich verleitet haben, mir diese Gedanken und Impulse der Freunde relativ unbekümmert »im Interesse der Sache« anzueignen. Bei diesen »Aneignungen« habe ich mich wohl oft etwas zu pampig verhalten. Ich bin all denen dankbar, die mir in den verschiedenen Phasen des Aufbruchs, des Lernens und Neubeginnens nach 1945 als Nächste zur Seite gestanden haben.

Auf den Bildern meiner Hochzeit 1939 finde ich zehn junge Männer, die damals mitfeierten und die fast alle den Zweiten Weltkrieg nicht überlebt haben. In Gedanken an diese gefallenen Freunde empfinde ich nicht nur Demut, überlebt zu haben, sondern empfinde auch den Auftrag, eine Staffette weiterzugeben. Das klingt, als wolle ich an einem Kriegerdenkmal einen Kranz niederlegen. Ich will damit aber sagen, daß mich ihr Schicksal wachhält, nicht müde werden läßt im Nachdenken darüber, was dieser Krieg nicht nur für unser Volk angerichtet hat.

Weil so viele meiner nahen Freunde gefallen sind, überwiegen in meinem Leben die Frauen, die meinen Lebensweg schon von Pommern her begleitet haben und mir nahe blieben. In den Jahren des »Aufbruchs« nach 1945 bin ich Frauen begegnet, denen ich viel zu verdanken habe. Nicht nur, weil sie mich durch ihre Zuneigung ermutigt haben, meinen Weg möglichst »aufrechten Ganges« weiterzugehen, oder weil sie etwas von mir erwarteten, sondern weil sie mir in ihrem Anderssein Fenster und Horizonte eröffnet haben, die ich vorher nicht wahrgenommen hatte. Und schließlich erfuhr ich gerade von Frauen viel heilsame Kritik, weil sie der Person und nicht zuvörderst der Bewältigung irgendeiner Aufgabe galt.

Ich erkenne mich nicht im Bild einer einsamen, alten Eiche. Die alten Bäume um das Gutshaus in Kniephof bleiben mir das Bild einer schönen Erinnerung an meine Kindheit in Pommern.

Die Welt, in der wir aufwuchsen, hat für meine Generation einen Bruch erfahren. Das wurde mir nicht nur an meiner verlorenen Heimat deutlich. Dieser Bruch, mit all seinen Erfahrungen des Erschreckens, die ich im Laufe meines Lebens gemacht habe, hat mich aber auch zum Aufbruch ausgerüstet.

Wir haben noch Zeit zu lernen. Die Tanne, die in Pommern als mein Baum von mir gepflanzt wurde und in Polen einigen Prüfungen widerstand, hat kräftige Triebe entwickelt. Ich nehme das als Bild für meine Hoffnung, daß sich eine nachfolgende Generation in Polen und Deutschland zu den notwendigen Aufbrüchen als fähig erweist.

Ich schaue auf ein reiches Leben zurück, das ich nicht nur mir selbst verdanke.

Danksagung

Daß dieses Buch Gestalt gewann und veröffentlicht wurde, verdanke ich Ulrich Wank vom Piper Verlag und Peter Weismann. Beide haben mich ermutigt, meine Erinnerungen zu publizieren, die ich für meine Kinder, Kindeskinder und einige Freunde niedergeschrieben habe. Bei der Arbeit am Rohmanuskript hat mir vor allem Peter Weismann mit viel Einfühlungsvermögen geholfen, es in seine vorliegende Fassung zu bringen.

Darüber hinaus möchte ich besonders meiner Frau Ruth-Alice von Bismarck für ihre geduldige Beratung danken sowie Gerti von Bismarck, Ingeborg Lühring-Gerlach und Christiane Rostock. Sie haben mich in kritischer Solidarität auf die Schwächen des Manuskriptentwurfes hingewiesen und mir Anregungen und Ratschläge gegeben.

Für die sorgfältige Herstellung und die liebevolle Gestaltung danke ich Klaus W. Koop.

Bild- und Textnachweise

Die Fotos des Bildteiles stammen aus dem Privatbesitz Klaus von Bismarck.

Die Zeichnung auf S. 21 wurde reproduziert nach einer Fotografie von Maria Otte.

Für die Vignetten bildeten Tonfiguren, die der Autor modelliert hat, die Vorlagen. Sie wurden zum größten Teil von Ernst Wink fotografiert.

Die Karikatur auf S. 325 wurde mit freundlicher Genehmigung von Ernst Maria Lang verwendet.

Das Gedicht von Bertolt Brecht auf S. 329 f. wurde entnommen aus: Bertolt Brecht, Gesammelte Werke, Frankfurt / Main 1975, © Suhrkamp Verlag.

Die Gedichte von Heinrich Vogel auf S. 242 f. wurden entnommen aus Heinrich Vogel, Gesammelte Werke, Stuttgart 1982, © Radius Verlag.

Für das Gedicht von Fritz Graßhoff auf S. 166 liegen die Verlagsrechte beim Hyperion-Verlag.

Detlef Graf von Schwerin

»Dann sind's die besten Köpfe, die man henkt«
Die junge Generation im deutschen Widerstand
570 Seiten mit 20 Abbildungen. Leinen

Bereits wenige Tage nach dem gescheiterten Attentat vom 20. Juli 1944 war den Ermittlern der Gestapo ein zentraler Punkt in der »Verschwörung« aufgefallen: »Der Verschwörerkreis war durch vielfältige sippenmäßige, verwandtschaftliche, dienstliche und berufliche, gesellschaftliche und andere Bindungen und Beziehungen stärkstens verknüpft... Für die gesamte Planung spielten die persönlichen Bindungen, oft langjähriger Art, z. T. von den Vätern her Tradition geworden, wesentlich mit.«
Als Detlef Graf von Schwerin damit begann, eine Biographie seines Vaters, des Widerstandskämpfers Ulrich Graf Schwerin von Schwanenfeld, zu schreiben, fand er bald heraus, daß diese Beobachtung der Gestapo zutraf. Deshalb dehnte er sein Vorhaben auf jene fünf Männer aus, die im Widerstand seinem Vater am engsten verbunden waren: A. von Kessel, A. Brücklmeier, Graf Schulenburg, Graf Yorck von Wartenburg, P. von Wussow. Das Ergebnis ist eine Gruppenbiographie, etwas, das so noch nicht unternommen worden ist. Schwerin kann zeigen, was diese Männer zusammengeführt hat, die – als Juristen, Offiziere, Gutsbesitzer, Diplomaten – in verschiedenen Funktionen dem Staat dienten, den sie schon früh als Unrechtsstaat erkannten. Aus vielen, oft unveröffentlichten Quellen setzt Schwerin das Bild dieser jungen Männer zusammen, die, obwohl sie aus den »staatstragenden« Schichten kamen und obwohl einige von ihnen zunächst der nationalsozialistischen Sache glaubten, dennoch gemeinsam den Entschluß faßten, sich nicht anzupassen, nicht – wie die meisten Deutschen – einfach zu »überwintern«. Die vielfältigen Verbindungen im deutschen Widerstand, die persönlichen Freundschaften, die das gemeinsame Handeln erst möglich gemacht haben, werden detailliert nachgezeichnet.
Anhand der Biographien dieser sechs Männer entsteht so ein präzises Bild vom bürgerlichen Widerstand von seinen Anfängen bis zum Ende, der Verhandlung vor dem Volksgerichtshof und – für vier von ihnen – dem Tod durch den Strick.

»Sacharows ›Leben‹ ist ein epochales Dokument.«
Frank Schirnacher, Frankfurter Allgemeine Zeitung

»Sacharows Erinnerungen ... wurden zu dem, was der KGB befürchtet hatte: eine einzigartige Lebensgeschichte und zugleich eine geheime Geschichte der Sowjetunion in der zweiten Hälfte dieses Jahrhunderts, die Fabel vom verführten Wissenschaftler, der die ungeheuerlichsten Waffen ersinnt und die Erzählung des mutigen Dissidenten, dessen Handlungen eine Tyrannei ins Wanken bringen, eine Studie über die Freiheit und Unterdrückung, ein Katalog der Folter- und Verfolgungsmethoden und auch eine Geschichte der Angst.«
Frankfurter Allgemeine Zeitung

939 Seiten mit
56 s/w-Abbildungen.
Leinen

PIPER

→ PlOTY

Weg nach
= Bahn-Station

Bahn

← Novogard

Zampel

Rieeyhof
+ Jeverlin
= 2 × 2500,-
Mig.

Fisch-
teich

Grossvaters
Grab im Pa...

← Novogard   ▦ Rück